DANS LA
TEMPÊTE

Couverture
- Conception graphique:
  ANNE BÉRUBÉ
- Photo:
  KEN BELL

Maquette intérieure
- Conception graphique et montage:
  COMPOTECH INC.

Équipe de révision
Anne Benoit, Jean Bernier, Patricia Juste,
Marie-Hélène Leblanc, Jean-Pierre Leroux, Linda Nantel,
Paule Noyart, Robert Pellerin, Jacqueline Vandycke

DISTRIBUTEURS EXCLUSIFS:

- Pour le Canada:
  AGENCE DE DISTRIBUTION POPULAIRE INC.*
  955, rue Amherst, Montréal H2L 3K4 (tél.: 514-523-1182)
  * Filiale de Sogides Ltée

- Pour la France et l'Afrique:
  INTER-FORUM
  13, rue de la Glacière, 75013 Paris (tél.: (1) 43-37-11-80)

- Pour la Belgique et autres pays:
  S. A. VANDER
  Avenue des Volontaires, 321, 1150 Bruxelles
  (tél.: (32-2) 762.98.04)

DANS LA TEMPÊTE

Micheline Lachance

Préface de Claude Ryan

LES ÉDITIONS DE L'HOMME *

CANADA: 955, rue Amherst, Montréal H2L 3K4

*Division de Sogides Ltée

Données de catalogage avant publication (Canada)

Lachance, Micheline, 1944-

  Dans la tempête : le Cardinal Léger et la Révolution tranquille

  2-7619-0628-4

  1. Léger, Paul-Emile, 1904-   . 2. Québec (Province) - Histoire - 1960-1976. 3. Eglise et Etat - Québec (Province). 4. Cardinaux - Québec (Province) - Biographies. I. Titre.

BX4705.L43L32 1986   282'.092'4   C86-096390-X

DU MÊME AUTEUR

Jardins d'intérieur et serres domestiques
(Éditions de l'Homme, 1978)

Les enfants du divorce (Éditions de l'Homme, 1979)

Le Frère André (Éditions de l'Homme, 1980)

Le Prince de l'Église (Éditions de l'Homme, 1982)

Un bon exemple de charité.
Paul-Émile Léger raconté aux enfants (Grolier, 1983)

© 1986 LES ÉDITIONS DE L'HOMME
DIVISION DE SOGIDES LTÉE
Tous droits réservés

Bibliothèque nationale du Québec
Dépôt légal — 3ᵉ trimestre 1986

ISBN 2-7619-0628-4

«*Si tu veux grimper la pente, regarde le nuage au-dessus de la colline.*»

proverbe japonais

Préface

Une biographie définitive du cardinal Paul-Émile Léger ne pourra être réalisée qu'une fois terminée la vie extrêmement féconde et fertile en rebondissements de toute sorte de cet homme exceptionnel. Seul le recul du temps permettra de décanter la personnalité complexe du cardinal Léger, d'apprécier la manière dont il a agi, de mesurer l'influence qu'il aura exercée sur les événements et les hommes de son temps.

Rédigée du vivant de son sujet, la biographie du cardinal Léger dont Micheline Lachance livre dans ce volume le deuxième volet n'échappe pas aux limites du genre qu'elle a choisi. Sur plusieurs événements dont elle traite, on apprécie la richesse d'informations qu'a rendue possible l'accès de l'auteur au cardinal Léger, à sa documentation et à ses proches collaborateurs. À certains moments, on souhaiterait néanmoins que l'éventail des sources et des points de vue fût plus large, plus diversifié. Mais la somme d'objectivité que requiert une biographie définitive n'est possible que longtemps après le départ du sujet dont elle traite.

Dans ce cas comme dans tant d'autres, le bien que fera le livre de Micheline Lachance est beaucoup plus grand que les réserves suscitées au plan de la méthode par le genre littéraire qu'elle a choisi. Après de si nombreuses années de vie active, le cardinal Paul-Émile Léger demeure une figure éminemment présente dans le coeur de ses concitoyens. Non seulement demeure-t-il immensément populaire dans tous les milieux mais il continue, à un âge très avancé, de pratiquer une action multiforme dont la vigueur ne cesse d'étonner. Ne serait-ce qu'en raison de cette actualité pour ainsi dire permanente de son sujet, le livre de Micheline Lachance, en faisant mieux connaître le cardinal, fera mieux comprendre et aimer les valeurs auxquelles il a consacré sa vie.

Dans ce deuxième tome, la phase souvent triomphaliste qui marqua les premières années de l'épiscopat du cardinal Léger à Montréal est pratiquement révolue. Le redressement radical, dans le sens du conservatisme, que certains avaient souhaité à la suite de la nomination de monseigneur Léger au siège de Montréal ne s'est pas produit. L'ébranlement du vieil ordre culturel et moral qui avait présidé jusqu'à la Révolution tranquille à la vie du peuple québécois n'a pas été enrayé. Le changement semble devoir s'installer à demeure au Québec. Les valeurs continuent de changer même si, extérieurement, l'action du cardinal Léger est couronnée de succès. Loin de s'opposer à certains changements, monseigneur Léger donne l'impression de vouloir désormais les précéder, les provoquer, à tout le moins les orienter. Cette partie de l'épiscopat montréalais du cardinal Léger qui va du début des années soixante à son départ pour l'Afrique en 1968 n'est probablement pas la plus glorieuse au point de vue extérieur. Aux yeux de l'histoire, elle apparaîtra néanmoins, en toute probabilité, comme la plus féconde en événements à longue portée. Elle nous aide, en particulier, à mieux apprécier l'exceptionnelle vitalité et l'incroyable capacité de changement et de conversion qui demeureront toujours une caractéristique majeure de la personnalité du cardinal Léger.

Alors même qu'il allait de succès en succès et que tout semblait lui sourire, le cardinal Léger se rendit compte, en effet, que des changements profonds étaient à l'oeuvre dans la conscience et la culture de ses concitoyens. Mû par une intuition sûre, il conclut à la nécessité de changements non moins importants dans le comportement des hommes d'Église. À la manière typique de l'homme d'action hors pair qu'il n'a cessé d'être depuis son arrivée à Montréal, il décide sans autre préalable de passer de la parole aux actes. Il multiplie les initiatives qui indiquent un changement radical de cap.

Autant à l'échelle de son diocèse que du Québec tout entier et de l'Église universelle, les gestes faits par le cardinal Léger entre 1960 et 1968 pour mieux adapter l'Église aux réalités d'aujourd'hui furent innombrables, souvent très courageux et le plus souvent réalisés avec une remarquable efficacité. Certains auraient souhaité une croisade contre l'Église en raison de la place dominante qu'elle occupait encore dans notre vie collective vers la fin des années cinquante. Ils se trouvèrent tout simplement désarmés par la politique de renoncement volontaire pratiquée dans plusieurs domaines par le cardinal Léger.

L'Église de Montréal que le cardinal Léger laissait à son successeur en 1968 était, à n'en point douter, une église plus pauvre, plus incertaine, moins fastueuse, moins importante extérieurement, moins triomphante si l'on veut, que celle qui l'accueillait dans sa cathédrale au lendemain de son accession au Sacré Collège. Mais c'était aussi une Église plus vraie, plus simple, plus proche du peuple réel, plus accordée à sa mission spirituelle.

Au cours de la période dont traite le deuxième tome de la biographie de Micheline Lachance, j'ai suivi de près l'action du cardinal Léger. Après des premiers contacts plutôt difficiles, une communauté de vues s'était établie entre nous au niveau des objectifs fondamentaux que devait poursuivre l'Église dans la société québécoise. Par des cheminements différents, nous en étions venus à des diagnostics convergents quant à la situation de l'Église au Québec et à des vues très voisines quant aux orientations générales à retenir.

Ce que j'ai le plus apprécié chez le cardinal Léger pendant cette période, ce fut, outre les dons remarquables qu'il avait pour l'action publique, l'aptitude toute paulinienne qu'il avait à se remettre en question, à modifier sa conduite et ses attitudes lorsqu'il

11

le jugeait nécessaire pour le bien de l'Église. Le cardinal Léger était venu à Montréal afin d'y apporter stabilité et continuité. De fait, nul évêque n'aura été plus disponible à l'endroit de la réalité, plus ouvert au changement, plus capable de transformations spectaculaires.

Le cardinal Léger était souvent habité par des sentiments contradictoires. À certains jours, il n'avait d'attention que pour l'objectif d'une Église complètement détachée de toute prétention matérielle et de toute ambition politique. À d'autres jours, on sentait que le vieil instinct de chrétienté n'était pas mort chez lui; il lui arrivait de rêver encore de grandeur extérieure pour l'Église. Souvent on le sentait passer d'un état d'âme à un autre, au point que sa physionomie même en portait la marque. Mais ce combat continu qu'on sentait à l'oeuvre chez lui entre des inclinations opposées était à mes yeux la marque d'une humanité qui nous le rendait plus proche. Il demeure l'un des aspects les plus séduisants de la personnalité du cardinal.

Nous devons au cardinal Léger d'avoir ouvert plus généreusement que jamais le Québec et son Église à des horizons universels. Les longues années vécues à Rome avaient donné au cardinal Léger une connaissance intime des rouages de l'administration romaine. Elles lui avaient fourni l'occasion d'approfondir sa foi et sa culture religieuse au contact de l'histoire de l'Église et des grandes sources d'inspiration que sont les écrits des Pères, des docteurs et des conciles. Elles lui avaient enfin permis d'établir avec des chefs religieux de toutes les parties du monde des contacts qui eurent une influence importante sur l'évolution de sa pensée.

Lorsque commencent les travaux du Concile en 1962, le cardinal Léger est d'ores et déjà reconnu à travers le monde comme l'un des chefs de file de ce qui deviendra l'aile marchante du Concile. Tandis qu'à Montréal, une équipe remarquable de conseillers prépare dans l'étude et la discussion les interventions majeures qu'il fera dans l'*aula* conciliaire, le cardinal Léger reste en contact avec les grandes figures de divers pays qui imprimeront leur marque aux travaux conciliaires. Jamais un Canadien n'aura-t-il été présent de manière aussi marquante au coeur même des travaux les plus importants.

Ayant connu la plupart des hommes publics, civils et religieux qui ont marqué la vie québécoise depuis le dernier conflit mondial, je n'en ai point vu qui possédait le dynamisme, l'audace dans l'action, la capacité de rejoindre l'homme ordinaire, la persévérance et la charité inventives dont était doué le cardinal Léger. Cet homme aurait réussi dans n'importe quel domaine, à n'importe quelle époque, tellement il était généreux, entreprenant et remarquablement doué à tous points de vue. Il avait décidé, tout jeune, d'engager sa vie au service de l'Église catholique et de son message toujours vrai et toujours actuel. Il a persévéré dans cette voie pendant toute sa longue carrière sacerdotale et épiscopale. Nous lui en sommes profondément reconnaissants. Non seulement le cardinal Léger a-t-il très bien servi l'Église dans toutes les fonctions qui lui furent confiées, mais à mesure qu'il avançait en expérience et en âge, il a de plus en plus cherché à la faire connaître et apprécier dans ce qu'elle a de plus fondamental et de plus impérissable, c'est-à-dire dans son message d'amour, de salut, de réconciliation et de paix.

À ceux qui veulent mieux comprendre les changements décisifs survenus au Québec dans les années soixante, je recommande la lecture de la belle biographie du cardinal Paul-Émile Léger, de Micheline Lachance. Dans un style clair et alerte, madame Lachance nous livre un portrait du cardinal Léger qui le fait apparaître, s'il était possible, plus humain et plus riche encore que le souvenir pourtant inoubliable que nous conservons de ses longues et fructueuses années à la tête de l'Église de Montréal.

Claude Ryan

Le 11 décembre 1967, le cardinal Léger quitte Montréal pour de bon. Après avoir tant prêché, il s'en va vivre l'Évangile.

Chapitre 1
De la parole aux actes

Un silence de plomb règne dans la limousine noire qui file vers l'aéroport international de Dorval. Seule la pluie verglaçante qui tombe dru sur le capot et la cadence monotone des essuie-glace se font entendre.

Sur la banquette arrière, le cardinal Léger est plongé dans ses réflexions. L'heure qui vient réclamera toutes ses énergies. Si son courage chancelle, comme c'est arrivé ce matin même, il lui faudra se ressaisir encore.

Tôt ce matin, en s'éloignant de sa résidence de l'avenue Ramezay, un cadeau princier offert par de généreux bienfaiteurs, il a bien senti que la journée lui pèserait. Cette maison qu'il a habitée quelques mois à peine, l'archevêque démissionnaire de Montréal la quitte pour de bon. Il change de cap. Désormais, sa vie va se dérouler en sol africain, où il espère porter secours aux lépreux. Il se retourne pour voir une dernière fois la demeure qu'il avait tant souhaitée, tant cherchée. Cruelle coïncidence: elle a déjà disparu derrière l'épais brouillard qui refuse obstinément de se lever en ce 11 décembre 1967.

Sous le coup de deux heures, bravant le verglas, le cortège des policiers à motocyclette qui précède la voiture depuis l'archevêché, rue de la Cathédrale, s'arrête devant la porte centrale de l'aérogare. Le chauffeur, Antonio Plouffe, aide le cardinal à descendre pour la dernière fois. Ému, il serre la main de celui qu'il conduit partout depuis dix-sept ans.

L'archevêque se tourne ensuite vers les policiers qui l'ont escorté et lance avec une pointe d'humour: «Si je comprends bien, vous avez tenu à m'accompagner jusqu'ici pour être bien certains que je prenne l'avion!»

Dans le hall de l'aérogare, les centaines de Montréalais attendent leur pasteur. À son entrée, les mains s'agitent, la clameur grandit: «Vive le cardinal!» Pâle, visiblement épuisé, l'archevêque trouve la force de sourire. Il s'avance dans la foule en répétant son message de la dernière heure: «Aimez-vous les uns les autres.» Flanqué de ses secrétaires, il se fraye un chemin jusqu'à la salle des V.I.P., où sont réunis les prélats et les dignitaires venus le saluer. Journalistes et photographes prennent alors d'assaut un homme brisé de chagrin.

Le chancelier de l'archevêché, monseigneur Pierre Lafortune, l'invite à s'asseoir dans un fauteuil pour prendre connaissance du message personnel que le pape Paul VI vient de lui adresser: «Après avoir tant prêché avec éloquence l'Évangile, vous allez le vivre de manière émouvante.» Le cardinal Léger regarde droit devant lui tandis que monseigneur Lafortune poursuit la lecture: «Vous avez choisi de devenir pauvre avec les pauvres, infirme avec les infirmes, faible avec les faibles[1].»

L'archevêque démissionnaire, en costume de toile gris, se lève pour adresser quelques mots aux parents et amis. La voix étranglée de sanglots, il achève ses adieux sur une note intime: «Je crois que je faisais partie du paysage; il vous manquera quelque chose et à moi aussi.» Mitraillé par les flashes, il s'arrête comme pour mieux se protéger et ajoute: «Avant que la marée montante me vienne aux yeux, je vais vous laisser[2].»

Les poignées de main sont chaleureuses et les mots d'encouragement, touchants. Le cardinal Maurice Roy, archevêque de Québec, et monseigneur Paul Grégoire, évêque auxiliaire de

À l'aérogare de Dorval, le cardinal serre la main des amis venus lui dire adieu. Incapable de cacher son chagrin, il fond en larmes.

Montréal, l'entourent. Le premier ministre du Québec, Daniel Johnson, retenu à New York, s'est fait remplacer par Marcel Masse, ministre d'État.

Le cardinal Léger s'efforce de ne rien laisser paraître de son chagrin. Il sourit maladroitement et le sait: il n'a jamais réussi à dompter sa sensibilité trop prompte à déborder. À soixante-trois ans et au moment de rompre avec tout ce qu'il a été, c'est peine perdue. Quand le maire de Montréal, Jean Drapeau, s'approche de lui, les deux hommes se jettent dans les bras l'un de l'autre. Et incapable de résister davantage, le cardinal fond en larmes.

Le voilà maintenant qui franchit la barrière et s'avance vers la passerelle. Il monte quelques marches, puis chancelle. Inquiet, son collaborateur et ami, le chanoine Laurent Cadieux accourt. Mais le cardinal a déjà repris pied. Il salue une dernière fois avec la main et s'engouffre dans le *Vanguard* d'Air Canada, qui décolle aussitôt.

Durant le trajet qui sépare Montréal de New York, le cardinal pleure abondamment. Ce départ est-il bien nécessaire? «Avec l'âge, il faut se cravacher», a-t-il dit aux Montréalais pour expliquer sa décision de quitter une vie qui risquait de devenir trop douillette. Mieux que jamais, il mesure tout le sens de son sacrifice.

Les abbés Mario Paquette et Marcel Laniel, ses deux ex-secrétaires, qu'il considère comme ses fils, l'accompagnent jusqu'à New York. Ils le quitteront au pied de l'appareil de la Pan American qui voyagera de nuit jusqu'à Dakar. Dès lors, la solitude du cardinal sera totale. L'homme qui tombe de sommeil sur son siège n'a plus rien de l'archevêque de Montréal.

*   *   *   *   *   *   *

En réalité, le cardinal Léger n'est plus à la tête de son diocèse depuis un mois déjà. Le 8 novembre au matin, la nouvelle de sa démission inonde les ondes radiophoniques. Elle a l'effet d'une bombe. Stupéfaits, les Montréalais se perdent en conjectures. Pourquoi démissionner à soixante-trois ans quand l'âge de la retraite d'un évêque est fixé à soixante-quinze ans? À l'archevêché, le téléphone ne dérougit pas. L'un des secrétaires du cardinal, l'abbé Jonathan Robinson, passe la journée à confirmer la nouvelle.

À quelques rares exceptions près, le secret a été bien gardé. Aussi atterrés que la population, les prêtres du diocèse ne parlent plus que de cette démission qui les touche particulièrement et dont ils n'ont pas entendu parler eux non plus.

Le père Émile Legault, qui a accompagné le cardinal en Afrique en 1963, sait combien le sort des lépreux l'émeut, pourtant l'annonce de son départ prochain l'ébranle. Sans tarder, il téléphone au chancelier de l'archevêché.

«Alors? demande-t-il à monseigneur Pierre Lafortune.

— C'est vrai, confirme ce dernier, le patron s'apprête à mettre ses voiles intérieures et à filer vers le grand large.

— L'avez-vous vu ce matin au petit déjeuner? reprend le père Legault, inquiet. Quel air a-t-il?

— Son air des jours tranquilles, répond le chancelier. On devine que l'affaire est réglée entre lui et le Seigneur. Qu'il est au *point of no return*[3].»

«C'était donc ça!» répètent les plus fins observateurs, qui ont remarqué un malaise depuis le retour du cardinal de Rome, où il a assisté au synode des évêques. Son regard fuyant, ses réponses évasives, cette façon de s'enfermer en lui-même, lui habituellement si exubérant, tout laissait à penser que quelque chose d'important se passait en lui. «C'est la fatigue du voyage», soutenait son entourage, convaincu que sa lourde charge risquait de l'écraser.

Même le secrétaire privé du cardinal, l'abbé Mario Paquette, ignorait la vérité. Il s'étonna de le voir dissimuler sous son cartable la lettre urgente du délégué apostolique qu'il s'était empressé de lui apporter. Jamais auparavant le cardinal n'avait hésité à dépouiller son courrier devant son secrétaire.

Dans cette mystérieuse missive, le délégué apostolique, monseigneur Emanuele Clarizio, confirmait la démission du cardinal Léger. Mais l'affaire devait rester confidentielle jusqu'à ce que le Saint-Père l'annonce officiellement. Le cardinal connaissait trop les usages pour passer outre. Personne n'imagina son angoisse. Pendant des semaines, il fut seul à porter son secret, si lourd de conséquences.

Le matin du 8 novembre, un confrère de l'abbé Paquette frappe à sa porte en criant: «Dépêchez-vous, le cardinal a démissionné!»

Oubliant son jour de congé, l'abbé Paquette se rend immédiatement au bureau. Il vient de comprendre le sens des paroles que son patron lui répète tous les soirs dans le long corridor de l'archevêché en se rendant au chapelet: «À soixante ans, il faut repartir à zéro[4].»

Quand le cardinal arrive au bureau, vers neuf heures, comme d'habitude, le personnel de l'archevêché devient singulièrement silencieux. Lucette Boivin, la plus timide de ses employés, ose finalement l'aborder: «Est-ce vrai?» fait-elle d'une voix à peine audible[5].

Le cardinal acquiesce d'un signe de tête et continue sa route. Il s'arrête devant la table de Doris Johnson, responsable de tous les cas de pauvreté référés à l'archevêque. Elle lui sourit tristement. «Ainsi s'achèvent dix-sept années de travail de collaboration», pense-t-elle sans oser le dire. Comment s'habituer à l'idée qu'elle ne sera plus son «ange des pauvres». «Le pire, lui avoue-t-il enfin, ç'a été la période de décision. Maintenant, ça ira.»

Incapable d'ajouter un mot, il se retire. Doris Johnson le regarde s'éloigner. Non, cette décision qui la chagrine n'est pas surprenante. Dans un certain sens, elle l'a prévue. Lors de son séjour en Afrique, le cardinal ne lui a-t-il pas écrit: «Je m'en vais vers les plus pauvres que mes pauvres[6].»

*   *   *   *   *   *   *

Ce matin-là, assis à sa table de travail, devant une feuille blanche, le cardinal cherche les mots pour expliquer à ses fidèles les raisons qui l'ont poussé à tout quitter pour redevenir simple prêtre missionnaire.

Missionnaire, n'était-ce pas sa vocation première? Son plus grand désir en choisissant le sacerdoce? Depuis ces six années

20

Assis à sa table de travail, le cardinal cherche les mots pour expliquer les raisons qui l'ont poussé à tout quitter pour redevenir simple missionnaire.

passées au Japon, juste avant la guerre, n'aspire-t-il pas à retourner en pays de mission?

Le choc de son voyage en Afrique a été déterminant. Visages sans lèvres ou sans nez, membres rongés par la maladie: les images qui se gravèrent dans sa mémoire lorsqu'il visita les léproseries le hantent sans répit.

En Afrique, environ trois millions d'êtres humains sont atteints de la lèpre. Dès son retour, il réclama à cor et à cri l'aide financière indispensable aux malades. «Il suffit de trois dollars de médicaments par année pour guérir un lépreux», répétait-il inlassablement. Cette année-là, le bruit courut que l'archevêque de Montréal avait sollicité la permission du pape pour devenir missionnaire[7]... Mais le temps n'était pas encore venu. Paul VI avait tout de même pressenti les effets de ce séjour en sol africain. Peu avant son départ, le 5 décembre 1963, il avait prédit: «Votre voyage en Afrique sera comme une injection.»

21

La main du cardinal court sur le papier: «C'est au synode, durant la discussion sur les problèmes de la foi et sur l'athéisme que j'ai vécu un véritable drame de conscience.»

La crise religieuse qui secoue non seulement le Québec mais le monde entier le bouleverse. L'affaissement de la foi, surtout chez les jeunes, l'indifférence, l'agressivité face aux questions religieuses sont autant de symptômes du malaise.

Pendant qu'à Rome se poursuivaient les délibérations, le cardinal Léger se sentait mûr pour un nouveau combat. Dans une lettre qu'il fit parvenir au pape, il exposa ses déchirements et demanda la permission de partir en mission. La réponse tarda à venir. Le synode des évêques menaçait de s'enliser et Paul VI étudiait sans répit le délicat dossier de la morale conjugale. Brûlant d'impatience, le cardinal sollicita une audience privée. Elle lui fut accordée deux semaines plus tard. Il s'y rendit sans grand enthousiasme. Le silence du Saint-Père révélait probablement sa désapprobation.

C'était aussi l'avis de monseigneur Pignedoli, ancien délégué apostolique du Canada et ami intime du Saint-Père, dont il avait été l'auxiliaire à Milan. «Vous savez, expliqua-t-il au cardinal après une minute d'hésitation, les changements d'orientation ne plaisent pas au pape.

— Le pape sera le seul juge en cette affaire», répondit le cardinal Léger.

À six heures, le Saint-Père s'avança enfin. Le visage défait, les yeux fatigués, il paraissait abattu. Le cardinal écouta ses confidences. Les difficultés du peuple chrétien face à la morale conjugale le tourmentaient.

«Je me sens écartelé entre la tradition et ma conscience», avoua Paul VI simplement.

Puis, comme pour chasser ses sombres pensées, il entra dans le vif du sujet. «Parlons plutôt de vous, reprit-il. Votre proposition me bouleverse.»

Le cardinal Léger retint son souffle. Paul VI poursuivit: «Mais j'aimerais pouvoir y réfléchir encore quelques jours...

Paul VI est bouleversé par le projet du cardinal Léger. Mais avant de lui accorder la permission de partir en Afrique, il veut réfléchir. «Ayez confiance», lui recommande-t-il.

Dans les circonstances, il est si important de ne pas céder à des impulsions naturelles.»

Ainsi s'acheva l'audience la plus courte qui lui fut jamais accordée. Elle allait s'avérer la plus importante. Le pape bénit le cardinal en lui prenant affectueusement la tête entre ses mains. «Ayez confiance», ajouta-t-il dans un sourire[8].

Au dernier jour du synode, le 28 octobre, le cardinal reçut le coup de téléphone tant attendu: le pape acceptait sa démission. Le monde entier en serait informé le 8 novembre suivant.

*   *   *   *   *   *   *

9 novembre, 15 heures. Claude Ryan sort de l'édifice du *Devoir* et monte dans sa voiture. À la radio, l'annonceur parle de la conférence de presse qui se tiendra dans quelques minutes à l'archevêché. Le cardinal doit expliquer sa démission.

«Qu'est-ce qu'il nous prépare, se demande-t-il. Le connaissant comme je le connais, je m'attends à tout.»

Le directeur du *Devoir* rejoint ses collègues journalistes dans le salon rouge au moment où le cardinal entre dans la pièce.

«Alors? demande Claude Ryan.

— Eh, oui! Je m'en vais en Afrique soigner les lépreux.

— Éminence, interrompt son secrétaire, on vous attend.

— Excusez-moi, dit-il en s'éloignant.»

Lentement, sans nervosité apparente, l'archevêque s'avance vers le micro. Il expose les raisons de son départ, simplement, comme on se livre à des confidences. À peine consulte-t-il d'un oeil les notes jetées sur papier le matin même.

«Certains se demanderont pourquoi je quitte le navire au moment où il affronte la tempête, lance-t-il sans détour. Au fond, c'est justement cette crise religieuse qui m'incite à quitter un poste de commande pour redevenir un simple missionnaire. J'ai compris tout à coup que le Seigneur exigeait de moi des actes en plus des paroles.»

Au cours de ses dix-sept années à la tête du diocèse de Montréal, le cardinal Léger s'est adressé à ses fidèles quelque cinq mille fois.

«Alors, poursuit-il, ceux qui n'arrivent pas à comprendre nos paroles seront peut-être ébranlés par nos actes.»

Tant de sincérité émeut. Les journalistes qui, depuis un certain temps, montrent les dents quand il est question d'autorité religieuse et ne ménagent plus celui qu'ils ont surnommé «Kid Kodak», ne trouvent rien à redire. Ils en perdent leur sens critique.

«Votre santé vous permettra-t-elle d'affronter le climat africain? demande un reporter.

— Mon médecin ne voit aucune objection.»

En effet, le docteur Léopold Morissette, médecin du cardinal depuis quinze ans, ne s'est pas opposé au projet. Pourtant, quand son infirmière Yvette Aubin est entrée en flèche dans son bureau pour lui répéter ce qu'elle venait d'entendre à la radio, le médecin a baissé les yeux et répondu: «Ça fait des années que je le sais. J'espérais toujours que le pape lui refuserait la permission[9].»

Pour l'instant, le cardinal est trop tourné vers l'avenir pour songer à sa santé. «J'ai atteint l'âge où les scléroses menacent l'âme et le corps, explique-t-il aux journalistes. Il faut se cravacher pour sortir des ornières.»

L'un d'entre eux ose enfin poser la question qui brûle toutes les lèvres:

«Peut-on interpréter votre départ comme une fuite?

— Je ne crois pas. Je pense qu'il y a là un acte de foi. Il faut voir au delà des apparences...[10]»

Claude Ryan quitte le salon rouge. «C'est bien lui, pense-t-il. Quel homme plein de contradictions!»

Mystérieux aussi. Le 19 septembre, il a dîné chez le cardinal en compagnie de Paul Desmarais et Gérard Lemieux. L'archevêque venait d'aménager avenue Ramezay et lui a fait faire le tour du propriétaire. Pas un mot de son projet africain. On aurait juré qu'il s'installait pour de bon.

Mais pourquoi ce départ subit? Claude Ryan réfléchit. Au fond, l'archevêque de Montréal n'a guère le choix. Depuis le concile oecuménique, tout se fait en collégialité et il ne se sent pas tellement à l'aise en comité. Sans doute s'est-il dit ceci: Si je reste à la tête de l'Église de Montréal, avec le style que j'incarne, je ne suis pas conforme à l'esprit de Vatican II. Et si j'adopte ce style, je ne suis plus conforme à moi-même. Il a probablement compris que le temps est venu de laisser la place à d'autres[11].

* * * * * * *

Les journaux du lendemain rapportent textuellement les paroles du cardinal Léger. Les témoignages d'admiration inondent les colonnes de *La Presse*, du *Devoir*, du *Montreal Star*. «Les Montréalais vont le regretter», assure le journaliste Jean-Louis Gagnon. «Une décision qui correspond à un penchant naturel chez lui», constate l'ex-directeur du *Devoir*, Gérard Filion, devenu président de Marine Industries. «J'ai été surpris, atterré, chagriné», disent les autres.

Il s'en trouve bien peu pour mettre en doute sa décision. Mathias Rioux, président de l'Alliance des professeurs, porte ce jugement: «En cette période passionnante et angoissante pour l'Église, votre départ est prématuré.» Une seule note véritablement discordante dans ce concert d'éloges: «Le cardinal a choisi la solution facile», tranche Philippe Bernard, directeur de la revue politique *Parti pris*[12].

Pendant que certains répètent tout bas ce que Philippe Bernard lance tout haut («Il a abandonné parce qu'il trouve sans doute plus facile d'être évêque en Afrique qu'ici»), de nombreux Montréalais pleurent déjà leur cardinal. Six mille cinq cents lettres lui parviennent en un mois[13].

Quand il quitte les bureaux administratifs de l'archevêché, rue Sherbrooke, le 11 décembre au matin, chacun de ses correspondants a obtenu réponse à sa lettre. Le cardinal signe chaque carte de remerciement, ajoutant au bas de la feuille un petit mot personnel: «... Je prie pour vous ainsi que pour votre fille malade[14].»

S'il arrive à ses collaborateurs de critiquer son zèle, il répond comme un leitmotiv: «Lorsque quelqu'un prend la peine de vous écrire, il faut prendre le temps de lui répondre.»

* * * * * * *

Le cardinal Richard Cushing, archevêque de Boston, referme l'*Osservatore romano*, le journal officiel du Vatican, et le dépose sur le coin de sa table de travail. Sa lèvre tremble comme s'il allait pleurer. Il passe la main sur son front et se laisse glisser au creux de son fauteuil. Dehors, le vent s'est levé. Un vent d'automne froid et sec. Les larges feuilles jaunes qui jonchent le sol se froissent à grand bruit dans les jardins du palais cardinalice. Mais le cardinal n'entend pas. Il ronge son frein.

D'un geste sec, il reprend le journal plié en quatre et lit à haute voix: «La décision du cardinal Léger de Montréal n'a rien de surprenant, mais elle est pour le moins exceptionnelle. Il y a lieu de se demander si d'autres prélats suivront son exemple[15].»

Quelle question! Depuis des années, il supplie le Saint-Père de le relever de ses fonctions pour lui permettre de devenir missionnaire en Amérique du Sud. La permission lui a toujours été refusée à cause de son âge avancé.

«Ça me plairait à mort de me joindre à mon confrère cardinal», pense-t-il[16].

Le cardinal Léger ne lui a jamais parlé de son projet africain. D'ailleurs, s'ils se sont côtoyés à l'occasion du concile, ils ont surtout discuté de problèmes universels, telle la pauvreté dans les grandes villes. À ce chapitre, Montréal et Boston se ressemblent et les deux archevêques ont fait de la misère leur cheval de bataille. Ils se comprennent à demi-mot.

«*How are you, Eminence?*», lui demandait le cardinal Léger en regagnant son siège dans la salle des pères conciliaires.

— *Bad!* rétorquait-il en grimaçant. *Every day that I am in Rome, I loose fifty thousand dollars*[17].»

Le concile est terminé et ses pauvres ont toujours besoin de lui à Boston pour solliciter les riches et ramasser les cinquante mille dollars nécessaires chaque jour. Le cardinal Cushing soupire. Il sait trop bien, hélas! que ses quatre-vingts ans ne trompent pas. Aussi bien se résigner à finir ses jours dans son imposant château, construit par son prédécesseur à l'image des palais romains et qu'il a lui-même dépouillé de toutes ses richesses pour en faire une demeure un peu plus compatible avec ses principes.

Prenant sa plume, l'archevêque de Boston griffonne quelques lignes de félicitations sincères qu'il télégraphie à son jeune confrère.

Le câble du cardinal Cushing rejoint les milliers d'autres adressés à l'archevêque démissionnaire de Montréal aussitôt la nouvelle connue. Elle fait même la manchette du *New York Times*. Le premier ministre du Québec, Daniel Johnson, justement en voyage d'affaires dans la métropole américaine, transmet immédiatement ses regrets et son témoignage d'admiration. Il a une pensée pour sa soeur Doris, qui pleure sûrement le départ de son patron après dix-sept années d'intense collaboration.

À Paris, le correspondant du *Figaro*, René Laurentin, évoque sa dernière rencontre avec le cardinal Léger: «J'avais ressenti chez lui une lassitude à l'égard de l'appareil ecclésiastique...[18]» De son côté, l'ambassadeur du Canada en France, Jules Léger, ne sursaute pas en lisant la nouvelle dans les journaux parisiens. Son frère Paul-Émile a fait escale à Paris, le 28 octobre, à son retour de Rome. Après le dîner, il a cru qu'il pouvait dévoiler son secret. «C'est bien toi! répondit simplement Jules, ému.

— N'en parle à personne, demanda le cardinal. Et quand la nouvelle sera connue, dis simplement à ta femme que c'est vrai[19].»

*   *   *   *   *   *   *

Le maire Jean Drapeau pense justement à l'ambassadeur du Canada en France en se rendant chez le cardinal Léger pour lui faire ses adieux, aux premiers jours de décembre 1967. Lors de leur dernière visite à la résidence de l'avenue Ramezay, à Westmount, le maire et son épouse ont été reçus à dîner en compagnie de Jules Léger et sa femme, Gaby. C'était le 3 août, quelques jours après le départ du général de Gaulle, qui retournait précipitamment en France après son désormais célèbre «Vive le Québec libre». Les réceptions mondaines étaient nombreuses cet été-là; les personnalités du monde entier visitaient l'Expo. Le maire était bien content de passer la soirée entre amis. Le cardinal paraissait d'excellente humeur, conversant longtemps avec madame Drapeau, à qui il vouait une grande amitié, conduisant, après le repas ses invités sur la terrasse qui surplombait Montréal.

Quel beau souvenir![20] Quatre mois écoulés depuis cette soirée intime et voici que le maire se rend peut-être chez le cardinal pour la dernière fois. Au fil des ans, les deux hommes qui dirigent les destinées de la Métropole ont appris à se connaître et à s'apprécier. En quinze ans, aucun conflit de juridiction ne les a divisés. Le cardinal s'est toujours gardé de s'immiscer dans les affaires politiques. De son côté, le maire reconnaît que l'autorité d'un cardinal vient du pape et qu'il a, par conséquent, droit aux tout premiers égards. Un cardinal n'est-il pas un souverain en puissance? D'où la bonne entente, à laquelle s'ajoutent certaines affinités. Combien de repas officiels n'ont-ils pas partagés, parlant tantôt des pauvres de Montréal, tantôt des projets grandioses qu'ils caressent: métro, Place des Arts, exposition universelle...

Tous deux voient loin et grand. Les rêves audacieux du maire Drapeau s'harmonisent avec les idées de grandeur du cardinal Léger. Et le premier magistrat de la ville fait sien le souci constant de l'archevêque à l'égard des déshérités.

Aussi, le maire n'a pas hésité à solliciter une ultime rencontre malgré l'horaire bousculé du cardinal à quelques jours de son départ. Son secrétaire l'a tout de suite rappelé: «Venez ce soir à la maison. Le cardinal vous recevra à neuf heures trente.»

Le cardinal paraît surmené. Il passe ses journées à répondre à son courrier et à vaquer à ses affaires du diocèse qui nécessitent une solution immédiate. Le soir, il distribue livres, cadeaux, souvenirs, classe les documents utiles à son successeur, retourne à leurs expéditeurs les lettres personnelles accumulées en dix-sept ans. Pour s'excuser de donner tant de travail à ses collaborateurs, il aime répéter: «Je suis comme un piano à queue. C'est bien beau mais ça prend de la place[21].»

Le maire Drapeau écoute le compte rendu des dernières semaines du cardinal, que celui-ci ponctue de pointes d'humour. «Pour le moment, dit enfin le cardinal, je n'ai plus un sou. Je recommence à zéro.»

À onze heures, Jean Drapeau se lève. Le cardinal parcourt le salon des yeux à la recherche d'un souvenir à offrir au maire pour souligner la profonde amitié qui les lie. Il se dirige vers le piano et prend une petite boîte en marqueterie orientale contenant des aromates.

«Tenez, c'est le cadeau que m'a offert le pape Paul VI le jour même de son retour de Terre Sainte en 1963. Il est à vous[22].»

*   *   *   *   *   *   *

Le cardinal Léger n'a pas revu le maire de Montréal avant le moment de son départ, à Dorval, alors qu'il s'est effondré dans les bras de son ami. Dans l'avion de la Pan American qui l'emporte vers l'inconnu, le cardinal cherche à comprendre ce trop-plein d'émotions qui l'envahit. Le jour se lève. Il prend sa plume et note dans son journal intime: «J'ai fait bonne figure jusqu'à la fin, mais en disant adieu à monsieur et madame Drapeau, j'ai éclaté. Toute mon âme me faisait mal. La douleur a été physique jusqu'à la nuit. C'est la brisure, le déchirement. Monsieur le maire représentait, à ce moment précis, tout Montréal, toutes les amitiés, tous mes chers fidèles. Je les aimais donc à ce point?[23]»

Appuyé sur le bord du hublot, le cardinal regarde le soleil se répandre sur la mer. Dans une heure, l'avion survolera la côte africaine et le jour sera complètement levé. Toutes ses pensées se tournent vers une autre nappe d'eau scintillante: le lac Saint-François, que ses yeux d'enfant confondaient avec l'océan. «Regarde, Paul-Émile, le grand tapis d'or!» disait grand-mère qui se berçait sur la galerie les soirs d'été à Saint-Anicet[24].

Comme il y a loin entre le petit garçon de Saint-Anicet, village québécois au bord de la frontière américaine, et le cardinal grisonnant, à l'orée d'une vie de missionnaire semée d'embûches.

S'il a toujours su qu'il retournerait un jour en pays de mission, il en ressent néanmoins l'urgence depuis une dizaine d'années. À la mort de son père et de sa mère, il a compris combien les hommes ont besoin d'amour. Un an plus tard, la perte de Pie XII, son maître à penser, l'a laissé désemparé. Mais son successeur Jean XXIII est venu qui a transformé sa vie.

À l'heure de plonger dans l'inconnu, c'est vers cet homme plus pasteur que pontife que se tournent ses pensées.

30

Références — Chapitre I

1. *Le Devoir*, 12 décembre 1967.
2. *La Presse* et *Le Journal de Montréal*, 12 décembre 1967.
3. Raconté par le père Émile Legault dans *La Presse* du 10 novembre 1967.
4. Mario Paquette.
5. Lucette Boivin.
6. Doris Johnson.
7. Marcel Adam, *La Presse*, 19 novembre 1963.
8. Journal intime du cardinal Léger.
9. Yvette Aubin.
10. *La Presse*, *Le Devoir*, *Le Soleil*, 10 novembre 1967.
11. Claude Ryan.
12. *La Presse*, 10 novembre 1967.
13. André Lamoureux, *Le Dernier Courrier du cardinal*, Fides, 1968.
14. Hélène Auger.
15. *Montréal-Matin*, 10 novembre 1967.
16. *La Presse* et *Montréal-Matin*, du 10 novembre 1967.
17. Le cardinal Léger.
18. *La Presse*, 10 novembre 1967.
19. Jules Léger, d'après l'abbé Mario Paquette, le 27 octobre 1981.
20. Jean Drapeau.
21. Lucette Boivin.
22. Jean Drapeau.
23. Journal intime du cardinal Léger.
24. Mémoires inédits du cardinal Léger.

Chapitre II
Viva il Papa

Les Vénitiens ont envahi la place Saint-Marc comme si c'était jour de fête. Ils sont tristes pourtant. Certains pleurent même en agitant leur mouchoir. L'heure des adieux a sonné.

Le patriarche de Venise a le coeur serré. Il n'a pas l'habitude de se fier à ses prémonitions, mais, cette fois, il sent qu'il ne se trompe pas. Il ne reverra plus la cité des doges. Sa ville. Dans une heure, il prendra le train pour Rome où il doit assister aux funérailles de Pie XII. Il a fait ses valises et pris des dispositions comme s'il partait pour un long voyage.

Une certaine crainte se lit sur son visage tandis qu'il salue les Vénitiens. Le voilà maintenant qui monte à bord de son yacht personnel. Au milieu des clameurs et des battements de main, des voix lancent: «Vous serez élu Pape, comme Pie X, notre ancien patriarche!»

Le cardinal Roncalli sourit intérieurement. Oui, l'idée de son élection possible l'a effleuré. N'a-t-il pas écrit, quelques jours plus tôt, à son ami et concitoyen, l'évêque de Bergame: «L'Église a besoin d'un gouvernement fort, fût-il ou non bergamesque»?

L'engin du *motus capo* s'anime. Le cardinal se penche vers son pilote; il lui demande de passer devant les arcades gothiques du palais des Doges et de s'arrêter une dernière fois devant la basilique Saint-Marc.

En costume de voyage, le patriarche septuagénaire s'attarde un instant devant les arcades en enfilade du palais revêtu de marbre rose et blanc. Au loin derrière, l'Adriatique s'agite. Ses vagues viennent lécher en cadence les marches du quai plusieurs fois centenaire. Derrière l'imposante structure byzantine, la coupole de la basilique Saint-Marc se détache dans le ciel. Son église. Isolée au milieu de sa lagune, jamais Venise n'a semblé aussi belle qu'en ce mois d'octobre 1958. C'est presque l'été.

À son signe, le yacht s'élance résolument vers le sinueux canal. Il frôle les multiples palais du XVe siècle qui bordent le majestueux serpent et glisse sous les ponts en dos d'âne sur lesquels s'entassent les Italiens venus dire leur fierté à l'archevêque bien-aimé. Leur chagrin aussi.

Sur le quai de la gare, les fidèles crient: «Adieu, adieu!» Silencieux, le patriarche de Venise s'engouffre dans le train qui le conduira dans la Ville éternelle.

*   *   *   *   *   *   *

Rome est en deuil. Désertée depuis les premiers signes de l'automne, elle s'anime en cette fin d'octobre, à la veille des funérailles de Pie XII.

Pèlerins et prélats affluent du monde entier. À peine descendus de l'avion ou du train, ils filent vers le Vatican où se poursuivent les préparatifs pour la cérémonie grandiose. La secrétairerie d'État, généralement silencieuse, est bondée de dignitaires venus offrir leurs sympathies aux bras droits du pape. Le corpulent vieillard tout de rouge vêtu y fait une entrée remarquée. Arborant son traditionnel et large sourire, le cardinal Roncalli s'avance vers son jeune collègue, le cardinal Paul-Émile Léger, archevêque de Montréal, et lui fait l'accolade.

«Vous avez fait bon voyage?» lui demande-t-il en français.

La conversation simple et détendue porte sur Pie XII, son agonie et sa délivrance. Le cardinal Léger lui confie son chagrin. La veille, à sa descente d'avion, il s'est immédiatement fait conduire à la basilique Saint-Pierre de Rome où il s'est agenouillé devant la dépouille de celui qu'il aimait comme un père et qui repose sous la coupole. Et il a pleuré comme un enfant. Le regard attendri du patriarche de Venise lui fait chaud au coeur. «Quelle paix intérieure!» pense le cardinal Léger qui trouve dans ces retrouvailles un doux réconfort.

*   *   *   *   *   *   *

Qui mènera la barque de Pierre? Pie XII repose enfin mais après trois jours de conclave, en ce 28 octobre 1958, son successeur n'a pas encore été élu. Les pèlerins se relaient sur la place Saint-Pierre dans l'espoir d'apercevoir enfin le signe fatidique. Hélas! les heures passent et la fumée qui jaillit de la cheminée est toujours grise.

Au troisième étage du palais pontifical, il n'y a pas encore de lumière. Les volets sont clos depuis le moment où les scellés ont été apposés sur tous les meubles et toutes les portes de l'appartement papal.

Pendant que les cardinaux, retirés dans leurs chambres exiguës, se préparent à se rendre à la chapelle Sixtine où, pour la quatrième journée consécutive, ils essaieront d'élire le prochain pape, les spéculations vont bon train. Certains estiment que l'heure est venue d'élire un pape «politique» et mettent de l'avant le nom du cardinal Alfredo Ottaviani, secrétaire du Saint-Office. «Il est trop conservateur», objectent les progressistes, qui vantent plutôt les mérites du cardinal-archevêque de Bologne, Giacomo Lercaro, réputé de gauche. À l'extrême-droite, on penche pour le cardinal Ernesto Ruffini, archevêque de Palerme. Mais le nom qui revient le plus fréquemment est celui de Giuseppe Roncalli, patriarche de Venise. Il ferait, dit-on, un excellent pape de transition.

Agenouillé sur son prie-Dieu, à droite du petit lit de fer, le

35

cardinal Léger répète le serment qu'il a prononcé dans la chapelle Pauline, avant d'entrer en conclave. Dans quelques minutes, il rejoindra ses pairs, les princes de l'Église, à la Sixtine. Que d'émotions! Quelle responsabilité aussi! Chaque fois qu'il trace sur le papier le nom de celui qu'il a choisi pour être le prochain souverain pontife, il se recueille profondément. Ensuite, il se lève et s'avance jusqu'à l'autel avec son bulletin de vote plié qu'il tient au-dessus de sa tête et dit: «J'élis devant Dieu celui que je crois le plus digne.» Il dépose ensuite son petit carré de papier sur la patène, puis dans le calice pour enfin le verser dans le ciboire.

Ce mardi-là, après le onzième scrutin, les trois scrutateurs élus par l'assemblée comptent les votes. Lorsqu'ils sont tout à fait sûrs qu'un cardinal a recueilli les deux tiers des voix, ils enfilent tous les billets sur une longue broche et les brûlent dans la cheminée.

Dans le ciel plombé, au-dessus de la chapelle Sixtine, la mince fumée grise tourne subitement au blanc. Elle annonce au monde l'élection d'un nouveau souverain pontife. Dans l'enceinte du conclave, tous les baldaquins au-dessus des trônes des cardinaux sont abaissés, sauf un: celui du patriarche de Venise, Angelo Giuseppe Roncalli, ce bon vieillard de soixante-dix-sept ans à l'allure de paysan lombard.

Pendant que l'élu revêt ses vêtements blancs dans la sacristie, le cardinal-diacre Nicola Canali gagne la loggia centrale pour dévoiler aux milliers de pèlerins rassemblés sur la place Saint-Pierre le nom du nouveau souverain: Jean XXIII. C'est le délire. «*Viva il Papa, viva il Papa!*» crie la foule.

Gêné par sa nouvelle soutane trop serrée, l'imposant pape s'avance en soupirant vers ceux qui l'ont élu: «Voilà les chaînes du pontificat qui commencent à se faire sentir![1]» Il s'assied sur le trône, devant l'autel, et accueille chaleureusement les cardinaux qui se présentent devant lui selon l'ordre d'ancienneté.

Son tour venu, le cardinal Léger s'agenouille devant le nouveau souverain pontife et lui baise les pieds avant de recevoir sa bénédiction. Au moment de se relever, Jean XXIII lui glisse à l'oreille: «Je connais l'affection qui vous liait à Pie XII et je tiens à ce qu'il en soit de même avec moi.»

Jean XXIII accueille toujours le cardinal Léger avec une bienveillance chaleu-
reuse. Ce dernier s'attache immédiatement au nouveau pape qu'il considère
comme son grand-père.

Le cardinal Léger sourit. Il a perdu un père mais il gagne un ami. Oui, il l'accepte, l'amitié que Jean XXIII lui offre tendrement. Il l'aimera, le bon pape Jean qui savait si bien ce qui l'attendait en quittant sa chère Venise quelques jours plus tôt.

Voilà maintenant la prédiction des Vénitiens réalisée. Le cardinal Roncalli a fait mentir l'adage qui veut que celui qui entre au conclave pape en sorte cardinal!

Angelo Giuseppe Roncalli est né le 25 novembre 1881 à Sotto il Monte, petit village à l'ombre des Alpes à quatre-vingts kilomètres de Milan. Troisième d'une famille de douze enfants dont le père était métayer, Angelo est l'aîné des garçons.

Paul-Émile Léger était encore séminariste lorsque monseigneur Roncalli quitta son poste de directeur des oeuvres de la Propagation de la foi à Rome pour devenir délégué apostolique en Bulgarie, en Turquie, puis en Grèce, missions qui occupèrent vingt ans de sa vie. Les sept années qu'il passa ensuite en France ne furent pas de tout repos. Le 1er janvier 1945, lorsqu'il présenta ses lettres de créance au général de Gaulle, il se trouvait dans une situation extrêmement délicate. Son prédécesseur, monseigneur Valerio Valeri, avait suivi Pétain et son gouvernement, à Vichy durant la guerre. À l'heure des règlements de compte, il fut accusé d'avoir collaboré avec l'ennemi et conduit à la frontière, encadré par deux gendarmes. Cet incident avait déplu à Pie XII.

Pendant les années que durera sa mission en France, monseigneur Roncalli s'appliquera à rapiécer les relations entre l'épiscopat français et le gouvernement, un certain nombre d'évêques étant, comme monseigneur Valeri, soupçonnés d'avoir un peu trop sympathisé avec le gouvernement de Vichy. Georges Bidault, qui succéda à Jean Moulin comme président du Conseil national de la Résistance et présida le gouvernement provisoire en 1946, demande au nonce Roncalli la démission de trente-cinq évêques «collabos».

«C'est beaucoup, trente-cinq évêques! répondit monseigneur Roncalli. Vous êtes catholique, moi aussi. L'opinion française va être partagée. Avez-vous lu *La Passion selon Saint Matthieu*? Vous souvenez-vous du passage où la femme de Pilate fait dire à son mari: «Surtout, ne t'occupe pas de cette affaire?»

C'est au début des années cinquante que monseigneur Léger rencontre le nonce Roncalli à Paris, où il lui rend visite à sa résidence, rue Wilson. Par la suite, il s'y arrête à chacune de ses escales dans la Ville Lumière. Le 7 janvier 1953, Pie XII les nomme tous deux cardinaux. Le futur pape n'est pas présent aux cérémonies romaines au cours desquelles ses confrères reçoivent le chapeau rouge. Selon la tradition, c'est le président de la France, Vincent Auriol, élu le 16 janvier 1947, qui dépose sur sa tête la barrette cardinalice.

En le nommant cardinal, Pie XII a d'abord songé à lui confier la direction d'une congrégation romaine. Mais le siège patriarcal de Venise est alors vacant et il le place à la tête de cet imposant diocèse.

Le 15 mars 1953, il fait son entrée solennelle dans la cité des Doges, qu'il aime beaucoup.

«La Providence m'a tiré de mon village natal, dit-il, et m'a fait parcourir les chemins du monde, en Orient et en Occident. Au terme de ma longue expérience, me voici à Venise, terre et mer familières à mes ancêtres depuis quatre siècles.»

Le cardinal Roncalli croit entreprendre la dernière étape de sa vie. Pourtant, cinq ans plus tard, le 28 octobre 1958, il devient le deux cent soixante et unième chef de l'Église. Il étonne lorsqu'il choisit de s'appeler Jean XXIII, nom tombé dans l'oubli depuis six siècles alors qu'il fut porté par Baldassare Cossa, élu pape en mai 1408 lors du faux concile de Pise par sept cardinaux qui avaient abandonné Grégoire XII.

Son couronnement a lieu le 4 novembre, fête de saint Charles Borromée, à qui Jean XXIII voue un culte particulier. Alors qu'il était délégué apostolique à Constantinople, il avait consacré tout son temps libre à raconter dans six livres de plus de six cents pages la vie de l'archevêque de Milan, secrétaire d'État du pape Pie IV, au XVIe siècle.

De partout, les pèlerins affluent à Rome pour le couronnement. La veille, la jeune soeur du souverain pontife, âgée de soixante-douze ans, a fait le trajet depuis Sotto il Monte avec ses frères Zaverio, Alfredo et Giuseppe qui ont soixante-quinze, soixante-neuf et soixante-quatre ans, leurs dix-huit enfants et vingt autres parents. Elle s'est présentée devant lui avec, sous le bras, un paquet ficelé contenant de la saucisse faite à la maison. Intimidée, elle dit à l'entourage du pape: «Son estomac a toujours été tellement délicat et Dieu sait quel genre de nourriture on va lui préparer ici!»

* * * * * * *

Il fait tempête, le 19 décembre 1958, lorsque le cardinal Léger rentre à Montréal. Il est habité par la bouleversante expérience qu'il vient de vivre: élire le successeur de Pierre.

Il aurait tant aimé que ses diocésains voient le déroulement d'un conclave et comprennent ce qu'il a pu ressentir. Mais il ne peut même pas leur en livrer les détails. La consigne du silence prévaut depuis le conclave de 1903. En l'occurrence, c'était le cardinal Rampolla del Tindaro que l'opinion désignait comme pape. Mais un cardinal s'était levé et, au nom de l'empereur d'Autriche, il avait mis le veto. Il avait fallu tout recommencer. Le cardinal Giuseppe Sarto fut alors élu et prit le nom de Pie X. Pour éviter toute intervention de l'extérieur, lors des élections à venir, il fut décidé que personne ne saurait plus ce qui se passe derrière les murs de la Sixtine.

Depuis des siècles, les conclaves se déroulent à peu près de la même façon. Certains sont étonnamment courts, d'autres, interminables. Pie VI fut élu après deux cent soixante-cinq jours. Mais toujours, l'élection est démocratique.

Comme après chaque élection, les journalistes ont bien essayé de soutirer des renseignements aux conclavistes. Interrogé le lendemain, Jean XXIII répondit d'un air malicieux: «Les efforts de la presse ont été formidables mais le silence du conclave a été bien meilleur[2].»

Heureux de retrouver ses diocésains, le cardinal Léger ne peut s'empêcher de leur dire la confiance qu'il met dans le nouveau souverain pontife. On le presse d'ailleurs de questions dans l'espoir de le voir établir un parallèle avec son cher Pie XII. L'archevêque de Montréal évite les comparaisons. L'attachement qu'il a eu pour ce grand maître rend tout parallèle injuste envers son successeur. Il accepte Jean XXIII tel qu'il est: un bon grand-père d'allure paysanne, muni d'un grand amour de l'Église, au service de laquelle il met ses qualités humaines.

«On s'approchait de Pie XII avec un sentiment d'admiration, dit-il enfin. On s'approche de Jean XXIII avec amour. C'est un homme simple qui connaît les hommes.»

En quelques courtes audiences lors de son séjour à Rome, le cardinal Léger a compris quel genre de relation il entretiendra avec le nouveau pape. Avec ce grand-père qu'il vient de se donner, il se montrera plus audacieux, plus hardi. Le génie de Pie XII a désormais fait place à l'extrême bonté de Jean XXIII.

Ainsi se termine l'année 1958. Après le chagrin, l'espoir. Le cardinal Léger sort lentement du deuil qu'il porte en lui depuis plus d'un an. Après avoir perdu sa mère, son père et enfin Pie XII, il avait cru être emporté par la douleur. L'arrivée de Jean XXIII, qui lui a offert si simplement sa tendresse, laisse présager des jours meilleurs.

À l'orée de 1959, l'archevêque de Montréal se rend à la prison de Saint-Vincent-de-Paul pour célébrer la messe à l'intention des détenus. Exceptionnellement, il obtient des autorités carcérales que les gardes armés ne soient pas admis dans l'enceinte.

«Ici, c'est la messe, dit-il. Il n'y a pas de place pour les fusils.»

Lorsque le puissant chœur des prisonniers entonne les hymnes de la messe, la coupole de la chapelle tremble... Après la cérémonie, le cardinal circule de cellule en cellule, y allant d'un mot d'encouragement à chacun. Puis, il se rend dans le donjon des condamnés à mort, avec qui il parle longuement.

Depuis une dizaine d'années, c'est devenu un rituel: il consacre le jour de l'Épiphanie à ces hommes oubliés dans les prisons.

*   *   *   *   *   *   *

41

Chaque année, le cardinal consacre le jour de l'Épiphanie aux prisonniers. On le voit ici déambulant d'une cellule à l'autre dans la prison de Bordeaux.

Pendant ce temps, à Rome, Jean XXIII a réservé sa première sortie pour les prisonniers de la ville et les enfants hospitalisés.

Lors de ses visites, le nouveau souverain pontife parle à chacun, multiplie les sourires et les petites tapes sur l'épaule. Souvent maladroit, il s'excuse de mal jouer son nouveau rôle. À tout moment, il dit «je», au lieu du traditionnel «nous» papal, en parlant de lui-même.

Ce vieil homme dont tout Rome répétait qu'il serait un pape sans histoire révolutionne lentement mais sûrement la vie traditionnelle d'un chef de l'Église. Il ne s'embarrasse pas de formules; il dit simplement ce qu'il a à dire et rit de bon coeur. Lorsqu'il commence à inviter des personnes à sa table, cela surprend son entourage habitué à voir le Saint-Père prendre ses repas dans le silence et la solitude.

«J'ai lu attentivement l'Évangile», confie-t-il à ceux qui le regardent d'un air réprobateur, «sans y trouver un passage qui prescrive de manger seul. Jésus, comme on le sait, aimait à manger en compagnie.»

Cet homme simple n'accepte pas non plus que les prêtres s'agenouillent devant lui[3].

«Levez-vous, commande-t-il au reporter de l'*Osservatore romano* venu l'interviewer. On se met à genoux pour prier, pas pour travailler.»

Il profite d'ailleurs de sa première rencontre avec la presse vaticane pour prévenir le directeur qu'il faudra dorénavant rayer du vocabulaire les mots comme «illuminé» lorsqu'on parle de lui.

«Je ne suis pas plus illuminé que les autres[4]», dit-il.

Mais personne n'est vraiment inquiet. Le nom du nouveau Saint-Père évoque traditionalisme et sagesse. «Oui, répète-t-on, ce sera un pape sans histoire.»

À soixante-dix-sept ans, Jean XXIII est perçu comme l'homme de la transition. Ce souverain permettra à l'Église de souffler, après le long et tumultueux règne de Pie XII l'autoritaire et en attendant un pape plus jeune, dont les idées cadreront avec le XXe siècle. C'est mal connaître celui qui réserve à l'Église universelle une surprise qui en laisse plus d'un estomaqué.

25 janvier 1959. Les cardinaux viennent à peine de regagner leur diocèse après le couronnement du Saint-Père. Ceux de Rome sont réunis en consistoire dans la basilique Saint-Paul-hors-les-Murs en ce jour anniversaire de la conversion de l'apôtre.

«Vénérables frères et chers fils, dit Jean XXIII, c'est avec un peu de tremblement d'émotion, mais en même temps avec une humble résolution dans Notre détermination, que Nous annonçons devant vous la célébration d'un concile oecuménique.»

Cette nouvelle, dont Jean XXIII se délivre enfin, il la soupèse déjà depuis un certain temps. Le projet s'est formé lors d'une conversation avec son secrétaire d'État, le cardinal Domenico Tardini:

«Le monde, lui confiait-il, est en proie à de profondes agitations du fait qu'en dépit des affirmations réitérées des hommes d'État en faveur de la paix, les dissensions s'aggravent en même temps que les menaces.»

Le pape s'arrêta, réfléchit un instant, puis reprit, d'un ton inquiet: «Que fera l'Église? Le bateau mystique du Christ doit-il aller à la dérive ou n'est-ce pas de lui que doit venir la lumière d'un grand exemple? Quelle pourrait être cette lumière?»

C'est à ce moment précis que l'idée de tenir un concile oecuménique s'imposa. Il osa la soumettre au cardinal Tardini, non sans craindre ses réactions. Il s'attendait à le voir perplexe ou, pire, effaré. Il l'imaginait en train de lui énumérer les difficultés graves que le projet allait engendrer. Et pourtant non, rien de ce qu'il avait anticipé ne se produisit. Son secrétaire d'État, visiblement ému, approuva l'idée que le pape qualifiait «d'inspiration du Saint-Esprit[5]».

La nouvelle qui parcourt le monde en un temps record suscite l'enthousiasme. Désormais, au sein de l'Église, tout devient possible.

À Montréal, l'archevêché se met en branle. Le cardinal Léger mobilise ses prêtres et conseillers. Pendant les mois qui suivront, son clergé tout comme lui-même déploieront une énergie sans précédent à se préparer pour Vatican II.

*   *   *   *   *   *   *

À part la tenue du concile Vatican II, l'arrivée du général Charles de Gaulle à la tête du gouvernement français, en janvier 1959, retient l'attention mondiale. Le mois suivant, Fidel Castro se joint au peloton des chefs d'État, après avoir assiégé La Havane avec son armée révolutionnaire.

Au Québec, l'heure du changement n'a pas encore sonné. Maurice Duplessis dirige toujours les destinées du pays. Vieilli, malade, il n'en continue pas moins son combat épique contre les Témoins de Jéhovah pendant que la population se remet lentement de la traditionnelle tempête de neige de la Saint-Joseph.

Avril 1959. Les tramways quittent Montréal définitivement. L'hiver aussi est parti, entraînant derrière lui une large part du chômage qui sévit dans la Métropole et contre lequel le cardinal Léger lutte depuis des mois.

S'il n'est pas en mesure d'enrayer comme il le souhaiterait cette plaie sociale, l'archevêque de Montréal peut néanmoins rappeler à ses diocésains qu'ils ont tous l'obligation de faire quelque chose. À la fin de janvier il a d'ailleurs signé une lettre pastorale, «Nos responsabilités chrétiennes en face du chômage», dans l'espoir de mobiliser la population.

Il y a quatre-vingt mille chômeurs à Montréal. La plupart sont chefs de famille, ce qui gonfle le nombre de victimes du fléau à deux cent quarante mille. Parmi ces personnes sans travail, de dix à quinze mille sont des jeunes.

Tout au long de son épiscopat, le cardinal a conservé l'habitude de visiter les travailleurs à l'usine et sur le chantier. Ici, il donne symboliquement un coup de main aux débardeurs de Montréal.

Dans un geste symbolique, l'archevêque annonce l'ouverture immédiate de plusieurs chantiers. Il compte ainsi non pas régler la crise, mais susciter d'autres initiatives. Il construira entre autres une maison à deux ou trois logements pour les pauvres: «J'espère y loger une famille de dix enfants qui habite un taudis tellement insalubre que, tout dernièrement, l'un des enfants est mort de froid.»

Depuis neuf ans, il a érigé soixante paroisses et, par conséquent, a ouvert autant de chantiers. Il estime avoir fait sa part et peut se permettre de s'adresser directement aux responsables de l'économie pour leur dire que la justice sociale leur commande de créer une situation économique générale qui rende possible et facile l'exercice du droit naturel de travailler:

> Tout homme, leur rappelle-t-il, a le droit de trouver dans son travail le moyen de pourvoir à sa vie propre et à celle des siens. Le chômage d'hommes valides voulant travailler et privés de travail est anormal et contre le droit naturel[6].

Après cette campagne, le 28 avril plus exactement, le cardinal reprend la route de Rome, accompagné de quatre cents pèlerins et de vingt-cinq membres de l'épiscopat dont monseigneur Maurice Roy, primat de l'Église canadienne. Tous sont conviés à la béatification de mère d'Youville, qui a fondé la congrégation des Soeurs Grises à Montréal, en 1753.

L'archevêque a un faible pour cette femme qui a été baptisée en 1701 sous le prénom de Marguerite en souvenir de mère Bourgeoys, morte l'année précédente et qui avait consacré sa vie à secourir les déshérités. Lors de sa dernière audience avec le pape, en décembre 1958, il a intercédé en sa faveur:

«Très Saint-Père, mère d'Youville est bien fatiguée d'être vénérable. Voilà quatre-vingts ans qu'elle porte ce titre. N'y aurait-il pas moyen de la rendre... bienheureuse?»

Jean XXIII ne se fit par prier pour accéder à cette curieuse demande. Il promit de la béatifier le 3 mai. Le cardinal Léger préside la bénédiction du Saint-Sacrement qui se déroule dans l'abside de Saint-Pierre de Rome, en présence du pape.

Avant de se rendre à Rome, le groupe de pèlerins s'arrête à

Ars, petit village pauvre situé non loin de Lyon, en France, où l'on fête le centième anniversaire de la mort de Jean-Marie Vianney, mieux connu sous le nom de curé d'Ars. Après avoir assisté grelottants et transis à la cérémonie qui se déroule sous la pluie dans un curieux bâtiment au toit recouvert de tôle, ils prennent le train vers Rome où, heureusement, des cieux plus cléments les attendent.

Le cardinal Léger est de retour à Montréal à temps pour prendre sa place habituelle à l'estrade d'honneur lors du traditionnel défilé de la Saint-Jean qui, le 24 juin 1959, se déroule sous le thème «Le Saint-Laurent, la route qui marche», et compte vingt-huit chars allégoriques, trente-trois fanfares et deux mille participants[7].

Deux jours plus tard, il rejoint les grands de ce monde à l'inauguration officielle de la Voie maritime du Saint-Laurent. Le président Dwight Eisenhower, le premier ministre du Canada, John Diefenbaker, et le chef de l'opposition libérale, Lester B. Pearson, assistent aux cérémonies en compagnie de la reine Élizabeth II et de son mari, le prince Philip. Ces derniers invitent d'ailleurs le cardinal Léger à dîner à bord du yacht royal, le *Britannia*, ancré dans le port de Montréal.

*   *   *   *   *   *   *

Au beau milieu de la canicule, le cardinal laisse paraître des signes d'épuisement physique. Délégué par son entourage, son secrétaire, l'abbé Jacques Jobin, le rejoint dans son bureau, peu après l'audience qu'il vient d'accorder au général Georges Vanier, qui succède à Vincent Massey au poste de gouverneur général.

«Éminence, dit-il, vous devriez prendre des vacances. Vous abusez de vos forces.

— Ce n'est pas moi qui prends tous ces rendez-vous, répond le cardinal avec humour. C'est vous qui menez, pas moi.

— Alors, reprend l'abbé Jobin, que pensez-vous de mon idée?»

L'archevêque décline la suggestion comme il le fait d'ailleurs

47

chaque fois que ses collaborateurs s'aventurent sur ce terrain. Il a juré qu'il ne prendrait pas un jour de vacances tant qu'il y aurait des pauvres à Montréal et il entend respecter son serment.

Aux grands maux les grands moyens. On met à contribution le docteur Léopold Morrissette, médecin attitré du cardinal, qui est plus qu'heureux de prescrire à son difficile patient des «vacances obligatoires». C'est donc bien malgré lui que le cardinal Léger prend la route du Massachusetts, flanqué de ses deux gardes du corps, l'abbé Laurent Cadieux, l'économe de l'archevêché, et l'abbé Jacques Jobin, son secrétaire. À demi résigné, il leur dit en s'installant dans la voiture: «Bon, je vous remets tous les pouvoirs. Vous, Jacques, vous êtes le supérieur et vous, Laurent, l'économe[8].»

En vérité, l'archevêque vacancier n'a nullement l'intention d'obéir à son état-major. Lorsque l'angélus sonne, le soir de leur arrivée à la trappe de Spencer, le sort en est déjà jeté. L'abbé Jobin a pourtant prévenu le supérieur: «Son Éminence est au repos complet. Il serait préférable que vous n'organisiez aucune rencontre officielle avec les moines.»

Profitant d'un moment d'inattention des deux jeunes prêtres, le supérieur se glisse dans les appartements du cardinal: «*Eminence, would you be good enough to say a word to the monks of my communauty, tonight. It would be a great honour[9].*»

L'archevêque acquiesce avec grand plaisir, comme chaque fois qu'on l'invite à prendre la parole. Son secrétaire est au désespoir. Pour peu, il irait semoncer le supérieur.

Cette conférence improvisée et prononcée en anglais gruge ses dernières forces. À partir du lendemain, le cardinal n'a plus qu'une envie: dormir. Installé au noviciat de East Brenster, une ancienne résidence de richissime américain, il se repose enfin. Il prend quelques bains de mer à Hyannis Port et participe à une excursion de pêche en haute mer à Provincetown, non loin de Cape Cod.

Au fur et à mesure que ses forces reviennent, le cardinal devient impatient. Il a des scrupules à être là à se dorer au soleil alors qu'il y a tant à faire. Au matin du sixième jour, il ne tient plus en place.

«Aujourd'hui, nous irons rendre visite au cardinal Cushing, à Boston![10]» annonce-t-il en se levant.

Le ton n'appelle aucune réplique et ses compagnons de voyage plient bagage. À toutes fins utiles, leur patron vient de donner le signal du départ. Après Boston, c'est New York, où il s'offre quelques heures de magasinage sur la *Fifth Avenue*. Puis, il longe *Wall Street* jusqu'à l'*Empire State Building*, l'édifice le plus haut du monde, avant de se rendre chez les Pères du Saint-Sacrement, qui le reçoivent à dîner. Lorsqu'il arrive à Montréal, le lendemain, c'est la surprise.

«Mon doux Seigneur, Éminence!» laisse échapper un prêtre, à l'archevêché. «On ne vous attendait pas avant plusieurs jours!»

À le voir reprendre le collier, tout le monde comprend qu'il ne songe nullement à réduire le rythme de ses activités quotidiennes.

* * * * * * *

La limousine cardinalice file à haute vitesse vers Trois-Rivières tandis que les Montréalais, qui roulent en sens inverse, se rendent au travail. Il est sept heures trente, en ce jeudi matin, 10 septembre 1959. Des policiers à motocyclette ouvrent la voie. Sur la banquette arrière, l'archevêque de Montréal lit tranquillement son bréviaire sans se soucier du remue-ménage que son passage suscite. À côté de lui, l'abbé Jobin est plus mort que vif: le chauffeur, monsieur Plouffe, a la réputation de mener ses passagers sains et saufs à bon port, mais tout de même...

Au fur et à mesure que le cortège s'approche du centre-ville trifluvien, la circulation se fait plus dense. Tout le Québec semble s'être donné rendez-vous pour assister aux obsèques de celui qui a dirigé la province pendant dix-huit ans: Maurice Duplessis.

Le premier ministre est mort le samedi précédent des suites d'une hémorragie cérébrale. Il était à Schefferville, sur la Côte-Nord où il venait de visiter une mine de fer.

Le cardinal Léger se rend à la cathédrale de Trois-Rivières, où il doit prononcer l'homélie de la cérémonie funèbre. Auparavant, il est attendu au palais de justice de la ville où le corps de Maurice Duplessis est exposé. Il offre ses condoléances à la famille et demeure dans le hall jusqu'à ce que le cercueil soit soulevé par les porteurs: les ministres Paul Sauvé, Antonio Barrette, Daniel Johnson et Jean-Jacques Bertrand, et le chef de l'opposition libérale, Jean Lesage, qui sont aussi les cinq prochains premiers ministres du Québec.

Nul n'ignore la distance qui séparait le premier ministre du Québec de celui qu'il appela jusqu'à la fin «l'évêque communiste». Leurs relations, bien que cordiales, furent empreintes de froideur. À l'heure de rendre un hommage ultime à Maurice Duplessis, en ce jour historique qui marque la fin d'une époque, le cardinal Léger mesure ses paroles.

Devant les milliers de personnes qui ont envahi la cathédrale, il dit:

> L'Honorable premier ministre de la province de Québec, monsieur Maurice Duplessis, est mort dans l'accomplissement de ses fonctions alors qu'il explorait des territoires nouvellement ouverts à la civilisation.
> Cette mort est dans le style de l'homme qui fut un grand laborieux et elle couronne une longue activité de vie publique.
> L'histoire jugera son oeuvre. Le Seigneur doit juger son âme...

À quelques jours de là, Paul Sauvé, ministre de la Jeunesse et du Bien-être social, prend la succession de Maurice Duplessis à la tête du Québec. L'archevêque de Montréal se réjouit de l'honneur qui échoit à son confrère du séminaire de Sainte-Thérèse. À peine nommé, Paul Sauvé, comme c'est la coutume, lui rend visite à l'archevêché. Les deux hommes parlent de l'avenir du Québec. Le nouveau premier ministre explique qu'il a l'intention de rattraper le temps perdu sans brusquer qui que ce soit.

Après cette rencontre, les relations entre l'Église et l'État s'annoncent harmonieuses. Le cardinal Léger peut compter sur la collaboration du nouveau premier ministre. «Un homme intelligent, intuitif et prudent», pense-t-il.

Lors de la réunion du Comité de l'instruction publique, qui se tient le 23 septembre suivant, l'archevêque lui rend bien sa politesse en prononçant l'allocution de bienvenue à son intention.

Jamais n'a-t-il exprimé ses sentiments à l'égard d'un élu du peuple avec autant d'enthousiasme.

Le cardinal rentre de Québec fourbu. Sans le savoir, il est un homme en sursis. Il ne se passe pas une journée sans que, dans son entourage, on lui fasse remarquer qu'il a les traits tirés, le teint livide et qu'il est visiblement mal en point. Ce genre de commentaires l'irrite. Et c'est bien à contrecoeur qu'il consent à subir quelques examens médicaux de routine avant son départ pour Rome, où il doit effectuer son voyage *ad limina*.

À l'Hôtel-Dieu, le docteur Jean Charbonneau, appelé en consultation, décide de l'hospitaliser et de l'opérer pour la prostate.

Malgré tous les efforts déployés pour que l'intervention chirurgicale soit effectuée dans le plus grand secret, la nouvelle est bientôt diffusée dans les journaux et à la radio. Les Montréalais craignent le pire. On ne parle plus que du surmenage que le cardinal s'est imposé et des signes de fatigue physique qu'on a remarqués et qui ne trompent pas. L'affaire prend des proportions telles que le secrétariat du palais cardinalice dément les rumeurs voulant que le cardinal soit gravement atteint. Mais le message que son bureau livre à ses diocésains tandis qu'il repose sur son lit d'hôpital n'est guère rassurant: «Le cardinal se recommande aux bonnes prières de tous ses diocésains.»

Lorsqu'il quitte le pavillon Olier de l'Hôtel-Dieu, où il a ses appartements et où ses parents sont décédés deux ans plus tôt, l'archevêque de Montréal est bien prévenu: ces dix jours d'hospitalisation sont nettement insuffisants. Il doit maintenant prendre trois mois de convalescence.

Le patient rentre chez lui, à l'archevêché. Après avoir gardé le lit pendant une journée, il reçoit son premier visiteur. Paul Sauvé vient prendre de ses nouvelles et, lui aussi, l'enjoindre de faire attention à sa santé.

Le soir même, le cardinal est à son poste dans la petite chapelle de l'archevêché où il récite *Le chapelet en famille*, retransmis sur les ondes de CKAC depuis bientôt dix ans. Après ce quart d'heure de prière, il dit à son secrétaire, qui marche à ses côtés dans les longs corridors de l'archevêché: «Nous allons poursuivre le programme tel que prévu. Je vais à Rome pour mon voyage *ad limina*. Ce sera la première fois que Pie XII ne sera pas au rendez-vous.»

Références — Chapitre II

1. *La Croix*, 4 juin 1963.
2. *La Presse*, 4 juin 1963.
3. *La Croix*, 4 juin 1963.
4. *Ibid*.
5. Adam, Marcel, *Qu'est-ce que le concile?*, Les Éditions du Jour, Montréal, 1962, p. 17.
6. *La Presse*, 17 janvier 1959.
7. Rumilly, Robert, *Histoire de Montréal*, tome 5, Fides, Montréal p. 202.
8. Jacques Jobin.
9. Traduction: «Éminence, auriez-vous la bonté de dire un mot aux moines de ma communauté, ce soir. Vous nous feriez un grand honneur.»
10. Laurent Cadieux.

Chapitre III
Tu es poussière...

Les malles sont bouclées. Le cardinal range quelques effets personnels dans son sac d'avion lorsqu'il reçoit un appel de Victoria, en Colombie britannique: monseigneur Joseph Charbonneau est au plus mal; ses jours sont comptés.

L'archevêque de Montréal sait que l'état de son prédécesseur, âgé de soixante-sept ans, périclite rapidement depuis deux mois. En effet, le 20 septembre dernier, un débalancement de son diabète résulta en un demi-coma. À l'hôpital Saint-Joseph de Victoria, où il vit depuis son départ précipité de Montréal, en janvier 1950, on s'inquiète d'autant plus que monseigneur Charbonneau a été victime de quatre attaques cardiaques en moins de cinq ans.

À la fin de septembre, celui qu'on appelle maintenant «Father Charbonneau» a reçu les derniers sacrements et a semblé ensuite prendre du mieux. Mais le 30 octobre, le médecin qui l'opérait pour un calcul biliaire l'a trouvé trop faible pour lui enlever la vésicule. Ces derniers jours, le prélat amaigri n'ouvre presque plus les yeux et parle avec peine. «La fin s'en vient, ma

55

soeur[1] », articule-t-il lorsque l'infirmière s'approche de son lit.

Il y a quelque temps, le cardinal Léger a sollicité une faveur de son prédécesseur: qu'il soit inhumé dans la crypte des évêques de Montréal, dans la cathédrale Marie-Reine-du-Monde, afin que la continuité soit assurée.

Après avoir quitté son siège épiscopal montréalais, monseigneur Charbonneau exprima le désir d'être mis en terre dans son village natal de Lefaivre, dans le comté de Prescott, en Ontario. Plus tard, il se ravisa et choisit un coin dans le cimetière de Victoria. À l'automne 1959, au seuil de la mort, il consent à ce qu'on ramène sa dépouille à Montréal, comme le souhaite le cardinal Léger.

Pendant ses dix années d'exil, monseigneur Charbonneau n'a pas eu de contacts avec son successeur dans la Métropole. Il lui arriva de le déplorer.

« J'ai gardé à Montréal de bons amis, confia-t-il à son ami, le sous-secrétaire d'État de la province de Québec, Jean Bruchési. Mais le nouvel archevêque ne m'écrit pas[2]. »

Il aimait avoir de ses nouvelles. Un jour, un jeune prêtre, l'abbé Robert Riendeau, en visite chez lui à Victoria, lui rapporta les paroles du cardinal Léger: « Je n'ai rien de mieux à faire que de poursuivre les orientations de mon prédécesseur[3]. » Ça lui a fait chaud au coeur.

Au cours des années passées sur la côte du Pacifique, il songea parfois à revenir en Ontario. Il accepta même un jour de s'installer à Ottawa. Mais il revint sur sa décision.

« Ce serait embarrassant pour bien du monde, expliqua-t-il. Tandis qu'ici, je ne fais de tort à personne. Je ne peux pas aller plus loin. Après, c'est la mer[4]. »

*   *   *   *   *   *   *

Pendant qu'à Victoria monseigneur Charbonneau lutte contre la mort, le cardinal Léger fait les cent pas à l'archevêché de Montréal. Doit-il partir pour Paris, tel que prévu? Ou rester dans la Métropole et attendre la suite des événements?

«Nous attendrons encore une journée», dit-il à son secrétaire.

L'archevêque se réfugie dans la prière, guettant le signe qui lui indiquera la voie. Dix ans plus tôt, lorsqu'il a remplacé monseigneur Charbonneau à la tête de l'archidiocèse, il a vécu des heures déchirantes et des mois d'inconfort. Il n'est jamais facile de succéder à un être vivant et profondément regretté de tous. À l'heure où son prédécesseur s'apprête à revenir, une dernière fois, dans la ville sur laquelle il a veillé pendant presque une décennie, le cardinal Léger ne veut pas être l'imposteur qui s'immisce entre les Montréalais et leur ancien archevêque, qu'ils considèrent à juste titre comme un homme héroïque. Mais en même temps, son devoir lui commande d'être à son poste, comme il le ferait pour accueillir les restes d'un autre prélat. C'est là une marque de respect élémentaire.

Le 19 novembre, le dernier bulletin de santé indique que l'état de «Father Charbonneau» paraît stable bien qu'il soit extrêmement faible. Le cardinal Léger sonne son secrétaire. «Nous partirons cet après-midi», lui annonce-t-il.

L'avion décolle à seize heures trente, heure de Dorval. Le cardinal s'en remet à Dieu. Tout se joue pendant les heures qui suivent, alors que l'appareil survole l'Atlantique. À Orly, il est accueilli par les pères de la Fraternité sacerdotale, qui sont chargés de lui annoncer la nouvelle câblée un peu plus tôt.

«Éminence, monseigneur Charbonneau est mort. Peu après midi, heure de Victoria, il a été victime d'une effroyable angine. Il s'est éteint à quatorze heures quinze sans dire un mot. À Montréal, il était alors dix-sept heures quinze. Vous veniez à peine de quitter le ciel montréalais.»

Le cardinal se tait, perdu dans ses pensées. Son secrétaire, l'abbé Jacques Jobin, s'approche.

«Éminence, retournez-vous à Montréal? demande-t-il.

— Je ne sais pas», répond tout simplement l'archevêque.

Chez les pères de la Fraternité sacerdotale, rue Babylone, dans le VIIe arrondissement, le cardinal s'enferme dans la chapelle et prie longuement. Lorsqu'il en ressort, quelques heures plus tard, il paraît s'être ressaisi.

«Je reste à Paris, dit-il. Je vais à ma chambre rédiger un télégramme. La Providence a voulu que je ne sois pas là lorsque monseigneur Charbonneau est mort. Il reviendra à Montréal sans que l'archevêque actuel y soit.»

Puis, après un silence, il ajoute: «Il reviendra comme archevêque de Montréal[5].»

* * * * * * *

Enfermé dans sa chambre, la même qu'il occupe à chacun de ses passages dans la capitale française, le cardinal s'installe à sa table de travail devant une feuille blanche. Après un instant de réflexion, il écrit:

> L'activité de la grâce demeure un mystère. Il ne faut surtout pas oublier que le Seigneur a sauvé le monde par la croix. Vues dans cette perspective, les dernières années de la vie de monseigneur Charbonneau furent peut-être plus fécondes pour le diocèse de Montréal que toutes ses activités alors qu'il y était archevêque.

Le cardinal explique ensuite à ses diocésains qu'en étant inhumé dans la crypte de la cathédrale aux côtés des premiers évêques de Montréal, Joseph Charbonneau, le cinquième successeur de monseigneur Lartigue, assurera la continuité apostolique. Et de conclure:

> Au cours de ses dix années d'activité pastorale, il fut un grand évêque et prit des initiatives qui répondaient aux exigences de la vie chrétienne contemporaine.
> Comme j'aurais voulu être à Montréal pour exprimer mes sentiments et surtout pour recevoir la dépouille de monseigneur Charbonneau![6]

Une fois le message rédigé, le cardinal ressent un certain soulagement. Puis, il prend des arrangements pour que les obsèques, qui auront lieu le 27 novembre, soient grandioses. L'un de ses secrétaires, l'abbé Jean-Claude Pépin, s'en chargera.

«Je veux que monseigneur Charbonneau ait les mêmes

L'archevêque de Montréal, à sa table de travail.

funérailles que s'il avait été archevêque de Montréal au moment de sa mort[7]», dit-il.

Le cardinal se demande ensuite qui pourrait réciter l'oraison funèbre à sa place. Il songe tout de suite au délégué apostolique à Ottawa, monseigneur Sebastiano Baggio, qui occupe son poste au Canada depuis le 20 mai 1959. «En mon absence, je ne vois personne qui puisse présider, sauf vous», lui écrit-il.

À Ottawa, le nouveau délégué d'origine italienne, âgé de quarante-six ans, est quelque peu troublé par cette mission. Il arrive du Chili, où il a occupé le poste de nonce pendant plusieurs années, et ignore tout du défunt, si ce n'est qu'au pays il fait figure de saint.

Après avoir lu tout ce qui a été écrit sur monseigneur Charbonneau, il choisit des textes de la Sainte Écriture qu'il adapte aux circonstances[8].

* * * * * * *

À Montréal, la décision du cardinal Léger de demeurer à Paris pendant ces jours de grand deuil est reçue comme providentielle. Avec son style flamboyant, il aurait pris une grande place dans les cérémonies officielles tandis qu'en son absence, toutes les pensées sont tournées vers le disparu[9].

Des milliers de Montréalais bravent le mauvais temps pour venir assister aux obsèques de leur ancien archevêque, mort en exil à Vancouver, où il portait le titre honorifique d'archevêque titulaire du Bosphore. La lumière des projecteurs de la télévision, qui reproduit en direct la cérémonie funèbre depuis la cathédrale Marie-Reine-des-Coeurs, inonde la dépouille. Une trentaine d'évêques du Canada et des États-Unis assistent aux cinq absoutes généralement réservées aux évêques morts en fonction.

Dans son oraison funèbre, monseigneur Baggio cite d'abord les paroles prononcées par monseigneur Léger lorsqu'il prit possession du trône archiépiscopal de Montréal, le 17 mai 1950:

Nos prédécesseurs ont bâti, dans ce douaire de la Vierge, une Église aux traditions solides et l'ont dotée d'oeuvres solides... De grands évêques sont morts à la tâche. Quelques-uns, hélas! sont tombés sous le poids de la croix avant d'avoir atteint le terme de la route...

On n'entend pas un souffle dans l'assistance qui écoute le délégué raconter la vie de l'ancien archevêque. Osera-t-il parler de son départ précipité? Il ose:

Il sera permis de se demander si, dans quelque page de la Sainte Écriture, à laquelle il avait promis au jour de son sacre de conformer tous ses actes, on pourrait trouver l'inspiration immédiate du geste impressionnant de monseigneur Charbonneau — geste dont le souvenir est en réalité ponctué d'interrogations pressantes[10].

Monseigneur Baggio laisse entendre que monseigneur Charbonneau n'a pas été forcé de quitter Montréal, mais qu'il a plutôt choisi de vivre «dans une plage éloignée et solitaire». La foule ne bronche pas tandis que le délégué exonère l'Église de tout blâme:

Au-dessus des rumeurs tendancieuses ou simplement fantaisistes qui ont accompagné la démission de monseigneur Charbonneau, le public a pu connaître, dans une déclaration formelle de mon illustre prédécesseur, Son Excellence monseigneur Antoniutti, que le Saint-Siège «avait approuvé et encouragé sa très charitable attitude à l'égard de toutes les victimes de la guerre, des grèves et de l'injustice sociale»[11].

*   *   *   *   *   *   *

Pendant ce temps, à Paris, l'archevêque de Montréal cherche le réconfort dans la compagnie de son frère Jules et de sa famille. L'escale sera courte mais apaisante.

Jules Léger représente le Canada auprès de l'OTAN et vit à Paris depuis un an et demi. L'excitation règne dans la résidence officielle de l'ambassadeur, qui marie sa fille cadette, Hélène, le 19 décembre, en l'église Saint-Pierre de Chaillot.

Le cardinal accompagne sa nièce et son fiancé, Antonin Fréchette, un jeune médecin de Trois-Rivières qui poursuit ses études en France, chez le curé de la paroisse afin de régler les détails de la cérémonie nuptiale. Puis il passe la soirée à converser avec son frère. Depuis quelques années, leurs rencontres se sont espacées et ils ont du temps à rattraper. En abandonnant le poste de sous-secrétaire d'État aux Affaires extérieures, Jules Léger quittait aussi Ottawa. Ses responsabilités à l'OTAN l'obligent à voyager beaucoup. Il arrive d'ailleurs du grand congrès qui s'est tenu à Londres.

L'entrain de Jules Léger, son humour aussi, ont le don de détendre le cardinal convalescent.

«Ton Paul Claudel, lui répète-t-il, il me met en colère.»

Le cardinal joue le jeu et s'érige en défenseur de son écrivain préféré:

«Mais, c'est un grand poète. Un écrivain comme il ne s'en fait plus.

— Pense donc! reprend Jules Léger. Dans aucun de ses livres, aucune de ses pièces de théâtre, il n'a parlé une seule fois de sa femme![12]»

Dans l'exercice de ses fonctions, l'ambassadeur paraît distant, voire froid. Entre amis et en famille, il devient volubile. Mais ce soir, il questionne surtout. À Montréal, son frère n'a pas la tâche facile. Son archidiocèse est réputé l'un des plus difficiles du monde et il sent bien que tout ne tourne pas rond.

Mais Jules Léger a lui aussi sa part de chagrin. En cette fin de l'année 1959, il perd du même coup ses deux filles, dont l'aînée, Francine, qui entre au couvent. La famille Léger a eu une vie mouvementée, ponctuée de nombreux déménagements. Elle a passé de longs mois dans les valises, mais parents et enfants se sont toujours retrouvés réunis dans l'une ou l'autre des capitales du monde. Mais voilà que ses filles le quittent pour de bon. Pour combler un peu ce vide, il ira passer le jour de l'an à Copenhague en compagnie de sa femme, Gaby.

Avant de poursuivre sa route vers Rome, le cardinal accompagne la famille au cloître de dominicaines où Francine s'est retirée à vingt ans. La route paraît longue jusqu'à Mortefontaine, au sud de la forêt d'Ermenonville, dans l'Oise, car tout le monde est inquiet depuis que, deux mois plus tôt, l'aînée a pris le voile.

Francine paraît rayonnante. Le cardinal est ému de voir sa

filleule rajuster gauchement son voile qui glisse. Dans son costume noir, la mince jeune fille ressemble à sa mère, Alda, morte deux ans plus tôt et à qui l'archevêque ne peut penser sans qu'une larme lui monte à l'oeil. Il aime profondément sa nièce qui, jusqu'à son départ pour la France, avait l'habitude de frapper à sa porte à toute heure du jour. Elle restait parfois à l'archevêché pendant de longues soirées, même en son absence, pour lire ou regarder la télévision. Les longues et mystiques conversations qu'ils avaient, calés dans les profonds fauteuils de son appartement, lui manquent déjà. Mais il est tout à la joie de la voir presque religieuse.

L'adaptation à la vie religieuse n'est pas facile. La mère des novices le prévient que Francine dont la santé est délicate dort difficilement la nuit et a tendance à s'évanouir. Mais elle lui assure qu'elle veille sur la jeune fille.

Avant de regagner Paris, le cardinal célèbre une messe anniversaire dans la petite chapelle des dominicaines. Il y a un peu plus de deux ans, le 21 novembre 1957, papa Léger mourait à l'Hôtel-Dieu. Il n'avait pas pu vivre sans sa femme Alda qui l'avait quitté pour le grand voyage trois mois plus tôt.

*   *   *   *   *   *   *

Les invités de la noce arrivent les uns après les autres à l'église Saint-Pierre de Chaillot, tout près de la place de l'Alma. Les membres du corps diplomatique français et l'ambassadeur du Canada en France, Pierre Dupuy, se serrent la main sur le parvis de l'église romane dont le vaste fronton sculpté représente la vie de saint Pierre.

Dans la sacristie, l'archevêque de Montréal revêt ses habits cardinalices. Il est en meilleure forme depuis son court séjour dans la Ville Éternelle, où il a rendu compte de son administration au pape et aux responsables des diocèses dans les congrégations romaines. Il revient à Paris reposé pour bénir le mariage d'Hélène.

En grande tenue, il s'avance vers les fiancés à qui il va rappeler la grandeur et les devoirs du mariage.

63

«Antonin Fréchette, voulez-vous prendre pour légitime épouse Hélène Léger, ici présente, selon le rite de notre mère la sainte Église?

— Oui, je le veux.»

Féru d'histoire, et passionné par celle de sa famille, le cardinal Léger remonte dans le temps. Trois siècles plus tôt, son ancêtre Pierre Léger, avant de s'embarquer pour la Nouvelle-France, se mariait lui aussi à Paris. Il s'unissait à Marguerite Dandase, en son église paroissiale de Saint-Étienne-du-Mont.

Le cardinal connaît l'histoire des premiers Léger arrivés au pays. Il aime raconter les prouesses de ces valeureux explorateurs qui ont parcouru la jeune Amérique avant de s'établir au sud de Montréal. En 1953, la Société généalogique canadienne-française lui a remis le fruit de ses études, qui font remonter son premier ancêtre à cette paroisse parisienne qui existe toujours, place du Panthéon, et où il s'arrête à chacune de ses visites dans la capitale française.

Depuis le début du XIXe siècle, les Léger comptaient parmi leurs enfants un Étienne, en souvenir du premier, fils de Pierre, né à Montréal en 1711 et baptisé d'après le patron de la paroisse et premier martyr, lapidé à Jérusalem en l'an 33 avant Jésus-Christ. Le cardinal a connu le dernier Étienne de la famille: son propre grand-père.

Neuf générations plus tard, sa nièce revient au pays de ses ancêtres pour s'y marier. Le cardinal termine l'histoire de la famille Léger, qu'il a tenu à raconter en ce jour très spécial, en disant quelques mots de ceux qui restent:

«Un homme avait deux fils, conclut-il devant les époux agenouillés. Ces fils ont parcouru le monde entier; l'un comme ambassadeur de l'Église, l'autre comme ambassadeur de l'État. Éloignés de leur famille, séparés l'un de l'autre, ils sont cependant restés profondément attachés et unis...[13]»

* * * * * * *

Durant les années soixante, le cardinal Léger a traversé l'Atlantique jusqu'à six fois par année. Il se rendait surtout à Rome pour rencontrer le pape.

Une rafale de neige accueille le cardinal Léger à sa descente d'avion, à Dorval, le 29 décembre 1959. Il ne fait pas encore jour lorsqu'il s'engouffre dans sa voiture et regagne lentement le centre-ville après un mois et demi d'absence.

L'année s'achève. En préparant ses voeux pour la nouvelle année, qu'il doit enregistrer pour la radio et la télévision, l'archevêque a une pensée pour les soixante-quinze réfugiés d'Autriche que le pays doit accueillir la veille du Jour de l'An. «Ces pauvres êtres, presque tous tuberculeux, auront une longue côte à remonter avant de réussir à s'intégrer à la vie d'ici», pense-t-il en lançant, dans son message, un vibrant appel à la charité.

Depuis la mort de ses parents, le cardinal a pris l'habitude de circuler dans les rues blanches de Montréal le soir du jour de l'an. Il imagine, derrière chaque porte ornée de guirlandes de Noël, une famille unie, heureuse.

Tandis qu'il se promène lentement dans les rues de sa ville, l'archevêque de Montréal ignore encore qu'à une trentaine de kilomètres de là, le premier ministre du Québec vit ses dernières heures dans sa maison centenaire de Saint-Eustache.

Foudroyé par une thrombose coronarienne, Paul Sauvé meurt à l'aube. La nouvelle, diffusée à partir de huit heures du matin, sème l'émoi dans toute la province.

Paul-Émile Léger est bouleversé. Paul Sauvé, un homme qui quelques heures plus tôt paraissait en bonne santé et en qui des milliers de Québécois avaient mis tous leurs espoirs disparaît. Sa révolution aura duré cent dix jours. Il avait fait de l'éducation supérieure sa priorité et avait ébauché une politique d'assurance-hospitalisation.

Le 5 janvier, le cardinal se rend à Saint-Eustache pour les obsèques du premier ministre, qu'il considère aussi comme son ami. Chemin faisant, il revoit en pensée son camarade du séminaire de Sainte-Thérèse qui, devenu ministre du gouvernement de Maurice Duplessis, était venu à Rome en 1950 pour son sacre.

«Neuf ans déjà», soupire l'archevêque de Montréal, qui entre maintenant dans la petite église paroissiale de Saint-Eustache où vingt mille personnes s'entassent. Malgré le froid sibérien, elles sont venues dire adieu à un homme qui, en peu de temps, les avait conquises.

«Éminence, vous acceptez naturellement de prononcer l'oraison funèbre», lui annonce en le saluant monseigneur Émilien Frenette, évêque de Saint-Jérôme.

«Mais, répond-il surpris, on m'a demandé d'assister au trône. Je ne savais pas que je devais m'adresser aux fidèles.»

Monseigneur Frenette insiste. Le cardinal Léger se lève et improvise.

> Nous pleurons un chef en qui notre petite patrie avait mis toutes ses expérances...[14]

Le moment se prête aux confidences. Le cardinal fait d'abord l'éloge de la capacité d'écoute de Paul Sauvé. Il avoue que, depuis dix ans, il a lui-même été amené à réviser certains aspects de sa fonction d'archevêque. Peut-être l'a-t-il fait parce qu'il s'est mis à l'écoute des autres.

«Monsieur Sauvé a inauguré une politique de dialogue», dit-il avant d'émettre le voeu que l'on poursuive cette collaboration dans un respect de l'opinion des autres[15].

Savoir écouter, c'est aussi une qualité de chef. Et Paul Sauvé en avait l'étoffe. Puis le cardinal évoque le reproche que les autres provinces adressent souvent au Québec qui, disent-elles, est dirigé par des prêtres:

> Laissez-moi vous dire que celui que nous pleurons ce matin, s'il savait s'agenouiller devant les prêtres, savait prendre ses responsabilités. Vingt-quatre heures après sa nomination, il venait me voir discrètement, non pas pour me demander de l'orienter dans sa politique, car c'est un homme qui savait ce qu'il devait faire, mais il tombait à genoux pour me demander une bénédiction afin d'avoir la force de remplir cette tâche immense que son intelligence avait embrassée d'un seul regard[16].

Sitôt la cérémonie terminée, le cardinal reprend la route de Montréal, mais ses pensées restent fixées sur Paul Sauvé. L'homme que l'on porte en terre aujourd'hui s'est livré à lui au fil des derniers mois de sa vie. Il a appris à le connaître et à l'aimer. «L'aigle a fondu sur lui comme sur sa proie», se dit-il. Plus que jamais, il comprend que les hommes puissent se révolter contre la mort. Heureusement, il y a la foi...

Les vitres de la limousine sont givrées. Dehors, il fait un froid à fendre l'âme. Quel jour triste! Seul dans le silence, l'archevêque se demande ce que peuvent lui réserver les années soixante, qui commencent d'un si mauvais pied.

Références — Chapitre III

1. Lapointe, Renaude, *L'Histoire bouleversante de Mgr Charbonneau*, Les Éditions du Jour, Montréal, 1962 p. 115.

2. Bruchési, Jean, *Souvenirs à vaincre*, tome I, Hurtubise HMH, Montréal, 1974, p. 128.

3. Robert Riendeau.

4. *Joseph Charbonneau*, série d'émissions de télévision produites et réalisées par Pierre Valcourt, Ciné-Mundo.

5. Jacques Jobin.

6. *Bulletin International*, CCC, 1er décembre 1959, no 47, p. 5.

7. Jean-Claude Pépin.

8. Lapointe, Renaude, *op. cit.*, p. 146.

9. Claude Ryan.

10. *La Presse*, 28 novembre 1959.

11. Pour le récit de la démission de monseigneur Charbonneau, voir, du même auteur, *Le Prince de l'Église*, pp. 227-256. Il est vrai, comme l'a souligné monseigneur Baggio, que monseigneur Charbonneau a toujours gardé le silence autour de sa démission. Dans le film *Joseph Charbonneau* de Ciné-Mundo, monseigneur Charles-Auguste Demers raconte que l'éditeur d'un magazine américain lui a offert une forte somme d'argent pour qu'il s'explique. Monseigneur Charbonneau lui répondit: «Un fils qui aime sa mère ne lave pas son linge sale en public. Mais il fit des confidences à son ami Jean Bruchési, qui lui rendit plusieurs fois visite à Victoria. Il lui affirma que c'est le pape Pie XII seul qui décida de son sort. Pourquoi? «Je n'en sais absolument rien, lui répondit-il. Mais je n'ai pas vu dans ce qui s'est passé, l'esprit de l'Église.» Dans son livre, *Souvenirs à vaincre*, Jean Bruchési affirme que monseigneur Charbonneau avait l'impression d'avoir été l'objet d'une grave injustice. Du moins, il le laissait entendre: «Le délégué apostolique, monseigneur Antoniutti, a soutenu devant moi, lorsqu'il est venu me voir ici, que je pourrais devenir le supérieur d'un grand séminaire et y enseigner le droit canon... Je lui ai demandé si le droit canon existait encore.» Le père Émile Legault, quant à lui, ne réussit pas à provoquer ses confidences lorsqu'il lui rendit visite dans sa chambre d'aumônier. Après lui avoir raconté qu'il venait d'être forcé de quitter les Compagnons de Saint-Laurent, il lança: «Monseigneur, nous avons tous nos petites épreuves. Les miennes sont bien insignifiantes à côté des vôtres.» Mais l'archevêque ne releva pas le parallèle. Il se contenta de lui dire, en l'invitant à dîner: «Je n'ai pas souvent l'occasion de recevoir des amis.»

12. *Perspectives, Dimanche-Matin*, 8 avril 1973.

13. *Perspectives*, 13 avril 1960.

14. Godin, Pierre, *Daniel Johnson*, t. I, Les Éditions de l'Homme, Montréal, 1981, p. 143.

15. *La Presse*, 7 janvier 1960.

16. *Le Devoir*, 6 janvier 1960.

Chapitre IV
L'insolent frère Untel

«Monsieur Laurendeau, demande le cardinal, pouvez-vous me dire qui est ce frère Untel dont vous publiez, dans les pages du *Devoir*, les réflexions qui sont, comment dirais-je, parfois grinçantes?»

À l'autre bout du fil, André Laurendeau, le rédacteur en chef du quotidien de la rue Saint-Sacrement, hésite.

«Mais Éminence, je ne peux pas vous le dire. Vous comprenez, le secret professionnel me l'interdit.»

Oui, l'archevêque comprend. Il a affaire à un journaliste consciencieux. Loin de lui l'idée de lui en faire le reproche. Mais comment faire alors pour découvrir l'identité de ce présumé frère qui fait la pluie et le beau temps dans les médias du Québec.

Lorsque l'affaire Untel débuta, le cardinal Léger n'en eut pas connaissance. Le jour où le journaliste André Laurendeau écrivit sous le pseudonyme «Candide» son billet sur l'effondrement de la langue que parlent les Canadiens français, et qu'il l'appela «le joual», l'archevêque de Montréal gisait sur une table d'opération à l'Hôtel-Dieu.

Le mystérieux frère l'a lu, lui, le petit éditorial-choc paru le 21 octobre 1959. Et il a reconnu, dans la description du journaliste le jargon de ses étudiants de onzième année: les syllabes mangées, le vocabulaire tronqué, les phrases boiteuses. Chaque jour, il assiste aux conversations des jeunes, qui ressemblent à des jappements gutturaux, et il frissonne d'horreur lorsqu'il entend des «chu pas capab», des «l'coach m'enweille cri les mits du gôleur».

André Laurendeau a décidément touché une corde sensible chez le frère Pierre-Jérôme. Car c'est d'un véritable religieux qu'il s'agit quoique, dans certains milieux, on préfère croire qu'un journaliste connu a revêtu la soutane pour l'occasion. Dans sa chambre, à la maison des frères maristes d'Alma, il écrivit au rédacteur du *Devoir*:

> Cette absence de langue qu'est le joual est un cas de notre inexistence à nous, les Canadiens français... Notre inaptitude à nous affirmer, notre refus de l'avenir, notre obsession du passé, tout cela se reflète dans le joual, qui est vraiment notre langue.

Au fur et à mesure que le frère laissait couler sa plume, il s'emportait:

> Nous sommes une race servile. Nous avons eu les reins cassés, il y a deux siècles, et ça paraît[1].

André Laurendeau aima le ton et l'accent humain de cette lettre, qu'il publia et signa «frère Untel». Le frère Pierre-Jérôme s'enhardit. Il envoya au *Devoir* les résultats d'une enquête éclair effectuée auprès de ses élèves de onzième année commerciale. Il leur avait demandé d'écrire la première strophe de l'*Ô Canada*. Les résultats furent désolants: «Au Canada, taire de nos ailleux, ton front est sein de flocons glorieux. Ton histoire est une des pas pires...»

Cette lettre déclencha une réaction en chaîne. Tout le corps professoral se mit en branle. Le frère Untel tenait le gouvernail. Il prit à partie le système d'enseignement du Québec, qualifia le Département de l'instruction publique de «tuyau d'échappement qui triture, revient en arrière, se renie et élabore de la bouillie de programmes».

Le petit frère ne mâchait pas ses mots. Il compara l'autorité, dans la province de Québec, tantôt aux rois nègres, tantôt aux sorciers qui règnent par la peur. Comble de culot: il prononça l'arrêt de mort du Département de l'instruction publique dont il dénonça l'incompétence:

> Il faut pourtant fermer le Département, conclut-il. Je propose donc qu'on décore tous les membres du D.I.P. de toutes les médailles qui existent, y compris la médaille du mérite agricole; que l'on crée même quelques médailles spéciales, comme par exemple la médaille de la médiocrité solennelle...[2]

Au *Devoir*, les lettres de religeux réclamant l'anonymat pullulaient. Cela intrigua Laurendeau. «Pourquoi cette peur de signer?» demanda-t-il en éditorial.

Le frère Untel ne put résister. Le 30 avril 1960, il écrivit: «La réponse est simple. Nous avons peur de l'autorité[3].»

*   *   *   *   *   *   *

Tout le Québec suit les confidences du frère Untel. Le cardinal Léger, comme les autres, commence à s'interroger sur l'identité de l'auteur de ces petites bombes à répétition. Est-ce vraiment la plume agile et mordante d'un frère? Il en doute. Quel religieux, en effet, oserait contester publiquement l'autorité du diocèse? C'est pourtant ce que le frère Untel vient de faire.

> Voyez-vous ça, a-t-il écrit, un ouvrier ou un médecin qui se lèverait en pleine cathédrale pour discuter avec son évêque. Cela supposerait évidemment que l'ouvrier en question ou le médecin se sente intéressé, viscéralement intéressé par ce que dit l'évêque. Et cela supposerait aussi que le constable n'a pas le temps d'intervenir. Cela supposerait enfin du côté de l'autorité un respect de l'homme auquel nous ne sommes pas habitués[4].

«Enfin, il dépasse les bornes!» grommelle le cardinal. Qu'il dénonce les costumes irrationnels et anachroniques des religieux, passe encore. Qu'il s'attaque à leurs noms ridicules tels frère Paphnuce, soeur Marie-du-Grand-Pouvoir ou révérends frères Mellon, Modestin, Modestus, il n'est pas loin de lui donner raison. «Mais lorsqu'il prend tous les évêques du Québec, les met dans une poche et les jette dans le Saint-Laurent, ça ne va plus du tout!»

Tandis que les frères et les soeurs jubilent dans les couvents et les collèges, le haut clergé, lui, est courroucé. À Chicoutimi, monseigneur Georges Mélançon lance un jour: «Si je savais qu'il est dans mon diocèse, je l'expulserais.»

L'évêque de Chicoutimi apprendra bientôt qu'il est précisément le pasteur du fameux pamphlétaire. Sitôt son nom connu, du moins dans le milieu clérical, les évêques du Québec, réunis dans la Vieille Capitale pour leur assemblée mensuelle, sont perplexes. Plusieurs prélats hostiles réclament la tête du coupable. Le cardinal Léger essaie d'éviter le scandale. Il décide d'intervenir auprès des autorités du *Devoir*, qui alimentent la polémique. S'il le faut, il est prêt à rencontrer l'intéressé. Mais avant même qu'il n'ait pris contact avec lui, en lui téléphonant, à Alma, le frère Pierre-Jérôme reçoit un avertissement sévère doublé d'une interdiction d'écrire. La lettre, datée du mois d'août 1960, vient de la maison généralice des frères maristes, à Rome.

Le supérieur arrive justement de Rome pour régler cette affaire. Il est accouru en apprenant qu'une nouvelle tuile allait lui tomber sur la tête: les lettres du frère Untel parues dans *Le Devoir* et quelques autres réflexions d'un goût douteux sont sur le point d'être publiées dans un livre: *Les Insolences du frère Untel*.

Sans perdre une seconde, le supérieur conduit son religieux à Montréal. Le but du voyage: annuler le contrat d'édition qui lie le frère Pierre-Jérôme aux Éditions de l'Homme.

Avant de se rendre chez l'éditeur, rue de la Gauchetière, le supérieur entraîne le frère coupable dans la première église qu'ils croisent sur leur passage. Afin de donner plus de poids à l'interdit, il l'invite à relire, à genoux, l'admonition qu'il a reçue de Rome.

Aux Éditions de l'Homme, le frère Pierre-Jérôme demande à contrecoeur au directeur Jacques Hébert d'interrompre la publication de son livre.

«Mais c'est impossible, proteste l'éditeur, nous avons déjà engagé beaucoup de frais.

— Quant aux frais, tranche le supérieur, nous paierons[5].»

C'est peine perdue. Le livre paraît tel que prévu le 6 septembre, jour de la rentrée scolaire. Jacques Hébert a choisi cette date qui, dit-il, marque la seule fois de l'année où les Québécois parlent d'éducation. Le lancement a lieu en l'absence de l'auteur, dont l'identité n'est pas encore connue du grand public. En moins d'une semaine, dix mille copies s'écoulent. *Le Devoir* qualifie l'exploit de «premier best-seller politique».

L'archevêque de Montréal est de plus en plus ennuyé par toute cette affaire. Certes, le frère Pierre-Jérôme relève du diocèse de Chicoutimi et non du sien, mais ses écrits inondent le Québec. La radio, la télévision et les journaux réclament à cor et à cri une entrevue avec l'auteur muselé par Rome. Son silence en fait un héros et un martyr baillonné par l'autorité qu'il a lui-même dénoncée.

Après avoir lu le livre, l'archevêque de Montréal juge certains passages assez justes: «Il a le mérite d'attirer l'attention de l'opinion publique sur des problèmes actuels d'une grande importance, se dit-il. Mais le ton est blessant.»

Pour endiguer le courant, le cardinal a d'abord écrit au directeur du *Devoir*. C'était avant la publication du livre et il souhaitait signifier à Gérard Filion l'avertissement de la Sacrée Congrégation.

Monsieur Filion sembla comprendre le message. Il lui répondait, quelques jours plus tard:

> Il va sans dire que *Le Devoir* s'empresse de satisfaire le désir que vous exprimez avec beaucoup de délicatesse. Nous sommes les premiers à nous rendre compte que certains sujets ne peuvent être abordés qu'avec beaucoup de précautions et qu'ils dépassent d'ailleurs la compétence de laïcs engagés dans l'action profane[6].

L'archevêque montra cette lettre à ses confrères de l'épiscopat, qui se sentirent un moment rassurés. Mais leur réconfort ne dura qu'un temps. Comment expliquer que, peu après, l'éditorialiste André Laurendeau ait passé outre à la promesse du directeur du *Devoir* et ait signé la préface des *Insolences*. Pis, il encourage à récidiver l'auteur délinquant qui n'a ni reçu ni demandé l'imprimatur réglementaire. Sans plus tarder, le 30 septembre 1960, le cardinal lui adresse quelques reproches par écrit:

> J'ai assuré mes collègues que *Le Devoir* avait promis fidélité à l'Église par la voix de son directeur. Vous avez manqué à vos engagements.

L'archevêque reproche à l'éditorialiste d'avoir fait sien les propos du fougueux frère sans corriger les excès qui crèvent les yeux:

> Vous parlez sans cesse de la peur qui paralyse la vie religieuse au Québec, écrit-il encore. L'école qui soutient une telle thèse enseigne que cette peur est le fruit de l'intervention ou de l'attitude de la hiérarchie. Je suis à Montréal depuis dix ans. Pourriez-vous me signaler un fait qui viendrait corroborer cette thèse?[7]

André Laurendeau est franchement embarrassé. Quatre fois, il recommence sa lettre de réponse: «Je vous prie de ne pas prendre mon silence pour de la désinvolture ou de l'indifférence», écrit-il enfin, quinze jours plus tard.

En fait, le journaliste répond sans répondre. Il choisit plutôt d'élargir le débat. Car cette peur qui paralyse la vie religieuse au Québec n'atteint pas seulement les «frère Untel». Elle touche tout le monde. Le clergé pèche par excès d'autoritarisme et de paternalisme.

Jeune étudiant au collège Sainte-Marie, dans les années vingt, André Laurendeau a trop souffert de l'autoritarisme des jésuites. Cette liberté d'expression qui a fait défaut à tous les jeunes Québécois de son temps et à ceux qui les ont suivis sur les bancs des collèges classiques, il la réclame encore aujourd'hui dans les pages du *Devoir*. Depuis 1948, alors qu'il y entrait, à trente-six ans, comme adjoint du rédacteur en chef, il prêche le dialogue entre l'Église et les laïcs. En matière d'éducation, il croit venu le temps d'en finir avec l'hégémonie du clergé dans les institutions d'enseignement. C'est pourquoi il s'oppose farouchement à la création d'une université des jésuites, projet qui est actuellement dans l'air. Il préfère de beaucoup l'idée de fonder une université dirigée par des laïcs. Ce qu'il veut, en fait, c'est que, dans le domaine de l'éducation, les laïcs aient voix au chapitre.

Son plaidoyer, souvent étalé dans les pages du *Devoir*, Laurendeau le renouvelle dans sa lettre au cardinal. Sans aucune pointe d'anticléricalisme — ce n'est pas dans sa nature —, il exhorte l'épiscopat à faire disparaître l'intolérance et à favoriser le respect de la liberté individuelle[8].

* * * * * * *

«Frère Pierre-Jérôme, vite, habillez-vous, nous partons pour Montréal. Le cardinal veut vous voir. Il vous attend demain après-midi à trois heures pile.»

Le supérieur provincial des frères maristes est d'humeur massacrante. Cette initiative de l'archevêque de Montréal ne lui plaît pas. Au téléphone, il lui a d'ailleurs dit qu'il ne voyait pas l'opportunité d'une telle rencontre. Mais le cardinal a insisté et il a bien été obligé de s'incliner.

L'air maussade du supérieur ne souffre pas la réplique. Dans sa chambre à Alma, le frère Pierre-Jérôme se prépare. Moins d'une heure plus tard, les deux hommes se retrouvent aux limites de la ville. Puis c'est l'interminable campagne. La route est longue et le silence insupportable. Le frère sent peser tout le poids des reproches ouverts et voilés qui se sont abattus sur lui depuis le jour où l'on a découvert que le frère Untel, c'est lui.

Il n'arrive pas à comprendre ce qui lui arrive. Ni l'engouement des Québécois pour un homme qui a tout juste voulu dire le fond de sa pensée. Ni les blâmes disproportionnés du clergé à son endroit.

Mais qui est-il au juste? Si le frère Untel est un religieux plus ou moins intrigant selon les opinions, le frère Pierre-Jérôme est un homme sans visage et sans parole, encore tout étonné de faire tant de bruit. Jean-Paul Desbiens, de son vrai nom, est né à Metabetchouan, au lac Saint-Jean, deux ans avant la crise de 1929.

Le deuxième d'une famille de cinq enfants, Jean-Paul a grandi dans la pauvreté et la misère qui enveloppèrent l'Amérique des années trente. Son père, illettré et la plupart du temps chômeur, était forcé de faire vivre les siens avec les 7,55 $ par semaine du secours direct. Toute son enfance, il a fait ses devoirs d'écolier à la lumière de la lampe à pétrole, ses parents n'ayant pas les moyens de se brancher sur la Saguenay Power.

Ce sont les frères qui, comme il a l'habitude de le dire, l'ont ramassé et ont payé ses passages pour le juvénat, l'ont habillé et instruit gratuitement[9].

Donc, faute de pouvoir se payer huit années d'internat au séminaire de Chicoutimi, Jean-Paul entra au juvénat, à quatorze ans. Il aurait certes préféré devenir prêtre, mais jamais il ne s'est plaint de son sort. Tuberculeux au dernier degré à dix-neuf ans, il passa quatre ans au sanatorium à lire Bloy, Pascal, Péguy, Duhamel et Mauriac. Le soir, à sept heures, il écoutait *Le Chapelet en famille* à la radio. La voix articulée et grandiloquente du cardinal Léger, jamais il ne l'oubliera. Même une fois rétabli et devenu professeur, après avoir obtenu sa licence en philosophie à l'université Laval, il demeura fidèle à son quart d'heure radiophonique quotidien.

Pourtant aujourd'hui, dix ans plus tard, il se serait bien passé de ce rendez-vous avec l'archevêque qu'il admirait jadis. Assis bien droit dans le parloir dépouillé de l'archevêché, le grand gaillard bâti comme un quart-arrière au football se sent dans ses petits souliers. Dire que ses étudiants lui trouvent l'air baveux! Ils lui trouveraient plutôt l'air piteux s'ils le voyaient en ce moment avec ses yeux de chien battu et ses mains tremblantes.

Tout indique qu'il va y goûter. Jean-Paul Desbiens n'a aucun doute sur ce qui l'attend depuis qu'il a lu dans le journal le compte rendu du sermon prononcé par le cardinal à l'Oratoire. Sans le nommer, il a dit:

> Comme il est malheureux de voir des gens intelligents perdre un temps énorme à critiquer les costumes des soeurs et des frères, comme si cela était essentiel... Même dans les rangs des communautés religieuses, certains individus pratiquent une liberté imprudente...[10]

Un long quart d'heure s'écoule avant que n'apparaisse le cardinal. Jean-Paul Desbiens n'arrive pas à décider comment il réagira devant les reproches. Baissera-t-il la tête devant l'imposant cardinal en habit rouge qui tiendra sa crosse dans sa main gauche? Car c'est bien ainsi qu'il l'imagine: superbe, lui annonçant sans aucune émotion son ordre de renvoi.

Le cardinal fait son entrée dans la pièce. Il porte sa soutane noire et sourit chaleureusement. Décidément, il ne ressemble pas du tout à l'image hautaine que le frère Pierre-Jérôme s'est faite d'un évêque.

«Frère supérieur, dit le cardinal, vous permettez que je me retire avec le frère Pierre-Jérôme?»

Le frère suit l'archevêque dans le long corridor au parquet luisant jusqu'à l'austère bureau dans lequel les deux hommes s'assoient l'un en face de l'autre. La lumière pénètre à peine par la fenêtre encadrée d'épaisses tentures. Une lumière triste de fin d'après-midi de novembre qui n'annonce rien qui vaille. Le frère est sur les épines. L'imposant vitrail multicolore représentant Marie-Reine-du-Monde lui fait face, mais il échappe à son attention. Le cardinal a tôt fait de détendre l'atmosphère. Il parle d'abondance, histoire de mettre son invité à l'aise. Pendant de longues minutes, il raconte ses souvenirs du temps de Pie XII. Le ton est paternel et le grand jeune homme taillé à la hache comme ses écrits, les cheveux en brosse et les mains moites, commence à se sentir en confiance.

Le voilà bientôt complètement dégelé. À son tour, il se lance dans une tirade qui n'en finit plus. Il explique comment il en est venu à exprimer aussi directement ses opinions et pourquoi il persiste à dire l'inavouable. Ce livre, c'est sa façon à lui de venger son père illettré et sans métier qui a dû se taire toute sa vie pour sauver le peu qu'il avait. Aujourd'hui, les autorités s'inquiètent de le voir écrire ce qu'il pense. Mais dans ce temps-là, qui s'est inquiété lorsque son père et ses pareils se faisaient exploiter?

Il y va franchement, sans détour. Ce qu'il ressent, ce qu'il pense, le cardinal doit l'entendre. Il se tait un instant pour réfléchir puis il enchaîne, tout d'un trait:

«Éminence, vous n'êtes pas assez Canadien français. Pas assez nous autres. Vous êtes trop romain, trop pompeux. Vous êtes glacé, triomphant et ça, ce n'est pas nous, Canadiens français[11].»

Le cardinal encaisse sans même froncer les sourcils. L'excitation contenue dans la voix du frère l'étonne à peine. Il le laisse aller au bout de son monologue sans l'interrompre, le regardant même avec une sympathie toute paternelle.

«Frère Pierre-Jérôme, demande-t-il enfin, êtes-vous encore à l'intérieur de l'Église? Aimez-vous l'Église?

— Oui, répond ce dernier sans hésiter. J'adhère par toutes mes surfaces à ce que l'Église enseigne. Mais j'aime aussi l'homme d'ici. Et ce que je veux maintenant, c'est donner la parole aux générations de silencieux d'où je suis sorti. Mon but en écrivant, c'est de servir l'Église.»

Jean-Paul Desbiens est définitivement lancé. Il reprend pour le compte du cardinal sa critique de la structure de l'enseignement au Québec:

«Les éducateurs du cours secondaire public vivent en plein cauchemar, dit-il avec conviction.

— Je ne crois pas comme vous que le Département de l'instruction publique doive disparaître, reprend calmement le cardinal. Je pense qu'il doit demeurer intact quitte à réviser ses règlements et à préciser sa juridiction. Je l'ai dit récemment au premier ministre et je lui ai offert ma collaboration dans cette révision.»

Le cardinal s'arrête avant d'ajouter, sûr de mettre le doigt sur le problème:

«Vous savez, l'éducation chrétienne doit affirmer que l'homme a été créé pour rejoindre Dieu dans la lucidité de sa conscience. C'est pour protéger ce trésor que l'Église a organisé depuis deux mille ans l'école chrétienne.

— Mais, Éminence, coupe le jeune frère...

— Laissez-moi finir, fait le cardinal. J'allais vous dire que je suis souvent intervenu auprès du ministre pour qu'il révise les règlements du Département de l'instruction publique, pour qu'il crée un exécutif qui rendrait ses décisions plus efficaces et même, si la chose s'avère utile, qu'il introduise au sein de cet exécutif des compétences dans le domaine de l'éducation.»

Le cardinal a longuement réfléchi à la question. Il ne croit pas que le Conseil de l'instruction publique doive être un monument, mais un organisme vivant capable de répondre aux exigences du temps présent. Il en aurait long à dire encore mais le temps passe. Dans un large sourire, il recommande au frère de s'armer de patience. Avant de mettre fin à l'entretien, il demande:

«Frère Pierre-Jérôme, si vous êtes prêt à défendre l'Église, je peux vous aider. Je prends la responsabilité de vous obtenir une entrevue à Radio-Canada. Je demanderai aussi à votre provincial, à Rome, de lever l'interdiction qui pèse sur vous afin que vous puissiez vous expliquer à la télévision.»

Le frère acquiesce. Il s'attend maintenant à ce que l'archevêque l'inonde de recommandations sur ce qu'il doit et ne doit pas dire. Et pourtant non. Tout indique qu'il lui fait entièrement confiance, se bornant à lui faire remarquer:

«Vous devez faire la preuve qu'un fils de l'Église n'est pas enchaîné. Pour le reste, je m'en remets à vous. Vous me paraissez sincère et intelligent[12].»

En le reconduisant jusqu'à la porte, le cardinal ajoute, une pointe de reproche dans la voix:

«Vous n'y êtes pas allé de main morte avec les évêques lorsque vous avez écrit: *Oh! comme je voudrais connaître un évêque de qui je pourrais dire: salut, sacré vieil évêque.* Vous vous êtes montré, comment dirais-je, un peu cavalier.

— Mais Éminence, rétorque-t-il, provocant, j'aurais bien aimé écrire: sacré vieux Paul-Émile![13]»

*   *   *   *   *   *   *

Tandis que le frère Untel rentre à Alma, fier comme un paon, le cardinal est perplexe. Le jeune homme lui a plu. Sa sincérité est désarmante mais quel imprudent!

«Je me suis mis la tête sur le billot, soupire-t-il. L'épiscopat est hostile au frère Pierre-Jérôme, et moi, je le cautionne. S'il plastronne, s'il fait des gaffes, je perds ma crédibilité auprès des évêques.»

Le 21 novembre, au beau milieu des exercices ignaciens qu'il fait à la Villa Saint-Martin des jésuites, le cardinal obtient la permission d'interrompre sa retraite le temps de regarder l'émission qui permettra aux milliers de téléspectateurs de voir enfin la tête du frère Untel, que les journalistes dépeignent maintenant comme un homme jovial, bien vivant, «qui n'a réellement pas l'air d'un révolté».

À l'aise devant les caméras, le frère Untel établit clairement que ses supérieurs ne l'ont pas mis au régime de l'eau et du pain et qu'il n'a rien d'Aurore l'enfant martyre attachée à la patte du poêle.

Tout compte fait, le cardinal est plutôt satisfait de cette apparition à l'émission *Premier Plan* de Radio-Canada. L'animatrice Judith Jasmin n'a pas essayé de le mettre en boîte. Il s'est bien trouvé quelques personnes pour laisser entendre que le mystérieux scribouilleur avait «récité une leçon apprise sur les genoux du cardinal», mais, en général, le public s'est laissé séduire par ce grand gaillard de trente-trois ans à l'accent savoureux du lac Saint-Jean.

Après l'émission, il recevra deux cents lettres et la vente de son livre dépassera les quatre-vingt-cinq mille exemplaires. Assailli par les demandes d'interview, le frère Untel décide d'écrire au cardinal pour le supplier d'intervenir à nouveau afin qu'on lève une fois pour toutes l'interdit dont il est toujours affligé:

> Il est extrêmement important, dans la situation actuelle, de prouver clairement que l'Église canadienne-française est suffisamment en santé pour endurer une couple de francs-tireurs[14].

Le frère Untel n'y va pas par quatre chemins. Il demande deux choses à l'archevêque: d'abord sa confiance, ensuite la promesse que ses prochains écrits ne seront pas soumis à la censure. «Je refuserais, affirme-t-il avec aplomb. Je me tairais complètement plutôt.»

Il se taira, en effet. Le 30 novembre, Rome le condamne publiquement. La lettre de la sacrée congrégation des religieux paraît *in extenso* dans les journaux. Le cardinal regrette cette indiscrétion qui fait rebondir l'affaire. De plus, la seule existence de ce document officiel l'empêche maintenant d'intervenir en faveur du frère Pierre-Jérôme. Malgré la sympathie qu'il éprouve pour lui, il est forcé de reconnaître que le dossier ne relève pas de son autorité. Il l'écrit à son protégé:

> Je ne suis pas prêt à nier l'objectivité de vos jugements concernant l'avenir de notre pays. Nous serons peut-être purifiés par la souffrance. Le cardinal sera certainement plus molesté que le *frère Untel* si une telle éventualité se produit[15].

Après lui avoir rappelé qu'il n'a pas juridiction dans cette affaire, il ajoute:

> Mon cher frère, j'ai beaucoup réfléchi et beaucoup souffert dans toute cette affaire et le seul bien que j'ai eu en vue fut toujours celui de la Sainte Église.

Le frère Untel attend la réponse à sa lettre avec impatience. Elle lui arrive quelques jours avant Noël. Il est ému. Pensez donc! Un prince de l'Église qui se donne la peine de lui écrire. Non pas des banalités mais des remarques personnelles. Des mots de réconfort, comme un père à son fils. Mais le frère ne comprend pas les raisons qui empêchent le cardinal d'intervenir auprès de Rome.

> Vous me parlez de juridiction, lui répond-il aussitôt. Je ne vous suis pas. On a la juridiction qu'on veut avoir quand on est un prince de l'Église... Se réfugier dans la procédure est une facilité. Dans mon cas, Rome ferait ce que vous lui diriez de faire, pourvu que vous le lui disiez fermement.

En vérité, tout son être oscille entre la révolte et le découragement. Il est vraiment trop facile de faire taire un petit frère, car il n'y a personne pour le défendre. Ses supérieurs? Ils sont comme lui, habitués à ployer, à être traqués. Ils lui ont transmis mécaniquement les admonitions romaines; ils ne l'ont pas défendu. Voilà ce qu'il écrit au cardinal. Et plus encore:

Les jésuites ont défendu autrement mieux un Teilhard de Chardin. Ne croyez pas que je me prenne pour un Teilhard de Chardin miniature. Je sais ce que je suis: un rat. Un drôle de rat quand même. Un rat qui insolente à cent mille exemplaires[16].

* * * * * * *

Bien malgré lui, le rat continue de faire des siennes. Sa dernière condamnation l'a propulsé au firmament des héros. En première page, *La Presse* crie à la censure.

Les gens se creusent la tête pour comprendre: pourquoi ce livre qu'ils ont tant aimé et dans lequel ils se sont reconnus est-il mis à l'index? Certains lecteurs téléphonent au petit frère à Alma pour lui dire qu'ils sont furieux contre l'Église. On crie à l'injustice. Les ouvriers de l'Alcan et de l'Abitibi Price grondent. Ceux des usines Angus à Montréal lui écrivent. Sur la page du journal qui annonce la sortie du cent millième exemplaire des *Insolences*, ils apposent leurs signatures et disent leur admiration. L'un d'eux griffonne: «Frère Untel, je vous aime encore plus que Maurice Richard.»

Le frère Untel est ému: ces ouvriers ont reconnu en lui un enfant du peuple qui parle leur langue et qui s'intéresse comme eux à la liberté et à l'éducation. «Mais, se dit-il, à leurs yeux, je suis refusé par l'Église. Eux m'adoptent, l'Église me rejette.» Toutes les fibres de son être le sentent: il doit s'exprimer à nouveau. Et vite. Car c'est l'Église qui pâtit de son silence.

> Éminence, écrit-il encore, il faut dissiper la confusion. Il faut drainer de votre côté l'amour des ouvriers pour le frère Untel. Ne me laissez pas traiter en ennemi de l'Église par deux ou trois intégristes offusqués dans leur orgueil de scribes[17].

Cette fois le cardinal se laisse convaincre. En mars, alors qu'il est de passage à Rome pour les travaux préparatoires au concile oecuménique, il fait du lobbying auprès de la Congrégation des religieux, qui est responsable du dossier. Il doit convaincre les prélats de lever l'interdit pour le plus grand bien de l'Église.

«Le frère Pierre-Jérôme doit se défendre contre les anticléricaux qui l'exploitent, explique-t-il. Il faut qu'il clame à la face de tous son amour de l'Église.»

Ses démarches portent fruit. Il en communique les résultats à monseigneur Paré à Chicoutimi, à qui il revient de transmettre la nouvelle au frère.

«Rien ne s'oppose plus à ce que vous écriviez à nouveau», lui dit l'évêque, qui l'a convoqué au palais épiscopal.

Le frère Untel respire enfin. Non seulement peut-il s'exprimer à nouveau, mais le cardinal l'y encourage:

Si vous preniez votre hache, lui a-t-il écrit, il me semble que vous pourriez percer la forêt et faire entrer la lumière qui dissiperait l'opacité de l'ignorance d'un si grand nombre d'intellectuels qui ont eu le privilège d'accéder à cette dignité pour avoir lancé le cri de guerre contre le cléricalisme[18].

* * * * * * *

22 juin 1961. Le directeur de la revue *Cité libre*, Gérard Pelletier, et celui de la revue *Liberté*, remettent pour la première fois le Prix de la liberté créé pour honorer un homme qui a eu le courage de faire avancer la cause de la liberté. L'honneur échoit à Jean-Paul Desbiens.

Le frère Untel est fier mais inquiet. Il a été échaudé et se méfie encore des réactions de son entourage. Doit-il accepter ce prix? Qu'en penseront ses supérieurs, son évêque? Il ne peut tout de même pas importuner le cardinal avec ses scrupules. Il décide donc de frapper à la porte d'un homme dont il admire les écrits. Un prêtre qui n'a pas eu peur de dénoncer la corruption électorale au Québec: Gérard Dion. En 1956, celui-ci avait cosigné avec l'abbé Louis O'Neil, également spécialiste de la morale sociale, une réflexion sur les moeurs électorales douteuses remarquées au Québec lors des élections qui, cette année-là, ont ramené Maurice Duplessis au pouvoir. Le frère Pierre-Jérôme avait admiré le courage des deux prêtres et depuis, il suit leurs écrits, toujours percutants, dans les journaux.

L'abbé Dion le reçoit chez lui et l'encourage à accepter le Prix de la liberté. «Allez-y, lui dit-il, et essayez de trouver un moyen de mentionner le nom du cardinal dans votre mot de remerciement.»

Le frère Pierre-Jérôme prend bonne note du conseil. Le 22 juin, à la remise du prix, il livre son message:

> Je veux bien reconnaître que j'ai pris quelques risques dans le sens de la liberté. Certains pourraient aussi bien soutenir que j'ai plongé comme un innocent sans trop savoir si l'eau était froide et sans avoir pris la précaution d'apprendre à nager. Ça ne fait pas de moi un exemple bien reluisant de la liberté...
>
> J'accepte l'honneur que vous me faites, non pas toutefois sans y associer le nom d'un homme qui mériterait plus que moi cette distinction. Tenez-vous bien: le cardinal Léger. Ce n'est pas arbitrairement que je le nomme ici, ni pour vous faire grincer des dents. Le cardinal, en effet, m'a soutenu jusqu'à Rome car on m'avait promené jusque-là... Il m'a soutenu au risque de quelques ennuis car, dans les milieux ecclésiastiques, on ne m'aimait guère...[19]

Jean-Paul Desbiens se croit bien malin. Fort de sa popularité auprès du public québécois, fier de ses audaces, il aiguise sa plume et se remet au travail. Son envolée est de courte durée. Il reçoit bientôt un plomb dans l'aile et s'effondre. Les frères maristes n'ont pas digéré son Prix de la liberté, ni la façon provocante qu'il a de se protéger sous le chapeau cardinalice.

Le 2 août, le frère provincial le convoque pour lui signifier le châtiment qu'il a mérité: l'exil. Il doit partir au plus tard dans quinze jours pour Rome. Il y poursuivra des études et vivra en reclus à la maison généralice, avec l'interdiction formelle d'en sortir.

«La coupe déborde, lui dit le frère provincial. Vous devrez apprendre à vous taire et oublier pour un bon bout de temps vos velléités d'écrivain.»

*   *   *   *   *   *   *

L'affaire Untel a fait réfléchir le cardinal. Pareille insubordination était impensable il y a dix ans. Lui-même, il n'aurait jamais pu appuyer publiquement un homme qui défiait l'Église et l'État.

Or des frères Untel, religieux ou laïcs, il y en aura d'autres. Le cardinal se sent forcé de repenser sa conception des relations qui existent entre un archevêque et ses brebis. Il ne peut plus dicter la conduite des uns et des autres comme jadis. Il doit s'adapter au monde nouveau. Il fait venir Claude Ryan à son bureau pour lui en parler.

Une belle amitié lie les deux hommes depuis une dizaine d'années. Pourtant leur première véritable rencontre a failli être désastreuse. Leader de l'Action catholique depuis 1945, Claude Ryan était très près de monseigneur Charbonneau dont il admirait l'ouverture sur les questions sociales. Il s'était laissé séduire par cet homme qui favorisait la libéralisation de la pensée et la liberté de discussion. Compte tenu des circonstances mystérieuses entourant sa démission, il se méfiait de son successeur, le très romain monseigneur Léger, réputé conservateur comme Pie XII, son maître à penser. Quelle pouvait bien être sa mission? se demanda-t-il en le voyant s'installer à Montréal. Était-il chargé de redresser la situation?

En peu de temps, le secrétaire national de l'Action catholique a compris que monseigneur Léger et lui n'avaient pas la même conception du rôle des laïcs au sein de l'Église. Pour le premier, le laïc était l'auxiliaire du prêtre. Il était là pour le mettre en vedette et exécuter ses directives. Tandis que lui et ses collègues de l'Action catholique réclamaient pour les laïcs plus de responsabilités, non pas pour obéir aux ordres mais pour prendre les choses en main.

«Va-t-il nous ramener en arrière?» demanda-t-il un jour à haute voix.

Cette critique est venue aux oreilles de l'archevêque qui n'apprécia pas et en parla à l'aumonier du mouvement.

«Va lui dire que jamais tu n'aurais prononcé de telles paroles, l'enjoignit l'aumonier.

— Mais, c'est vrai. Je l'ai dit.

— Alors, va t'expliquer avec lui.»

Claude Ryan prit donc rendez-vous. L'archevêque l'a reçu

dans son petit bureau. Quelle différence. Au temps de monseigneur Charbonneau, il montait directement dans ses appartements personnels. Pour lui, un évêque, c'est un ami, un égal et non un pontife. Cela aussi, il a l'intention de le lui dire.

«Mais qu'est-ce que mon prédécesseur avait que je n'ai pas? lui demanda monseigneur Léger, un brin impatient.

— Monseigneur, nous de l'Action catholique, nous avons travaillé très fort dans l'Église de Montréal. On aimerait que ça ne soit pas détruit.»

Ils discutèrent longuement et cordialement. À l'issue de la rencontre, ils ont convenu de donner sa chance au coureur. Si un désaccord devait survenir, ils s'engagèrent à s'en parler d'abord.

L'incident ne laissa aucune trace malheureuse. Depuis, ils se revoient régulièrement. En 1958, Claude Ryan, qui a trente-trois ans, et sa fiancée, Madeleine Guay, lui demandèrent de bénir leur mariage. Le cardinal accepta avec autant d'empressement qu'il connaissait la jeune femme qui était présidente de la Jeunesse catholique féminine, mouvement pour lequel il avait une affection toute spéciale.

Claude Ryan n'a pas toujours eu la partie facile à l'Action catholique. Certains de ses dirigeants voulaient que le mouvement fonctionne comme une armée. Un jour, il menace même de démissionner, jugeant qu'on ne peut pas demander à un homme de faire une chose et son contraire en même temps. En moins d'un mois et grâce à l'appui du cardinal, le problème se régla. Et les opposants se retirèrent en toute amitié.

Monsieur Ryan consulte régulièrement le cardinal. Il téléphone à son secrétaire et demande un rendez-vous. À l'heure dite, muni de son carnet il se présente. D'autres fois, c'est le cardinal qui demande son avis sur tel ou tel discours à prononcer. Déplorant les interventions à l'emporte-pièce de l'archevêque sur des dossiers majeurs, il ne le ménage pas.

«Éminence, vous ne réalisez pas que lorsque vous parlez devant cinq mille personnes à l'Oratoire ou ailleurs, ce sont les mêmes femmes qui vous suivent partout. C'est bien beau de s'adresser à de saintes femmes mais ce n'est pas comme ça que vous allez rejoindre les ouvriers.»

Le cardinal encaisse. Claude Ryan apprécie son humilité. Certes, comme tous les personnages flamboyants, il affiche une certaine vanité mais lorsqu'il se trompe, il est prêt à se mettre à genoux. Un homme dans la lignée de Saint Paul. Il lui doit sa propre devise: prêt à rester, prêt à partir. Oui, il sera toujours prêt pour un prochain départ, comme le cardinal d'ailleurs.

Celui-ci a tôt fait de mettre son conseiller à contribution. Il fait bientôt partie d'un groupe de spécialistes qui épluchent ses discours, biffent des phrases complètes, discutent des orientations.

En 1964, lorsque Claude Ryan sera pressenti pour devenir directeur du *Devoir*, cette nomination ne fera pas l'unanimité. Si les nationalistes ne veulent pas d'un candidat fédéraliste, les milieux catholiques jubilent: L'homme s'entend bien avec le cardinal. La collaboration sera excellente et le caractère chrétien du journal sera préservé.

Le cardinal n'interviendra pas. Son influence morale suffira. Claude Ryan ira tout de même le consulter.

«Qu'en pensez-vous?

— Je pense que ce serait une bonne chose.»

C'est donc avec la bénédiction du cardinal que Claude Ryan quittera un mouvement dans lequel il militait depuis dix-sept ans pour prendre la tête du *Devoir*.

Mais revenons à la fin de 1960, lorsque Claude Ryan se rend à l'archevêché, à la demande du cardinal.

«Je sens que les leaders d'opinion, les universitaires, les syndicalistes s'éloignent de moi, dit le cardinal. Qu'est-ce que je peux faire pour m'en rapprocher?

— Rencontrez-les, ça ne coûte pas cher. Parlez-leur, mais surtout, écoutez-les[20].»

Références — Chapitre IV

1. *Les Insolences du frère Untel*, Les Éditions de l'Homme, Montréal, 1960, p. 27.
2. *Ibid*, p. 51.
3. *Le Devoir*, 30 avril 1960.
4. *Ibid*.
5. Jean-Paul Desbiens.
6. Correspondance cardinal Léger — Jean-Paul Desbiens. Lettre du 22 mars 1961.
7. Monière, Denis, *André Laurendeau*, Québec-Amérique, Montréal, 1983, p. 271.
8. *Ibid*.
9. *Maclean*
10. *La Presse*, 8 octobre 1960.
11. Jean-Paul Desbiens in *Dossiers*, Radio-Canada, 1er janvier 1968.
12. Jean-Paul Desbiens.
13. *Maclean*, décembre 1962. Jean-Paul Desbiens.
14. Correspondance. Lettre de Jean-Paul Desbiens au cardinal Léger, 11 décembre 1960.
15. Correspondance. Lettre du cardinal Léger à Jean-Paul Desbiens, 19 décembre 1960.
16. Correspondance. Lettre de Jean-Paul Desbiens au cardinal Léger, 29 décembre 1960.
17. *Ibid*, 5 février 1961.
18. Correspondance. Lettre du cardinal Léger à Jean-Paul Desbiens, 5 avril 1961.
19. Desbiens, Jean-Paul, *Sous le soleil de la pitié*, Les Éditions du Jour, Montréal, 1973, pp. 100-101.
20. Claude Ryan.

Le cardinal Léger a fait l'acquisition d'une imposante maison de pierre à Lachine. Il y recevait les leaders d'opinion avec qui il aimait discuter les problèmes de l'heure.

Chapitre V
À la recherche du monde nouveau

Sans grande hâte, Pierre Elliott Trudeau, Gérard Pelletier et Jacques Hébert prennent le chemin de Lachine. L'invitation à dîner qu'ils ont reçue du cardinal Léger les surprend. Son secrétaire a simplement parlé d'une rencontre amicale pour discuter des sujets d'actualité. Ils ont accepté mais, à vrai dire, ils n'attendent rien qui vaille de cette soirée.

La neige tombe depuis deux jours, presque sans arrêt. Un vent bourru tempête partout à la fois et la banlieue sud-ouest de Montréal, où l'archevêque a depuis peu sa résidence secondaire, paraît bien éloignée. En ce jeudi 14 janvier 1961, le pays bascule tout à fait dans l'hiver.

Pierre Trudeau et Gérard Pelletier ont encore en mémoire leur première «audience», à l'été de 1951. Monseigneur Léger n'était à la tête du diocèse que depuis un an, mais déjà sa réputation de prélat autoritaire était bien établie. Il avait d'ailleurs convoqué les deux fondateurs de la revue *Cité Libre* parce qu'il était exaspéré par leurs écrits audacieux et comptait les mettre au pas.

L'archevêque n'appréciait pas les prévisions pessimistes de la revue, qui annonçait l'émergence d'une nouvelle génération de Canadiens français dont bon nombre refuseraient l'Église et rejetteraient la foi. Le dernier article de Pierre Trudeau dépassait les bornes.

> On nous éduque à avoir des réflexes d'esclaves devant l'autorité établie, écrivait-il. Il faut nous-mêmes redevenir l'autorité et que les préfets de discipline et les agents de police reprennent leur place de domestiques. Il n'y a pas de droit divin des premiers ministres, pas plus que des évêques: ils n'ont d'autorité sur nous que si nous le voulons bien[1].

Monseigneur Léger questionna le pamphlétaire, qui répéta son affirmation sans en changer un iota.

«Si je devais condamner la revue pour cette proposition... et aussi pour quelques autres, dit l'archevêque d'un ton hésitant, je le regretterais beaucoup, croyez-moi.

— Et nous, coupa Pierre Trudeau, nous en appellerions à l'Église universelle, comme c'est notre droit.»

«Ça y est, pensa Gérard Pelletier en entendant son ami proférer sa menace. L'archevêque n'a plus qu'à donner le coup de crosse qui achèvera *Cité Libre*.»

Comme s'il pouvait lire dans les pensées du jeune journaliste, monseigneur Léger enchaînait: «Il me semble que mon attitude est claire. Il devrait être évident que je n'ai pas l'intention de gouverner l'Église de Montréal à coups de crosse... Je voudrais avec mes diocésains des relations fondées sur la confiance, non pas sur l'autorité.»

Comme ni l'un ni l'autre n'ajoutaient mot, l'archevêque remarqua dans un demi-sourire: «Je sais bien. Vous allez me dire, et, vous aurez raison, que la confiance se mérite, elle ne se commande pas[2].»

Dix ans ont passé depuis cette première invitation. Pierre Trudeau a maintenant quarante ans. Il vagabonde à travers le monde lorsqu'il ne donne pas ses cours de droit politique et économique aux travailleurs de la Confédération des Syndicats nationaux, que dirige son ami Jean Marchand. Dans *Cité Libre*, ses articles dénoncent le nationalisme et prônent la démocratie.

À l'automne 1960, il a bien failli entrer à l'Université de Montréal comme professeur. Mais l'offre du recteur, monseigneur Irénée Lussier, était inacceptable. Il lui proposait de donner un cours sur les institutions politiques canadiennes à la faculté des sciences sociales sur une base horaire. Pierre Trudeau flaira le piège. L'université redoutait sa réputation de socialiste et ses écrits révolutionnaires; elle s'arrangeait pour pouvoir le congédier sans problème. Il se récusa, bien décidé à attendre un poste de professeur de carrière. En tant que chancelier de l'université, le cardinal est au courant de ses démarches. Exerce-t-il quelque influence dans le choix des professeurs? Nul ne le sait.

Gérard Pelletier est demeuré au *Devoir* pendant la plus grande partie de la décennie. Son enquête sur les orphelins du Québec et les conditions de vie inhumaines qui leur sont faites dans les établissements insalubres comme Les Buissonnets a suscité tout un émoi à l'archevêché de Montréal. Ses reportages émouvants ont incité le cardinal à entreprendre d'urgence les travaux de construction du nouvel institut Dominique-Savio qui abrite maintenant les orphelins du nord de la ville.

Dans *Cité Libre*, ses articles portent sur la place des laïcs dans l'Église. En cela, il est demeuré fidèle aux idées qu'il mettait de l'avant au temps où il militait dans la JEC (Jeunesse étudiante catholique). Déjà, il revendiquait le rôle qui revient de droit aux simples fidèles dans la vie quotidienne de l'Église.

Jacques Hébert est le plus jeune des trois et le dernier à joindre les rangs de *Cité Libre*. En 1955, il a affronté le cardinal dans son hebdomadaire *Vrai*, dont le nom, une traduction du mot russe *pravda*, lui a valu une réputation de communiste. L'abbé Pierre était venu à Montréal fonder les Disciples d'Emmaüs. L'oeuvre à l'intention des démunis suscita l'enthousiasme des Montréalais qui par milliers offrirent de l'argent.

Cette visite gêna le cardinal. Il avait l'impression de marcher sur des oeufs en accueillant dans son diocèse le prêtre français qui était interdit de séjour aux États-Unis. Son projet, par ailleurs louable, doublait des oeuvres existant déjà. Aussi, après son départ, on mit l'oeuvre en veilleuse et on achemina les dons au Foyer de Charité du cardinal, à Pointe-aux-Trembles.

Jacques Hébert s'en inquiéta. Son article intitulé «Veut-on saboter l'oeuvre de l'abbé Pierre à Montréal?» affirmait que, dans certains milieux, on estimait qu'il s'agissait d'un coup du haut clergé[3]. Le cardinal s'en offusqua. Comment pouvait-on l'accuser de négliger les pauvres, lui qui leur consacrait sa vie?

En 1955, l'archevêque de Montréal a accueilli l'abbé Pierre, venu au Québec pour y fonder les Disciples d'Emmaüs.

On laisse entendre que le haut clergé arrête et brime les oeuvres de charité, rétorqua-t-il. Il est malheureux que ce soient des catholiques qui disent ces choses... Ces gens qui critiquent font le jeu de l'ennemi, car dire que le clergé est contre les oeuvres de charité est pure calomnie[4].

Mais cette histoire est depuis longtemps oubliée. Ce qui risque de rebondir ce soir, ce sont *Les Insolences du frère Untel*, dont Jacques Hébert est l'éditeur.

*   *   *   *   *   *   *

Tout est prêt dans l'impressionnante maison de pierre aux lucarnes enneigées: les apéritifs, les glaçons, les amuse-gueule... Le cardinal tient à ce que ce tête-à-tête avec les artisans de *Cité Libre* ait lieu en dehors du palais cardinalice, où le climat empesé ne se prête pas aux échanges décontractés.

Il a longtemps hésité avant de faire l'acquisition de cette résidence sise rue Saint-Joseph à Lachine. La place d'un archevêque n'est-elle pas à l'archevêché, auprès de ses prêtres? Mais un pasteur doit aussi pouvoir discuter avec les laïcs dans un décor moins protocolaire. Depuis qu'il a déniché cette maison du XVIIIe siècle, il y reçoit à dîner des catholiques de gauche comme de droite, et ces soirées intimes, au cours desquelles il est surtout question de la société québécoise en mutation, lui apprennent beaucoup.

On sonne. Le cardinal ouvre lui-même la porte. Il a le sourire accueillant. Décidément, il a perdu ses airs de prélat distant et froid des années cinquante.

«Vous prendrez bien un apéritif», demande l'archevêque lorsque ses invités sont confortablement assis au salon.

Pendant qu'il prépare les verres, la conversation démarre.

«Racontez-moi vos impressions sur la Chine, dit-il. Je crois que vous êtes rentrés à Montréal à la fin d'octobre.»

Pierre Trudeau et Jacques Hébert sont justement en train d'écrire leurs souvenirs dans un livre qui s'intitulera *Deux innocents en Chine rouge*. Le pays qu'ils ont découvert n'est pas le siège naturel de tous les fléaux: paganisme, peste, inondations, famine et bêtes féroces. Ils n'ont pas côtoyé un peuple que sa condition diabolique pousse à jeter les bébés aux pourceaux. Ils reviennent convaincus que Mao Tsé-tung réussira à tirer les Chinois de leur misère. «Le péril jaune n'est plus celui de nos cauchemars. C'est celui fort éventuel d'une rivalité économique sur les marchés du monde[5].»

La conversation s'anime. Le cardinal parle du Japon où il séjourna sept ans comme missionnaire dans les années trente et Gérard Pelletier annonce son prochain départ pour Alger. Il va filmer un reportage sur le Front de libération nationale (FLN), en pleine lutte armée contre la domination française[6]. Puis l'on parle du concile. Le cardinal explique où en sont les travaux préparatoires et ajoute avec une pointe d'ironie:

«Vous savez, moi je pars pour Vatican II, mais plusieurs de mes collègues retournent au concile de Trente.»

Les convives passent à table. Toute menue dans sa longue tunique noire, soeur Pauline apporte les plats qu'elle dépose devant l'archevêque, qui fait lui-même le service. Ses gestes sont précis mais d'un grand naturel. L'un des invités l'interroge sur Jean XXIII, à la tête de l'Église depuis un an.

«Les fidèles n'ont pas fini d'être étonnés par le pape, dit-il. C'est un paysan simple mais qui connaît les hommes.»

Gérard Pelletier se surprend de constater que le cardinal parle de Jean XXIII avec une aisance toute familière et un certain sens critique, lui qui jadis ne pouvait prononcer le nom de Pie XII sans devenir lyrique, comme si l'on était sur le point de le canoniser[7].

Entre la poire et le fromage, on aborde un sujet d'actualité: le projet des jésuites de fonder une université à Montréal. L'affaire soulève un tollé chez les tenants du mouvement laïcisant. Pourquoi octroyer une charte aux pères de la Compagnie de Jésus alors que les clercs sont omniprésents dans l'enseignement?

Gérard Pelletier, qui milite en faveur d'un meilleur équilibre entre les clercs et les laïcs au sein de l'Église, trouve néanmoins qu'il s'agit d'un aspect secondaire de la question. S'il s'oppose au projet, c'est qu'il juge préférable de renforcer l'Université de

Montréal encore chancelante au lieu de diviser les ressources, de la saigner de son corps professoral encore anémique et d'imposer à la population des dépenses doubles.

Accorder une charte aux jésuites pour fonder une université, écrira-t-il plus tard, c'est compromettre celle que nous avons déjà, la condamner à la médiocrité pour un autre siècle à la seule fin de mettre au monde une seconde université malade des mêmes maux[8].

Le journaliste s'inquiète en outre de voir le nombre de religieux qui refusent les changements qui s'imposent. Cet entêtement est grave. Une partie de la population va bientôt basculer dans l'agnosticisme. Il l'a déjà écrit: «Nous marchons, je le crains vers le vide spirituel[9].»

Le cardinal déplore lui aussi cette résistance. Il est prêt à remettre en question certaines vieilles habitudes comme les syndicats confessionnels, les cours de religion imposés aux étudiants universitaires ou l'obligation faite aux soeurs de sortir accompagnées.

Il se montre loquace sur le rôle des laïcs. Il n'est pas nécessaire de porter la soutane pour faire partie de l'Église. Le croire, c'est l'affaiblir et ne pas comprendre ses dimensions[10].

«Si j'ai tenu à vous rencontrer ce soir, dit-il, c'est surtout pour vous faire part d'un projet qui me tient à coeur.»

Les invités sont tout oreilles tandis que l'archevêque enchaîne: «Vous savez sans doute qu'un collège ouvrira bientôt ses portes dans le Nouveau-Bordeaux, au nord de la ville. Le quartier se développe rapidement et les besoins en matière d'éducation sont grands. Or je songe à remettre la responsabilité de cette nouvelle institution à une association de parents.»

Il s'explique: au collège Saint-Paul, les prêtres assureront l'enseignement religieux et animeront la vie spirituelle. «Cela ne les empêchera pas d'enseigner aux côtés des laïcs, selon leurs aptitudes et les besoins de la maison. Mais ils ne seront pas membres de la direction.»

L'innovation est hardie. Depuis le temps que les parents réclament leurs droits en matière d'éducation, voilà qu'on ne se contente pas de les consulter, on leur remet les pouvoirs.

«Mais, précise-t-il, ils auront, en contrepartie, les responsabilités qui vont de pair. Ce que je veux, c'est que les personnes responsables délaissent les grands discours sur les droits inaliénables des parents et passent enfin aux actes.»

Encouragé par la réaction positive de ses invités, il explique qu'il espère montrer que même un collège dirigé par des laïcs, sans cadre ecclésiastique, peut rester pleinement confessionnel, tant au niveau des structures qu'au niveau des hommes[11].

«Éminence, intervient Gérard Pelletier, vous devez rencontrer de l'opposition au sein même du clergé.

— Oui, répond-il en laissant échapper un soupir. On dénonce ce projet jusqu'à Rome.»

Pas facile, ce qu'on demande aux prêtres à l'heure du changement. Le clergé se sent isolé, critiqué et parfois même carrément rejeté. C'est pourquoi le cardinal ne lui jette pas le blâme.

«Les prêtres, explique-t-il, auront besoin d'un profond désintéressement pour accepter d'abandonner des tâches qui leur sont chères. Il leur faudra manifester une énorme confiance envers les laïcs malgré l'inexpérience et les tâtonnements inévitables d'un grand nombre, au début[12].»

Gérard Pelletier insiste. La société canadienne française doit se libérer de l'emprise de son clergé, exactement comme un adolescent doit sortir des jupes de sa mère. «Si l'on affirme que la société se comporte en adolescent révolté, il faut admettre que les hommes d'Église se comportent en mères abusives![13]»

Le cardinal lui rappelle qu'une longue tradition a voulu que les prêtres et les communautés religieuses dirigent les soixante-quinze collèges classiques du Québec. Il faut du temps.

«J'ai dit à mes prêtres, conclut-il, que les aspirations des laïcs à diriger des écoles sont légitimes et que nous devons reconsidérer notre conception des choses[14].»

Il se fait tard. Les invités du cardinal prennent congé. Sur le chemin du retour, Gérard Pelletier revoit son hôte s'exprimer simplement, sans méfiance. Quelle métamorphose! Il ne cherche plus comme dix ans plus tôt à protéger une société anachronique.

Il ne redoute plus l'avenir, ne le refuse pas. Bien au contraire, il plonge carrément dans l'inconnu[15].

*   *   *   *   *   *   *

Dans la maison de Lachine, tout est redevenu silencieux. Le cardinal s'approche de la fenêtre qui donne sur le lac Saint-Louis recouvert de glace. Le vent fouette les carreaux à demi givrés. Les images de neige exaltent toujours en lui la tendresse d'un passé lointain, dans un foyer chaleureux, auprès de parents aimants. S'il a changé, s'il est devenu cet homme à l'écoute des autres, c'est bien parce qu'enfant il a connu l'amour. À la mort de ses parents, il a compris la cruauté de la vie quand on est seul, sans la présence rassurante d'êtres chers. Il a réalisé que l'on ressent tous un vide à certains moments de l'existence. Il a mis de côté son autoritarisme, son ton cassant souvent teinté de méfiance. Il s'est ouvert aux autres[16].

Ce n'est pas toujours facile. Tant de gens, surtout dans les milieux intellectuels, le jugent. L'Église est soupçonnée des pires complots lorsqu'elle intervient dans la vie publique. On l'accuse d'étrangler la vie culturelle, artistique et même spirituelle dans un carcan dictatorial[17]. Ces attaques l'atteignent en plein coeur. L'archevêque mesure son impuissance, surtout lorsqu'on reproche aux prêtres de ne pas avoir préparé les jeunes à affronter la nouvelle société: Allons-nous critiquer les prêtres de sa génération parce qu'ils n'ont pas prévu cette révolution qui a amené plus de changements qu'il n'y en a eu au cours des vingt-cinq siècles précédents? Parce qu'ils n'ont pas imaginé que la société se disloquerait après les deux guerres comme une maison vermoulue qui tombe[18]?

Oui, les temps changent. Mais les choses vont un peu vite au goût du cardinal. Il n'est pas contre l'évolution, bien au contraire. Il est loin le temps où il prédisait les plus grandes apostasies. Il a saisi le sens de l'évolution, son caractère inévitable, et il est bien forcé d'admettre que la catastrophe qu'il anticipait au début des années cinquante ne s'est pas produite[19].

101

Tout de même, il y a du bon et du moins bon dans les changements en cours. Le cardinal admet volontiers que l'État intervienne plus directement dans les domaines jusque-là réservés à l'Église, comme l'éducation, les services de santé et les services sociaux, mais pour ce faire, faut-il absolument tout faucher au passage? Est-il nécessaire de sortir des hôpitaux et des écoles les religieux qui se sont dévoués sans compter depuis des générations?

Décidément, le métier d'évêque n'est pas de tout repos. S'il parle en tant que père, on l'accuse de se livrer à un paternalisme inacceptable. S'il donne des directives, on lui reproche de porter atteinte aux libertés. S'il appuie ceux qui travaillent pour le bien commun, il a tort puisqu'il s'ingère dans les affaires temporelles. Même lorsqu'il est convaincu de donner le meilleur de lui-même pour le plus grand bien du pays, il est qualifié de réactionnaire ou de résidu d'une civilisation désuète et décadente[20].

* * * * * * *

Parlant d'évolution, le cardinal est sur le point d'être confronté à des idées nouvelles. L'instigateur de ce cours d'initiation scientifique est un jeune professeur de philosophie, l'abbé Jean Martucci.

L'archevêque de Montréal a reçu une plainte à son sujet. Le curé de Westmount, monseigneur Blais, est scandalisé par un article qu'il a signé sur les origines de l'homme. Sa thèse: l'évolutionnisme est compatible avec les textes bibliques.

Perplexe, le cardinal fait venir l'accusé à son bureau pour s'expliquer: «La Bible, dit ce dernier, n'affirme nullement qu'il y a eu apparition soudaine de la vie.»

À l'appui de son affirmation, l'abbé Martucci cite Teilhard de Chardin. L'archevêque sursaute. Le théologien et paléontologue français n'inspire que méfiance à l'Église. Mais l'abbé Martucci est convaincant.

«Revenez avec vos livres», dit le cardinal, soucieux de reprendre la conversation quelques jours plus tard. Finalement converti à cette thèse révolutionnaire, il téléphone à monseigneur Blais pour lui signifier qu'il n'y a rien de scandaleux dans l'exposé de l'abbé Martucci[21].

Il passe ensuite de longues heures à éplucher les traités scientifiques qui débattent la question. Invité à parler aux médecins à l'occasion du soixantième anniversaire de la Société médicale de Montréal, il décide d'aborder le problème de l'origine de l'homme et met l'abbé Martucci à contribution.

«Je veux leur expliquer que les médecins guérissent le corps alors que les prêtres soignent les âmes. Mais, comment dire, je voudrais sortir des sentiers battus.»

Le sujet est vaste et périlleux mais combien passionnant. L'abbé Martucci tente de répondre aux trois questions suggérées par le cardinal: où es-tu? quand as-tu fait ton entrée dans le monde? qui es-tu? S'appuyant sur les pensées de Pascal, les réflexions de Rousseau et les recherches les plus récentes, il prépare un texte qui réconcilie les découvertes scientifiques et la Bible. Il aborde l'arrivée de l'homme sur la terre et la thèse de l'homme descendant du singe. Pour étayer ses affirmations, il puise dans Teilhard de Chardin:

> Personne aujourd'hui ne peut nier de bonne foi l'existence matérielle de certains êtres qui paraissent, à travers les millénaires, tracer une longue évolution ascensionnelle vers l'homme, à partir de formes très primitives, plus anthropoïdes que proprement humaines[22].

L'archevêque lit attentivement le texte préparé par son collaborateur. Après avoir effectué quelques corrections mineures, il se rend à l'Université de Montréal, le 25 janvier, et prononce sa conférence révolutionnaire.

«Il y a du singe là-dessous, écrira André Laurendeau dans *Le Devoir*. Il y a, sinon du singe, au moins du primate, du sous-homme, du pré-homme, une large perspective, une référence à Teilhard de Chardin...»

Les propos du cardinal font du bruit. Oser s'inspirer du philosophe français alors que le Saint-Office s'apprête à lancer un appel vibrant exhortant les responsables de l'enseignement religieux «à défendre les esprits, particulièrement ceux des jeunes, contre les dangers des ouvrages de Teilhard de Chardin et de ses disciples»; oser affirmer que l'Écriture ne s'oppose pas à l'hypothèse évolutionniste, voilà tout un exploit. Les éditorialistes ne tarissent pas d'éloges sur ce texte qu'ils considèrent comme audacieux mais éclairant, écrit par un esprit informé, à la fois prudent et ouvert.

Le jeune clergé applaudit. Il voit là la preuve que l'archevêque de Montréal n'est pas l'homme conservateur qu'on soupçonne dans certains milieux. Cette première manifestation publique de son ouverture sur le monde nouveau est un gage d'avenir. Même les universitaires le reconnaissent[23].

Références — Chapitre V

1. Pelletier, Gérard, *Les Années d'impatience: 1950-1960*, Stanké, 1983, p. 161. *Cité Libre*, vol. 1, n°1, janvier 1950, p. 39.
2. Pelletier, Gérard,*Votre Église*, 24 novembre 1967, p. 14.
3. *Vrai*, 11 juin 1955.
4. *Montréal-Matin*, 23 juin 1955.
5. Hébert, Jacques et Trudeau, Pierre Elliott, *Deux innocents en Chine rouge*, Les Éditions de l'Homme, 1960, pp. 7, 8, 9.
6. *Votre Église*, 24 novembre 1967, p. 14.
7. *Ibid.*, p. 16.
8. *Cité Libre*, novembre 1961.
9. *Cité Libre*, novembre 1960.
10. *Le Devoir*, 13 janvier 1962.
11. Léger, Paul-Émile, *Responsabilités actuelles du laïcat*, brochure.
12. *Le Devoir*, 25 mai 1961.
13. Le magazine *Maclean*, septembre 1961, p. 38.
14. *Le Devoir*, 25 mai 1961.
15. *Votre Église*, 24 novembre 1967, p. 17.
16. Le magazine *Maclean*, décembre 1962.
17. Robillard, Denise, *Le cardinal Paul-Émile Léger, archevêque de Montréal, 1950-1967*, thèse présentée à la faculté de théologie, Université d'Ottawa, p. 466.
18. Émission *Carrefour*, Radio-Canada, 25 mai 1962.
19. Le magazine *Maclean*, décembre 1962.
20. *La Presse*, 12 mai 1962.
21. Jean Martucci
22. *Le Devoir*, 31 janvier 1961.
23 Jean Martucci.

Chapitre VI
Cloué au pilori

Le cardinal chancelier de l'Université de Montréal a bien des décisions à prendre en ce printemps 1961. Les inscriptions augmentent au rythme de vingt-cinq pour cent par année et la haute direction recrute de nouveaux professeurs.

La faculté de droit a offert un poste d'agrégé de recherche à mi-temps à Pierre Trudeau et l'archevêque a donné son accord. Le 29 mai, le cité-libriste entre en fonction et, l'année suivante, il devient professeur agrégé.

À la faculté des sciences sociales, qui attire de plus en plus d'étudiants, on songe à engager Marcel Rioux, un anthropologue socialiste et athée.

Comme Pierre Trudeau, Marcel Rioux a souvent été approché par l'université. En 1956, il a même failli être nommé doyen. Mais après mille tergiversations et atermoiements, le recteur, monseigneur Irénée Lussier, lui a fait comprendre que le gouvernement de Maurice Duplessis et les évêques qui siégeaient au conseil de l'université s'opposeraient certainement à son engagement[1]. Un archevêque l'a déjà qualifié publiquement d'antéchrist[2].

Le poste incomba alors au sociologue Philippe Garrigue, qui dut se plier au pire interrogatoire de sa vie avant d'obtenir la bénédiction du cardinal Léger.

«Je vais faire l'avocat du diable», lui déclara le cardinal dès le début de l'entretien.

Tant qu'il déclina son curriculum vitae, tout alla bien. Né en Angleterre d'une mère irlandaise, le jeune professeur avait fait son droit à la London School of Economics. Officier de l'armée britannique pendant dix ans, il s'était battu comme partisan durant la dernière guerre. Il s'était converti du protestantisme au catholicisme. Il enseignait à l'université McGill depuis 1954. Ses travaux portaient essentiellement sur la famille au Canada français.

Le cardinal voulait tout savoir: ce qu'il pensait du syndicalisme d'ici, du conflit des enseignants, des moeurs des partis politiques. Sans jamais se départir de son regard sévère, il réclamait des précisions comme si ses explications avaient manqué de clarté. Il se montra particulièrement sévère lorsqu'ils abordèrent les problèmes religieux.

«Écoutez, jugea-t-il enfin, vos connaissances en matière sociale sont impressionnantes mais vous êtes faible en théologie. Vous devriez lire saint Augustin, les penseurs mystiques, Maritain; enfin, je peux vous en fournir une liste[3].»

Pour Philippe Garrigue, il n'y avait aucun doute: il venait de subir un cuisant échec. «J'ai perdu ma nomination», dit-il à sa femme.

Pourtant, quelques jours plus tard, le secrétaire du cardinal lui téléphona: «Son Éminence me prie de vous prévenir qu'il vous a recommandé à l'université.»

Cinq ans plus tard, c'est à lui que le recteur Lussier demande d'intervenir auprès du cardinal pour lui arracher la permission d'engager Marcel Rioux dans son département. Le recteur le met tout de même en garde:

«Si vous l'engagez, vous serez personnellement critiqué.

— Je trouve qu'il s'agit d'un excellent choix, répond Philippe Garrigue.

— Bon, reprend monseigneur Lussier, puisque vous êtes d'accord, allez-y. Mais je vous rappelle que nous sommes une université catholique. Vous devez en parler au chancelier.»

Philippe Garrigue prend rendez-vous avec le cardinal. Ils se sont souvent revus depuis. Bien qu'enrichissantes, leurs conversations se déroulent généralement dans un climat tendu. Le cardinal n'hésite pas à affronter celui qu'on appelle à l'université l'homme de droite. De son côté, le sociologue sent chez le prélat une grande inquiétude spirituelle.

«Vous revoilà avec une autre de vos histoires», lance l'archevêque qui se doute bien qu'il ne s'agit pas d'une visite de courtoisie.

Philippe Garrigue trace le portrait du professeur de quarante-deux ans, Marcel Rioux, qui fait carrière à Ottawa et que le journaliste Gérard Filion qualifie de «jeune marsouin intelligent», ce qui, du reste, flatte l'intéressé. Au cours des années cinquante, il a présidé aux destinées de l'Institut canadien des affaires publiques, qui regroupait Jean-Louis Gagnon, Maurice Sauvé, Pierre Trudeau, Jean Marchand, Jean-Marie Nadeau et plusieurs autres intellectuels renommés. Ils ont combattu Duplessis, critiqué la société traditionnelle et envisagé l'avenir. Depuis l'élection de Jean Lesage, en juin 1960, l'Institut trouve Marcel Rioux trop radical; au début de 1961, il a perdu la présidence, qu'il occupait depuis quatre ans[4].

Le cardinal interroge le doyen sur les études anthropologiques et sociologiques de Marcel Rioux, qui portent sur la culture traditionnelle, la crise de conscience et le nationalisme au Canada français. Philippe Garrigue exprime ses conclusions sans hésiter à définir les opinions doctrinaires de son candidat. Mais Marcel Rioux, lui précise-t-il, est l'un des rares Canadiens français qui connaissent la théorie marxiste.

«Je ne peux pas prendre de décision sans l'avoir rencontré, conclut le cardinal. Venez déjeuner ensemble chez moi à Lachine.»

* * * * * * *

Vendredi midi, 14 avril. Une odeur de printemps flotte dans l'air lorsque Philippe Garrigue, flanqué de Marcel Rioux, sonne au 5010 de la rue Saint-Joseph, à Lachine.

Le cardinal jauge son invité. Les deux hommes, qui se rencontrent pour la première fois, savent qu'ils viennent d'affirmer publiquement des positions diamétralement opposées au sujet de l'enseignement laïc.

Dans son message de Pâques, diffusé le 2 avril, l'archevêque de Montréal a dénoncé ceux «qui veulent organiser un ordre social sans référence à la religion, au risque de compromettre un système d'éducation fondé sur les valeurs éternelles de la foi et de la morale[5]».

Le cardinal visait certainement le groupe de laïcs qui allait huit jours plus tard, fonder le Mouvement laïc français. En effet, le 8 avril, six cents personnes se sont réunies à la maison des étudiants de l'Université de Montréal pour manifester clairement leur volonté de voir naître un secteur scolaire laïc, ayant les mêmes droits que les secteurs catholique et protestant.

Le professeur Rioux a pris la parole à cette occasion et le cardinal a pu lire le compte rendu de son exposé dans *Le Devoir*. Il a rappelé que le gouvernement du Québec n'est ni catholique, ni protestant, ni mahométan mais simplement laïc, neutre en matière de religion, et a précisé que les élus du peuple ont le devoir de veiller au bien commun de toute la société, de tous les groupes, qu'ils soient protestants, agnostiques, juifs ou catholiques:

> Nos ancêtres se sont d'abord abstenus d'aller à l'école au XIXe siècle, pour rester catholiques et français. Ensuite, ils sont allés à l'école du comité catholique, encore pour rester catholiques et français. On ne pourra pas dire que nous n'avons pas fait notre possible. Mais maintenant que nous sommes catholiques et français, il faut lever le siège et aller à l'école, au collège et à l'université pour autre chose, ne serait-ce que pour nous instruire. Il faut que le gouvernement du Québec sorte l'école du ghetto de la résistance et la bâtisse sur la place publique.

Après avoir affirmé que la population canadienne-française pratique de moins en moins la religion, et rappelé l'existence des Néo-canadiens de toutes confessions et de toutes langues de même que celle d'hommes et de femmes agnostiques, l'anthropologue a réclamé la création d'écoles d'État neutres.

> Ceux qui préfèrent envoyer leurs enfants à des écoles confessionnelles, a-t-il ajouté, continueraient de les envoyer à des écoles privées que l'État subventionnerait si elles possédaient les mêmes normes d'enseignement que l'État exigerait de ses écoles publiques.

Le cardinal se garde bien de discuter avec son invité cette proposition pour le moins audacieuse, qui consiste ni plus ni moins à rayer de la carte le réseau public d'écoles confessionnelles. Il a invité le professeur Rioux pour faire sa connaissance et non pour le confesser. Encore moins pour le condamner. De même, Marcel Rioux n'aime pas heurter les gens de front. Aussi laisse-t-il la conversation glisser vers leurs origines respectives. Sujet rassurant qui a l'heur de créer des liens entre les deux hommes!

Marcel Rioux est né à Amqui, chef-lieu du comté de la Matapédia, en 1919. Comme le cardinal Léger, de treize ans son aîné, il a grandi au bout du monde: dans un village coupé de tout pendant de longs mois d'hiver.

Ils étaient tous deux l'aîné de la famille et le père de chacun tenait le magasin général. Que d'heures ils passèrent l'un et l'autre à ranger des sacs de farine et des douzaines d'oeufs dans l'épicerie, ou à parcourir les rangs déserts en compagnie de leur marchand de père. Mais le parallèle ne s'arrête pas là. La mère du cardinal est née au Minnesota et celle de Marcel Rioux au New Hampshire. Elles étaient encore enfants lorsqu'elles quittèrent les États-Unis avec leurs familles pour s'établir au Québec.

Jeunes gens, Paul-Émile et Marcel ont vécu une première séparation d'avec leurs parents en prenant le chemin du collège. Le premier étudia au séminaire de Sainte-Thérèse, le second à celui de Rimouski. Et ni l'un ni l'autre n'ont oublié les belles chansons de France que l'on chantait à la maison les dimanches de leur enfance: «Ils n'auront pas l'Alsace et la Lorraine...»

Mais au-delà de ces lointaines années, inutile de chercher d'autres concordances aussi étonnantes. Au collège, Marcel Rioux s'est révolté contre la religion, tandis que le cardinal choisit de donner sa vie à Dieu. Curieusement, celui qui aujourd'hui se déclare athée a obtenu à la fin de son cours classique une bourse pour étudier la philosophie thomiste à Ottawa grâce à la recommandation du vieil évêque de Rimouski, monseigneur Courchesne, à qui monseigneur Léger a offert son amitié lorsqu'il était recteur du Collège canadien à Rome, à la fin des années quarante[6].

Pendant que les deux hommes renouent avec leur passé, Philippe Garrigue reste en retrait. Il observe ces deux Canadiens français qui se comprennent à demi-mot et qui semblent avoir oublié sa présence. Mais il ne s'en offusque pas[7]. Il va sans dire qu'ils en viennent à parler de Duplessis, de la politique québécoise et qu'ils finissent, comme c'est la coutume au Québec, en se racontant des histoires de vieux curés qui les font rire aux larmes.

Au cours des intermèdes, lorsque la conversation prend un tour plus sérieux, Marcel Rioux est saisi par l'intérêt manifesté par le cardinal aux moindres détails de sa perception du Québec. Il a l'impression que l'archevêque prend conscience de la crise actuelle. Mais s'il est finalement question de laïcisme, on en restera à l'éthymologie du mot:

«La première fois que les termes laïc et clerc ont été opposés, raconte le cardinal, c'est à la fin du XIIIe siècle, si ma mémoire est bonne. Le pape Boniface VIII avait écrit une bulle pour empêcher le roi Philippe le Bel de forcer les clercs à contribuer aux dépenses publiques. Mais quel était donc le titre de cette encyclique célèbre?»

Pendant que l'archevêque se creuse la tête pour retrouver le nom qui lui échappe, Marcel Rioux dit: «C'était, je pense, *Clericis laicos* Éminence.»

Le cardinal est surpris. Le jeune professeur athée connaît donc l'histoire de l'Église.

«Eh bien! fait-il étonné.

— C'est que, voyez-vous, reprend Marcel Rioux, pince-sans-rire, pour prendre la parole à la fondation du Mouvement laïc français, je m'étais sérieusement préparé![8] »

Ainsi s'achève un déjeuner fort agréable. Dans la voiture qui les ramène à Montréal, Marcel Rioux ne cache pas son étonnement.

«Il est quelqu'un, votre cardinal!» lance-t-il à Philippe Garrigue ravi d'être à l'origine de cette rencontre.

Quelques jours plus tard, le doyen n'est pas étonné d'apprendre que le cardinal l'autorise à procéder à la nomination de Marcel Rioux comme professeur de sociologie. Comme l'archevêque l'a souligné, l'université a besoin de ce genre d'hommes pour se dynamiser. Avec Marcel Rioux, il n'y a aucune crainte à y avoir: il n'a jamais caché son athéisme et son socialisme; il ne peut donc plus surprendre.

*   *   *   *   *   *   *

Le cardinal de la Révolution tranquille est un homme à l'écoute. En 1961, il multiplie les consultations auprès de l'élite intellectuelle de Montréal.

Qu'il rencontre des éditorialistes chevronnés comme Gérard Filion, André Laurendeau ou Gérard Pelletier, des universitaires socialistes comme Pierre Trudeau ou athées comme Marcel Rioux, ou bien de simples religieux au franc-parler comme le frère Untel, l'archevêque de Montréal poursuit le même objectif: cerner l'évolution de la société canadienne-française. Chez les croyants, il mesure le degré d'insatisfaction vis-à-vis de l'Église. D'autre part, il déplore la distance qui sépare les incroyants des catholiques, auxquels il lui semble important de rappeler qu'ils doivent se montrer respectueux dans leurs relations avec eux.

L'heure n'est plus aux regrets inutiles. La société canadienne-française a perdu son homogénéité d'hier et il faut composer avec la nouvelle réalité. Il serait vain de partir en guerre contre le monde moderne. Il faut faire confiance au christianisme, toujours capable de s'adapter.

Fervent partisan de l'action qui appuie la parole, le cardinal

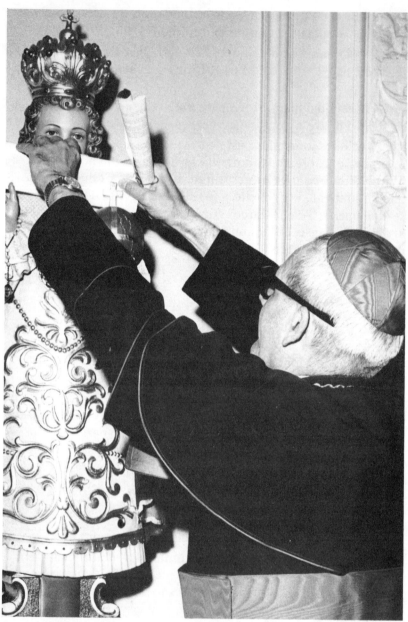

Lorsqu'il est confronté à un épineux problème, le cardinal Léger le confie à son petit Jésus de Prague qui trône sur un piédestal dans son bureau.

tente d'abord un effort de rapprochement avec les laïcs déçus. Il pose des gestes qui surprennent mais qui sont accueillis avec enthousiasme.

Dans le domaine de l'éducation, il croit plus que jamais que les laïcs ont un rôle important à jouer. À cause de la croissance démographique, qui se traduit par une augmentation de la population étudiante, et aussi à cause de la diminution des vocations, plusieurs institutions font de plus en plus appel à la collaboration de professeurs non religieux.

Aussi met-il en branle son projet de corporation du collège Saint-Paul. Après avoir sensibilisé le gouvernement Lesage, il griffonne les grandes lignes de son projet sur un bout de papier qu'il glisse sous le bras replié de son petit Jésus de Prague qui trône sur un piedestal dans son bureau. Depuis quelque temps, il a pris l'habitude de lui confier ses problèmes épineux[9].

Le 8 juin, l'Assemblée législative du Québec adopte la loi en vertu de laquelle le collège Saint-Paul sera remis aux parents des élèves. Le ministre de la Jeunesse, Paul Gérin-Lajoie, qui s'en est fait le parrain, n'a jamais caché que le projet de loi a été rédigé à la demande de l'archevêque de Montréal. L'opposition de l'Union nationale a bien tenté de bloquer le projet. Le député Paul Dozois a soutenu que le collège Saint-Paul serait sous le contrôle absolu du ministre de la Jeunesse tandis que son collègue Daniel Johnson s'est demandé si les parents sauraient s'intéresser suffisamment à la gestion des affaires de l'institution[10].

La loi est néanmoins votée et, dès l'automne, le collège Saint-Paul deviendra le premier collège classique où les parents, les professeurs et les «associés», c'est-à-dire les bienfaiteurs, les amis et les anciens, auront une voix prépondérante dans l'administration. *La Presse* qualifie l'expérience de «révolutionnaire» et d'«initiative féconde». Dans *Le Devoir*, André Laurendeau fait l'éloge du cardinal:

> Le nouveau collège Saint-Paul marquera une étape importante dans l'évolution du système d'enseignement québécois. Il fallait, pour le concevoir et l'amorcer, un singulier désintéressement, une grandeur de vue, l'intelligence de la conjoncture présente, le sens de l'avenir[11].

L'archevêque de Montréal évite de se mêler de trop près au débat entourant le projet d'université jésuite, qui dégénère en guerre de tranchées. D'un côté, on accuse l'Église de vouloir perpétuer son monopole clérical; de l'autre, on s'insurge contre ce qu'on appelle l'animosité et la mesquinerie à l'égard des hommes de Dieu[12]. Le ministre Gérin-Lajoie finit par clore le débat en annonçant la tenue d'une enquête royale sur l'éducation qui se penchera sur la situation dans les universités du Québec. Aucune charte ne sera octroyée avant que les conclusions de l'enquête ne soient rendues. Il faudra donc attendre deux, peut-être trois ans.

Le chancelier Léger s'attire de nouveau les éloges de la presse en nommant, à l'Université de Montréal, un vice-recteur laïc. Avant la nomination de Lucien Piché, qui jusque-là occupait le poste de vice-doyen de la faculté des sciences sociales, jamais un laïc n'avait accédé à un rang aussi élevé dans la hiérarchie universitaire. Mais les projets du cardinal ne s'arrêtent pas là. Il se promet maintenant de négocier à Rome la nomination d'un recteur laïc à l'université. En attendant, il nomme durant l'été un principal laïc à l'école normale Jacques-Cartier, ce qui ne s'était jamais vu non plus, et remplace les clercs par des laïcs aux postes de commissaires à la Commission des écoles catholiques de Montréal.

Dans le domaine liturgique, le cardinal voit une occasion de permettre aux laïcs de retrouver leur place dans l'Église. Il veut corriger une situation qui fait des fidèles des spectateurs passifs pendant les offices religieux. Dorénavant, ils réciteront les prières de la messe en choeur.

* * * * * * *

21 novembre 1961. Le cardinal lance un vibrant appel aux militants de l'Action catholique. À l'intérieur des syndicats, des coopératives et des associations qui rejettent de plus en plus leur statut confessionnel, les laïcs doivent remplacer les prêtres qui n'y ont plus leur place. Il les exhorte donc à acquérir une compétence professionnelle qui fera d'eux des citoyens modèles et demande à

l'Action catholique de veiller à former ce laïcat compétent, prudent et conscient de ses responsabilités:

> Si le laïcat chrétien ne rend pas l'Église présente dans ces milieux où l'action du prêtre est parfois impossible ou inopportune, on pourra nous reprocher de n'avoir pas su incarner dans la vie des sociétés le message du Christ, qui veut pénétrer dans la réalité humaine sans se limiter au soin des seules âmes et de la béatitude éternelle[13].

«Ce discours fera époque, écrira un Gérard Filion impressionné. On le citera souvent comme une prise de conscience réaliste et sereine de la situation religieuse au Canada français.»

Lui qui a souvent discuté avec le cardinal Léger de l'évolution du milieu, il sait ce que ce bouleversement représente: «Dans son coeur, il se sent sûrement attristé du déclin de la foi et de la baisse religieuse, mais il estime qu'il ne sert à rien de gémir.»

Cet optimisme l'épate. Il n'est pas dit que les Canadiens français doivent fatalement vivre en les répétant bêtement, toutes les expériences des catholiques dans les pays industrialisés:

> Accepter comme une fatalité que l'industrialisation du pays et l'urbanisation de la population doivent nécessairement entraîner un recul des convictions religieuses reflète un pessimisme nullement justifié[14].

Dans les milieux critiques, habitués à entendre le clergé prédire les catastrophes, c'est aussi l'étonnement. «Je commence à aimer le cardinal Léger», entend-on. Ou encore: «Le cardinal est le plus intelligent de nos curés[15].»

Si l'allocution a impressionné dans son ensemble, une observation du cardinal a déplu, c'est le moins qu'on puisse dire. En effet, les militants n'ont pas apprécié de l'entendre s'écrier pompeusement: «L'Église est heureuse d'être parmi vous.» Ses deux collaborateurs, les abbés Martucci et Lafortune, qui se trouvaient dans la salle, ont capté des réactions fort négatives. L'archevêque a choqué. À l'heure où les laïcs réclament la place qui leur revient dans l'Église, comment ose-t-il les exclure? Sa formule maladroite et désuète contredit l'essence même de ses propos. Les laïcs sont-ils oui ou non l'Église?

«Est-ce qu'on lui en parle?» demande Jean Martucci à son collègue. La situation est embarrassante. Comment dire à son évêque qu'il vient de commettre une gaffe? Pas facile.

Profitant d'un moment d'intimité avec le cardinal, qui aime bien griller une cigarette en compagnie de ses secrétaires après le repas du midi, les deux prêtres prennent leur courage à deux mains et lui parlent franchement.

Le cardinal écoute en silence, apprécie leur franchise et promet que désormais il ne sortira plus de son texte. Il admet s'être souvent laissé emporter par l'accueil qu'il a reçu un peu partout depuis dix ans mais comprend qu'il ne doit plus improviser. Ses deux secrétaires admirent la profonde humilité d'un homme qu'on dit vaniteux. Ils décident néanmoins d'ouvrir l'oeil, ce qu'ils font en se relayant à chacune des allocutions du cardinal, histoire de s'assurer qu'il tienne sa parole[16].

*　　*　　*　　*　　*　　*　　*

Les prêtres de l'archevêché de Montréal prennent leurs repas en compagnie du cardinal Léger dans le réfectoire.

La cloche de l'archevêché tinte pour le dîner. Des quatre coins de l'immeuble, des prêtres en soutane noire accourent vers le réfectoire. Les abbés Lafortune et Martucci, qui rentrent d'une course en tenue de ville, n'ont pas le temps de monter à leurs chambres pour enfiler leur soutane.

«Qu'est-ce qu'on fait? demande l'un.

— On y va comme ça!» répond l'autre.

Après tout, le nouveau mandement oblige les prêtres séculiers à porter le complet noir pour les sorties en ville; ils ne doivent revêtir la soutane qu'à l'église ou lorsqu'ils administrent les sacrements. Ce nouveau règlement ne bouleverse rien puisqu'il ne fait que préciser les directives émises par le cardinal lors du synode de 1953.

Leur entrée en tenue profane suscite des regards réprobateurs. Mais personne n'ose passer ses commentaires puisque l'archevêque fait mine de ne rien remarquer d'anormal.

Il est d'ailleurs en grande conversation avec monseigneur Chaumont, dont il aime se payer la tête. L'occasion est belle puisqu'on vient de publier, sur la vie de son vieil auxiliaire, un petit ouvrage dont il a signé la préface.

«En venant dîner, dit-il en regardant monseigneur Chaumont, j'ai traversé la cathédrale. J'y ai vu un homme qui semblait lire votre biographie. Il avait la tête baissée. On aurait dit qu'il s'était endormi.

— Alors, Éminence, c'est qu'il devait être en train de lire la préface[17]», répond monseigneur Chaumont.

* * * * * * *

En réalité, le mandement concernant le port de la soutane fait problème plus qu'il n'y paraît. Ceux qui s'y opposent s'appuient sur la consigne qui prévaut dans les diocèses de Sherbrooke, Nicolet, Gaspé, Rimouski et Saint-Hyacinthe, où les prêtres doivent revêtir la soutane en tout temps et en tout lieu[18].

Pour tout dire, les récentes décisions et les changements

d'attitude du cardinal Léger sont loin de faire l'unanimité. La rumeur s'ébruitera bientôt dans *Le Petit Journal*: «Des divergences de vues entre l'archevêque de Montréal et quelques évêques du Québec seraient-elles en voie de créer une situation aussi tendue que celle qui précéda le départ de monseigneur Charbonneau en janvier 1950?[19]»

Selon la rumeur, un dossier secret dénonçant les agissements du cardinal serait déjà rendu à Rome, où il serait bientôt forcé de se défendre. Ce qu'on lui reproche? Ses nominations de laïcs à des postes qui reviennent de droit aux religieux; les pouvoirs qu'il octroie trop librement à un dénommé Claude Ryan, âme dirigeante de l'Action catholique et son conseiller spécial; son insistance indue auprès des curés pour les convaincre de laisser aux marguillers l'administration matérielle des paroisses.

L'archevêque de Montréal sait fort bien qu'il ne compte pas que des amis parmi les évêques du Québec. Les réunions mensuelles de l'Assemblée des évêques sont parfois le théâtre de prises de bec vigoureuses. Mis à part l'archevêque de Québec, celui d'Ottawa et peut-être quelques autres, les prélats jugent trop libérale son attitude à l'endroit du Mouvement laïc français[20]. Ils dénoncèrent les citélibristes qui avaient assisté à sa fondation, ce à quoi le cardinal rétorqua: «Je réponds de ces catholiques.»

On lui a demandé de prendre position publiquement; de condamner le Mouvement, comme l'ont fait monseigneur Georges Cabana de Sherbrooke et monseigneur Georges-Léon Pelletier de Trois-Rivières.

Comment peut-il refuser, alors que le premier ministre du Québec lui-même a asséné le coup de grâce aux espoirs des partisans de l'école neutre? C'était à l'Université de Montréal, lors de la collation des grades 1960-1961 et le cardinal-chancelier assistait à la cérémonie. Jean Lesage a alors défendu avec âpreté le rôle stimulant de l'Église dans l'évolution de la société canadienne française, «une Église qui a suppléé dès nos origines à tout ce qui manquait à un peuple vaincu», qui nous a donné élites, institutions, cadres sociaux, coopératives, universités.

D'un ton qui allait en s'enflammant, le premier ministre a fustigé les quelques intellectuels qui veulent rompre l'harmonie qui existe au Québec entre l'Église et l'État pour donner des écoles aux minorités, «même s'il faut risquer pour cela de renverser l'école qu'exige la majorité»:

> Jamais, a-t-il dit, l'État du Québec ne se fera complice de la propagation de l'athéisme, cette maladie de l'esprit qu'il faut certes traiter avec autant de charité que de justice mais non pas favoriser par un traitement d'exception en trahissant la presque totalité d'un peuple qui se sent en possession tranquille de la vérité.

Si Jean Lesage a pensé se concilier l'épiscopat tout entier en se permettant pareille diatribe, il se leurrait. Dans le *Maclean* du mois de septembre, Gérard Pelletier lui fait savoir que sa position est conservatrice, qu'elle flatte peut-être l'arrière-garde des milieux cléricaux mais paraît désuète et pitoyable à certains hommes d'Église parmi les plus importants[21].

Rien n'empêche que de telles flambées verbales excitent les passions à tout coup. Les slogans agressifs reprennent de plus belle: «On veut arracher les crucifix de nos écoles», «Combattons l'école athée[22]». Les ligues du Sacré-Coeur se jettent dans la mêlée. Elles qualifient le Mouvement laïc de langue française de subversif et le laïcisme de «peste qui a corrompu la société humaine[23]».

Et pourtant, non, le cardinal Léger ne croit pas qu'il faille donner des coups de crosse, n'en déplaise à ses détracteurs. Certes, la création du Mouvement laïc l'émeut. La formation d'un groupe réclamant un secteur d'enseignement neutre dans un Québec traditionnellement et essentiellement catholique marque un tournant.

Il ne peut s'empêcher de penser à monseigneur Ignace Bourget, l'un de ses prédécesseurs à la tête du diocèse de Montréal, qui a dû ressentir un immense chagrin lorsqu'en 1844, l'Institut canadien de Montréal a été fondé dans le même but.

Monseigneur Bourget a combattu de toutes ses forces ce mouvement qui se définissait comme une université populaire. Il est allé jusqu'à s'autoriser des règles de l'index pour détruire l'institut en obligeant tous les catholiques à la quitter.

Mais cela se passait au milieu du XIXe siècle. L'évêque de

Montréal rejetait alors en bloc la souveraineté du peuple, la liberté d'opinion, la séparation de l'Église et de l'État, prônant l'obéissance aveugle à l'Église et au gouvernement établi. Aujourd'hui, en 1961, l'autorité de l'Église n'est plus ce qu'elle était au temps de la féodalité.

«Je n'ai jamais cru être un seigneur temporel, pense le cardinal, jamais.»

Il s'est parfois montré autoritaire au début de son épiscopat, il ne le nie pas. Mais, de plus en plus, il exerce cette autorité avec prudence, en prenant soin de ne faire de mal à personne.

La prudence! L'archevêque la considère comme la vertu la plus précieuse entre toutes, car elle a des yeux alors que les autres sont aveugles.

Il n'y a rien de plus difficile que de juger les hommes. Choisir un collaborateur, choisir un curé, choisir un conseiller. Il faut le faire avec discrétion. Une discrétion qui ne soit pas une abdication.

Il ne condamnera pas le Mouvement laïc, pas plus d'ailleurs qu'il n'a réprouvé publiquement les articles parfois vitrioliques de *Cité Libre*. Mais il y a certainement lieu d'aborder la question sereinement tout en y apportant une mise au point.

Il s'est développé au Québec une minorité incroyante. Le Mouvement laïc a fait prendre conscience au Canada français qu'il n'est plus la société monolithique d'antan. Notre système d'enseignement est confessionnel. Le cardinal tient à rappeler à tous que c'est à la demande des catholiques et des protestants que l'Acte de l'Amérique du Nord britannique l'a sanctionné comme tel. Ce faisant, il appliquait démocratiquement une volonté populaire.

Il reste que les lois québécoises posent des problèmes sérieux aux non-croyants. Elles les obligent notamment à faire des mariages religieux. De plus, les enfants juifs, par exemple, sont automatiquement refoulés vers les écoles protestantes et anglaises même s'ils sont francophones. Que faire maintenant des enfants de parents neutres? Faut-il aussi les inscrire dans les écoles du secteur protestant même s'ils ne professent nullement cette foi?

*   *   *   *   *   *   *

«Monsieur Martucci, je dois parler au monde de l'enseignement. Pourriez-vous réunir des gens du milieu. J'aimerais savoir ce qu'ils veulent que je leur dise.»

L'abbé Martucci est maintenant un collaborateur assidu. Il a mis au point une méthode de travail efficace. Il consulte la documentation disponible sur le sujet à traiter, puis il rencontre une dizaine de personnes-ressources, après quoi il prépare un plan qu'il soumet au cardinal. Peu importe l'heure du jour, l'archevêque est toujours prêt à le recevoir et leurs discussions durent parfois des heures. L'abbé Martucci repart ensuite pour rédiger son texte. Le cardinal le lit attentivement, l'annote et le lui retourne pour version finale.

Il faudra deux cents heures pour mettre au point les réflexions pastorales sur l'enseignement qu'il entend livrer au séminaire de Saint-Jean qui fête son cinquantenaire le 17 juin. C'est l'équivalent de huit journées complètes[24].

Le cardinal rappelle d'abord quelques vérités historiques sur la confessionnalité de notre enseignement et le rôle qu'a joué le clergé:

> Ni sa foi catholique, ni l'influence de son clergé n'ont jamais empêché la province de Québec de traiter justement et dignement ceux qui représentent chez nous la minorité religieuse...

Sans jamais prononcer les mots «écoles neutres», il réclame tolérance et justice à l'égard de ses tenants. On ne peut pas forcer des parents à inscrire leurs enfants dans des écoles dont ils ne veulent pas:

> Le catholique canadien-français, en respectant avec justice la conscience et les droits de ceux qui ne partagent pas sa foi, obéit non seulement à la tradition mais aussi à la pensée de l'Église.

Le catholique a l'obligation stricte d'assurer à ses enfants une éducation chrétienne. Mais cette règle «ne viole en rien le droit des autres, dont elle veut respecter la liberté de conscience[25]».

123

«Message courageux», écrit *La Presse*. «Document capital», estime *Le Devoir*. Les témoignages d'admiration sont nombreux. Suffisamment en tout cas pour contrebalancer les critiques dont le cardinal est l'objet en cette année 1961. Mais il ne croit pas qu'il risque le même sort que monseigneur Charbonneau. Comme il le dit en badinant: «Pie XII savait ce qu'il faisait en me nommant cardinal.»

Et le bon Jean XXIII l'observe de loin. Il vient justement de lui accorder un nouvel évêque-auxiliaire. En effet, le 27 décembre, le pape a nommé monseigneur Paul Grégoire, un prêtre qui a fait sa marque à l'Université de Montréal comme aumônier des étudiants. Ses qualités d'homme à l'écoute des autres ont incité le cardinal à le recommander à Rome. Leur collaboration, il n'en doute pas, sera efficace. Monseigneur Grégoire, à qui il vient également de confier le poste de vicaire général et celui de directeur de l'Office du clergé, est un homme réfléchi, posé et doté d'un jugement sûr. Lorsque l'archevêque exprime un point de vue ou émet un souhait, son nouvel auxiliaire le comprend à demi-mot. Il a déjà eu l'occasion de constater son efficacité.

L'année qui s'achève a tout de même été essoufflante. Dans son journal intime, le 31 décembre, le cardinal écrit: «Année de bienfaits au milieu d'épreuves personnelles et de difficultés sans nombre.»

Références — Chapitre VI

1. Marcel Rioux.
2. Duchestel, Jules, *Marcel Rioux: Entre l'utopie et la raison*, Nouvelle Optique, Montréal, 1981, p. 86.
3. Philippe Garrigue.
4. Duchastel Jules, *op. cit.*, pp. 102-103.
5. *Le Devoir*, 1 avril 1961.
6. Marcel Rioux et Paul-Émile Léger.
7. Philippe Garrigue.
8. Marcel Rioux.
9. *La Presse*, 19 août 1961.
10. *Le Devoir*, 8 juin 1961.
11. *Le Devoir*, 6 mai 1961.
12. Le magazine *Maclean*, septembre 1961.
13. Léger, Paul-Émile, *Trente textes*, Fides, 1968, Ottawa, p. 39.
14. *Le Devoir*, 24 mai 1961.
15. *La Presse*, 19 août 1962.
16. Jean Martucci.
17. *Ibid*.
18. *Le Devoir* 29 juin 1961. *La Presse*, 14 octobre 1961.
19. *Le Petit Journal*, 10 décembre 1961.
20. *Maclean's magazine*, 14 juillet, 1962.
21. Le magazine *Maclean*, septembre 1961.
22. *Ibid*.
23. *La Presse*, 23 mai 1962.
24. *La Presse*, 19 août 1961.
25. Léger, Paul-Émile, *Trente textes*, «Réflexions pastorales sur l'enseignement».

Chapitre VII
Le concile de l'âge atomique

Selon sa bonne habitude, Jean XXIII se lève avant que l'horloge sonne cinq heures. Il fait encore nuit dans sa chambre au troisième étage du palais apostolique. Dehors, le jour s'éveille mais le pape a demandé qu'on ferme les persiennes de la fenêtre d'angle qui donne sur la place Saint-Pierre et par où pénètre le soleil.

Mais il n'y a pas de soleil ce jeudi matin, 10 octobre 1962. Jean XXIII quitte prestement son lit de cuivre, placé entre les deux autres fenêtres qui s'ouvrent sur la *via* della Porta Angelica, et s'agenouille à son prie-Dieu. Dans deux heures, il ouvrira officiellement le concile oecuménique.

Lorsqu'il prie, son visage devient grave et les cernes de ses yeux, qu'il cache habituellement derrière son large sourire, deviennent apparents. Dans sa prière, il a une pensée pour ses parents morts et son ancien évêque de Bergame, monseigneur Radini-Tedesci, dont les portraits jaunis ornent les murs.

Sur l'étagère, il laisse son *diario*, pour qu'il soit toujours à portée de la main. Il y consigne ses réflexions. Son programme de vie aussi: «Je reste sur mes vieilles positions, a-t-il déjà écrit, c'est-à-dire: croire à mes yeux pour bien interpréter, me complaire dans la vision du bien plutôt que me laisser distraire par celle du mal et puis regarder l'avenir[1].»

C'est justement en pensant à l'avenir que, deux ans plus tôt, il a mis en branle cette énorme machine qu'est Vatican II. Cette révolution amorcée par un pape jugé traditionaliste vise la réunion des chrétiens du monde entier.

Il a surpris lorsque, deux mois après son élection au trône de Pierre, il a évoqué la fin du schisme d'Orient devant les cardinaux réunis:

> Nous ne ferons pas un procès historique. Nous ne chercherons pas à voir qui avait raison ou qui avait tort. Les responsabilités sont partagées. Nous dirons seulement: Réunissons-nous, finissons-en avec les dissensions[2].

À Rome, cette déclaration parut audacieuse. *L'Osservatore romano*, l'organe officiel du Vatican, n'osa pas la rapporter. Les malins prétendirent qu'après avoir annoncé au monde la tenue de l'événement du siècle, le pape s'était enfermé dans sa bibliothèque et avait cherché le sens du mot «concile»!

C'est encore lui, ce paysan de Sotto il Monte, perçu comme un pape de transition, qui convoqua le synode dit de l'arc-en-ciel, qui faisait cardinaux un évêque japonais et un évêque africain.

Les travaux préparatoires du concile commencèrent véritablement à l'été 1960. Pour la première fois dans l'histoire des conciles, huit cents spécialistes furent mobilisés et consacrèrent tout leur temps à travailler dans l'une ou l'autre des onze commissions et des trois secrétariats. Pour les aider dans leur travail, le pape avait créé, dès l'annonce du concile, une commission antépréparatoire composée de clercs de la curie romaine et dirigée par son bras droit, le cardinal Domenico Tardini. Une lettre émanant de cette commission fut envoyée à plus de deux mille cinq cents personnes originaires de tous les pays du monde. Évêques, théologiens, professeurs de théologie, canonistes et universitaires répondirent au questionnaire et formulèrent près de neuf mille critiques et suggestions susceptibles d'être étudiées au concile.

«De quoi alimenter dix conciles!» selon monseigneur Felici, secétaire de cette commission[3].

Pour qu'il n'y ait aucune ambiguïté, le pape fit alors connaître ses intentions quant aux sujets à traiter: que le concile ait pour objet une véritable rénovation; qu'il se préoccupe de faciliter la réunion des chrétiens et de susciter un dialogue de l'Église avec le monde[4].

Pendant que les commissions se mettaient au travail, le pape, dont les intentions étaient déjà contestées sous le manteau, poursuivait son programme. Il exhorta les autres Églises à venir à Rome pour suivre les travaux préparatoires. C'est ainsi que, le 23 février 1961, les archevêques anglicans de Canterbury et York désignèrent le chanoine Bernard Pawley pour les représenter personnellement et, à l'approche du début du concile, l'Église anglicane même délégua trois observateurs. De son côté, l'Église orthodoxe grecque décida de ne déléguer personne, craignant d'être qualifiée d'Église tiède par les Russes.

Le 29 septembre 1962, le pape est très inquiet. Le conflit entre l'Église catholique et le gouvernement polonais se poursuit et on ignore encore combien d'évêques polonais seront autorisés à se rendre à Rome. Il expédie un télégramme au cardinal Wyszynski. Celui-ci a l'intention de venir au Vatican avec trente-cinq des soixante-trois évêques de Pologne. Mais seulement quinze d'entre eux obtiendront leur passeport. Deux évêques hongrois voyagent actuellement vers Rome en train. Ceux de Bulgarie et de Yougoslavie seraient en route aux dernières nouvelles, mais on ignore si les prélats de l'épiscopat tchèque pourront sortir de leur pays.

Jean XXIII a également écrit au cardinal Liénart, évêque de Lille et président de l'Assemblée des cardinaux et archevêques de France. Dans cette lettre personnelle, il exprime son désir d'associer de près l'épiscopat français à l'un des problèmes qui le préoccupent particulièrement: la situation religieuse en Amérique latine.

Jean XXIII s'apprête maintenant à ouvrir officiellement le concile de l'âge atomique. Comme au jour de son couronnement, il revêt la chape brodée d'or. Malgré la lourde tiare qui l'écrase, le Saint-Père conserve son air de bon et joyeux curé de campagne.

Avant de se rendre à Saint-Pierre de Rome, son secrétaire lui remet un télégramme signé John Kennedy, président des États-Unis:

Nous espérons que le concile servira la cause de la paix et de l'entente internationale.

*   *   *   *   *   *   *

«Triste matin pour ouvrir un concile!» soupire le cardinal Léger, à l'aube du 11 octobre.

Arrivé à la hâte le 7, après avoir expédié ses affaires courantes, il n'a vu de Rome, depuis sa descente d'avion à Leonardo-da-Vinci, que pluies et brumes.

La veille, après une séance de photo pour le magazine *Paris-Match*, qui prépare un reportage sur Paul-Émile et Jules Léger, les deux frères ont marché ensemble dans Rome sous la pluie d'orage. Des drapeaux aux couleurs romaines (amarante et or) ornaient les rues. Des projecteurs illuminaient les arches ruisselantes du Colisée où sont morts les premiers martyrs[5].

Sur la place Saint-Pierre, ce soir-là, trois pasteurs protestants d'Irlande du Nord ont été arrêtés par la police parce qu'ils distribuaient des tracts dénonçant la présence d'observateurs au concile. La police, qui interdit toute manifestation publique contre la religion d'État en Italie, a reconduit à son hôtel, sous bonne garde, le pasteur Ian Paisley de l'Église presbytérienne de l'Ulster et ses compagnons. Depuis, elle les garde à vue.

La Chevrolet Opel qui conduit le cardinal Léger au Vatican évite de justesse l'embouteillage qui commence à se former à l'approche de la basilique. La pluie tombe de plus belle. Malgré les prières des centaines de prélats réunis dans la Ville éternelle et qui attendent ce grand jour depuis des mois, le ciel est bouché jusqu'aux Alpes.

Déjà les rues mouillées s'animent. Des cars remplis d'évêques

Le cardinal Léger est reçu en audience par le pape Jean XXIII, au début du concile.

ayant revêtu le mantelet cramoisi sur le rochet de dentelle et coiffés de la barrette à pompon s'arrêtent sur la place Saint-Pierre. Tout autour, des silhouettes noires, le cou enfoncé dans l'imperméable, débouchent de nulle part et courent prudemment sur les trottoirs luisants. Une fois à l'abri sous les plafonds à caissons dorés des salons des palais apostoliques et des chapelles, ils s'ébrouent, tout intimidés.

D'autres arrivent une valise à la main. Ils se rendent à la salle Borgia et celles avoisinantes pour revêtir les ornements pontificaux, coiffer la mitre et prendre leur rang dans le cortège, selon l'ordre prévu par le droit canon. Comme c'est le cas au royaume des cieux, les premiers, c'est-à-dire les cardinaux, sont les derniers. Ils précèdent eux-mêmes le pape.

Ces ombres rouges, blanches et noires vont-elles vraiment défiler sous la pluie? Subitement, comme par enchantement, le ciel de la Ville éternelle se libère. Les nuages se déchirent et laissent un puissant soleil d'automne envahir la place où les deux mille cinq cents pères conciliaires commencent à défiler. Ils sortent du palais du Vatican par la porte de bronze et traversent la place Saint-Pierre en chantant l'*Ave maris stella*. Quatre kilomètres de mitres blanches franchissent l'imposant portail[6].

$$* \quad * \quad * \quad * \quad * \quad * \quad *$$

Le souverain pontife s'agenouille au pied de l'autel et entonne le *Veni Creator*, que les pères reprennent avec lui d'une même voix.

Le cardinal Eugène Tisserant, doyen du Sacré Collège, préside l'office liturgique. Avec son immense barbe grise, il ressemble à Moïse tel qu'immortalisé par Michel-Ange dans la célèbre statue de l'église de Saint-Pierre-aux-Liens.

Une fois la messe terminée, Jean XXIII, juché sur le trône papal, qui est installé sous le baldaquin du Bernin au-dessus de l'escalier qui mène au tombeau de Pierre, ouvre officiellement, devant les évêques représentant soixante-dix-neuf nations, le XXIe concile.

132

> Dans les temps modernes, dit le pape en latin, il est des hommes qui ne voient que prévarication et ruines; ils viennent vous dire que notre monde, par rapport à celui d'autrefois, a bien empiré; ils se comportent comme s'ils n'avaient rien appris de l'histoire...

Calme et serein, le Saint-Père dit son désaccord avec «ces prophètes de malheur qui annoncent toujours des catastrophes, presque l'imminence de la fin du monde.» Jadis, lorsqu'il était séminariste, Angelo Giovanni Roncalli rêvait de donner à l'Église une nouvelle jeunesse. Aujourd'hui, à quatre-vingts ans, il s'exclame:

> L'Église n'a pas assisté impassible aux merveilleux progrès des découvertes du genre humain et n'a pas manqué de les estimer à sa juste valeur[7].

Soulignant ensuite que l'Église veut se montrer mère aimante de tous, bonne, patiente, pleine de compassion et de bienfaisance pour les enfants séparés d'elle, le pape rappelle ce qu'il répète depuis des mois: ce concile ne sera pas doctrinal mais pastoral.

Le soir venu, le peuple de Rome envahit à nouveau la place Saint-Pierre avec ses flambeaux, comme au temps du concile d'Éphèse, en l'an 431. Depuis, c'est la tradition. Des milliers de bougies et de torches enflammées faites de journaux roulés illuminent l'enceinte où deux cent mille personnes agenouillées rendent hommage aux pères conciliaires. Répondant aux acclamations, Jean XXIII apparaît à la fenêtre.

«Vous êtes tous de la fête! s'écrie-t-il. Eh bien! maintenant, vous allez retourner chez vous retrouver vos enfants. Faites une caresse à ces chers petits. Ce sera la caresse du pape.»

Le cardinal Léger est émerveillé. Il pense à Pie XII, mort quatre ans plus tôt, presque jour pour jour. «Plus on l'admirait, plus on l'aimait», se dit-il en lui-même. Puis, regardant Jean XXIII qui tend les bras vers la foule, il s'exclame: «Lui, plus on l'aime, plus on l'admire.»

Jean XXIII a transformé sa vie. Il lui doit ce vent d'espoir qui l'anime maintenant et qu'il transmet à ses diocésains à Montréal. En peu de temps, une espèce de complicité s'est établie entre ce nouveau grand-père qu'il s'est donné et lui-même. Ce matin même, au début de la cérémonie d'ouverture, lorsqu'il s'est présenté devant le Saint-Père pour l'obédience, celui-ci lui a glissé à l'oreille une remarque que lui seul pouvait comprendre: «C'est ce matin que la troisième personne, évidemment le Saint-Esprit, entre en scène.»

Le cardinal a souri sans répondre. Le Saint-Père se souvenait donc de sa lettre de l'été dernier. Dans cette missive, il livrait ses impressions sur les travaux préparatoires au concile, à six mois de l'ouverture, comme le pape le lui avait demandé. En guise de conclusion, il écrivait:

> Ce sont là des considérations humaines qui ne tiendront plus lors du concile alors que le troisième personnage entrera en scène.

Le cardinal rentre maintenant au Collège canadien, où il séjournera durant tout le concile. Le lendemain, il pleut de nouveau sur Rome. Il ne peut s'empêcher de penser à Vatican I et au dogme de l'infaillibilité du pape, adopté au milieu des orages. Ce souvenir le laisse perplexe. Faut-il y voir un présage?

*   *   *   *   *   *   *

Il semble bien en effet que l'histoire soit sur le point de se répéter. Pendant que des orages s'abattent sur Rome, d'autres perturbations paralysent les travaux du concile qui commencent à peine.

Après une journée de repos, les pères conciliaires se retrouvent dans l'*aula*. La salle, dessinée par l'artiste vénitien Bianchi Barriviera, s'étire de l'entrée principale de la basilique jusqu'à l'autel de la Confession, qui occupe la nef centrale. Le cardinal Léger prend place dans la stalle qui lui a été assignée à côté de Giovanni Battista Montini, que le pape a élevé au cardinalat peu après son élection au pontificat.

Immédiatement après la messe, le secrétariat annonce la tenue des élections. Les deux mille trois cents pères doivent choisir les cent soixante membres des commissions conciliaires. Le secrétaire fait distribuer en même temps que les bulletins de vote la liste des membres des commissions qui ont effectué les

Le cardinal Léger, dans l'*aula* conciliaire. Dans la stalle à côté de la sienne, le futur pape, le cardinal Montini.

travaux préparatoires. Par ce geste, monseigneur Pericle Felici veut signifier clairement aux votants son désir de voir les mêmes pères reconduits à leurs postes.

À la table de la présidence, un cardinal ose se lever. Il juge peu orthodoxe cette façon de procéder. Dans une élection, la liberté doit exister et le secrétariat n'a pas à imposer ses choix.

«*Peto loqui*!» lance-t-il d'une voix haute et fluette[8].

L'assemblée cherche du regard celui qui demande ainsi la parole. Le secrétaire, qui n'accepte pas les interruptions de cet ordre, lui refuse le droit de parler. S'emparant du micro, le minuscule et souriant cardinal Achille Liénart, évêque de Lille, entame néanmoins son plaidoyer en latin au nom de l'épicospat français: «Nous n'avons pas encore eu le temps de choisir nous-mêmes nos candidats pour la bonne raison que nous ne nous connaissons pas suffisamment. Nous demandons un délai supplémentaire[9].»

Agréablement surprise, l'assemblée applaudit. Jamais auparavant, les voûtes de Saint-Pierre n'ont entendu une telle manifestation destinée à un autre que le pape. Lorsqu'enfin le silence revient, le cardinal Joseph Frings, archevêque de Cologne, se lève à son tour. Le prélat aveugle de soixante-quinze ans, parle lentement: «Au nom des évêques de Hollande, d'Allemagne et d'Autriche, je m'associe à la déclaration du cardinal Liénart et je demande en outre que les cardinaux qui sont aussi chefs de diocèse puissent être élus commissaires au même titre que les autres évêques.»

le secrétaire Felici, désemparé, décide de lever la séance qui n'a pas duré une demi-heure en tout et pour tout. Tels des collégiens en vacances, les pères quittent l'*aula* conciliaire en commentant l'incident.

«C'est une honte devant le monde!» déclare l'un. «Le cardinal Liénart a absolument raison, dit un autre. L'élection était prématurée.»

Les Américains ne sont pas contents. L'un d'eux maugrée à voix haute: «*All that trouble for that damned frenchman*[10].»

«Le secrétaire Felici n'aurait pas dû nous faire distribuer sa liste de candidats, reprend un autre. C'est du pur dirigisme.»

L'argument en rallie plus d'un. Nombreux sont les évêques et les cardinaux, insatisfaits des travaux des commissions préconciliaires, qui n'ont pas l'intention de reconduire les membres à des postes clés. Ils ont lu attentivement les soixante-douze projets totalisant deux mille pages qui ont été remis au pape avant l'ouverture et estiment que ce n'est qu'un amas gigantesque et informe rempli de propositions incompatibles.

Le cardinal Léger a un pincement au coeur. Tout ce travail accompli par la commission antépréparatoire ne peut pas être inutile. Il pense à ses aller-retour entre Montréal et Rome. Quatre par année. Quelle surcharge de travail! Il doit tout de même admettre que les schémas sont inacceptables dans leur facture actuelle.

Le cardinal Montini lui-même, l'un des pères les plus respectés, l'a écrit en toutes lettres à ses diocésains de Milan: «Matériel immense mais hétérogène qui aurait appelé une réduction et un classement rigoureux si une autorité avait dominé la préparation, si une idée centrale, architecturale, avait polarisé le travail[11].»

L'archevêque de Montréal revoit en mémoire son voisin, le cardinal Montini, qui ne faisait aucune observation durant les travaux tandis qu'il avait, pour sa part, une multitude d'amendements à proposer. Sa sévérité le surprend.

Le cardinal Suenens de Malines, un nouveau venu parmi les princes de l'Église, a même osé s'en ouvrir au pape: «Les soixante-douze schémas, sont réellement indigestes et manquent de cohésion. J'ai tenté de les réduire mais c'est manifestement chercher la quadrature du cercle[12].»

En coulisse, on soupçonne même les auteurs de ces schémas de ne pas reconnaître les grands objectifs du Saint-Père, soit la réunion de tous les chrétiens et le dialogue de l'Église avec le monde. Certains ont remarqué le mouvement d'impatience sur le visage du cardinal Alfredo Ottaviani pendant les applaudissements qui ont suivi l'intervention du cardinal Liénart. Nul n'ignore que le puissant chef de file de l'aile traditionaliste, qui jouissait sous Pie XII d'une grande influence, était en total désaccord avec le Saint-Père sur l'opportunité de convoquer ce concile oecuménique.

Le cardinal Léger s'attarde dans Saint-Pierre de Rome, déçu et inquiet. L'incident déclenché par ce qu'on appelle dans le milieu *l'alliance franco-allemande* annonce-t-il des affrontements entre les évêques et la curie romaine?

Avant d'accorder au père Émile Legault l'entrevue qu'il sollicite pour son émission à Radio-Canada, l'archevêque de Montréal va consulter le cardinal Augustin Bea. Bien qu'âgé de

Le cardinal Léger consulte régulièrement le cardinal Augustin Bea qui, à 81 ans, est considéré au Vatican comme le leader de l'aile progressiste.

quatre-vingt-un ans, ce jésuite allemand, qui travaille à la curie romaine depuis de longues années, est perçu comme le leader de la tendance progressiste. De plus, sa vision du concile correspond à celle du souverain pontife. Il l'a d'ailleurs nommé responsable du secrétariat spécial créé en vue de favoriser les contacts avec les Églises protestantes et orthodoxes. Le cardinal Léger tient d'autant plus à connaître ses réactions qu'il a appris à travers les branches — à Rome, tout se sait — que le cardinal Bea a discuté de l'affaire avec Jean XXIII.

«Alors? demande l'archevêque de Montréal à son aîné.

— Le Saint-Père ne semble pas surpris des événements», répond simplement le cardinal Bea.

Voyant l'inquiétude dans le regard du cardinal Léger, il n'hésite pas à lui faire ses propres commentaires: «C'est une leçon pour le secrétariat général, qui n'a pas bien préparé l'agenda.

— Mais, demande le cardinal Léger, ne croyez-vous pas que les fidèles du monde qui suivent nos travaux contesteront cette façon de procéder?

— Non, rassure le cardinal Bea. À sa manière, l'assemblée conciliaire a voulu exprimer sa liberté sur le choix des membres des commissions. Les pères veulent du neuf.»

Le cardinal Léger est rassuré. Il peut se présenter devant les caméras de la télévision de Radio-Canada et livrer ses premières impressions à ses diocésains.

«Éminence, demande le père Legault, comment interprétez-vous l'incident surprise de ce matin?

— L'intervention du cardinal Liénart et les applaudissements de l'assistance, répond-il, sûr de son fait, ne furent pas des signes de dissidence mais une expression d'unité.»

*   *   *   *   *   *   *

139

Lorsqu'il cherche l'apaisement, le cardinal Léger se rend chez son ami de longue date, monseigneur Joseph Géraud. La conversation détendue et confiante qui se déroule entre les deux anciens camarades demeurés fidèles depuis leur séjour à la Solitude d'Issy-les-Moulineaux en banlieue de Paris, a le don de remettre les choses en place.

Pourtant, ce soir-là, le pessimisme inhabituel de monseigneur Géraud atteint le cardinal Léger. Le prélat français, qui côtoie quotidiennement l'épiscopat de son pays, s'inquiète de la tournure des événements. Deux groupes distincts se dessinent chez les Français. Sous l'impulsion du cardinal Liénart, le vieux complexe de *fille aînée de l'Église* s'est réveillé chez certains évêques qui manoeuvrent déjà pour renverser la curie romaine et le saint office. Le second groupe d'évêques, craignant les lenteurs provoquées par ces visées combattives, menacent de rentrer dans leurs diocèses. Certains prélats ont déjà leur billet de retour en poche.

«L'Église d'aujourd'hui, reprend monseigneur Géraud d'un ton sévère, n'a pas le droit de se payer le luxe d'une coterie partisane. Le concile est paralysé. Le monde du travail risque de découvrir un épiscopat bien logé, bien nourri, qui organise des week-ends et ne manifeste pas assez d'angoisse pour les âmes.»

*　　*　　*　　*　　*　　*　　*

Le petit carillon sonne dix heures dans la bibliothèque du pape. Plus souriant que jamais, Jean XXIII tend les bras vers le cardinal Léger. Il refuse comme toujours que l'archevêque s'agenouille devant lui pour baiser son anneau mais accepte volontiers de l'embrasser.

L'atmosphère est à la détente. Aux confidences. Le cardinal a l'impression d'écouter son propre grand-père lui raconter les nouvelles fraîches. Car c'est le Saint-Père qui parle: il prend la parole d'entrée de jeu et ne la cède que rarement à son invité. C'est là l'un des héritages que sa longue carrière diplomatique lui a légué.

Jean XXIII s'inquiète lui aussi du concile. Il ne mâche pas ses mots: «Les membres de la curie romaine, qui ne sont jamais sortis de Rome, ne comprennent rien aux problèmes actuels. Mais pour éviter un plus grand mal, c'est-à-dire une opposition directe entre le saint office et le pape, il faut de la patience.»

Le souverain pontife s'arrête, respire lourdement et reprend: «Cependant, un jour, je serai peut-être obligé de dire qui commande ici.»

Le cardinal comprend à demi-mot. À sa façon, Jean XXIII a déjà indiqué qu'il tient bien le gouvernail. La veille, n'a-t-il pas offert au cardinal Liénart un anneau d'or accompagné d'un mot d'amitié? Tout le monde a su que le pape approuvait le geste de l'évêque de Lille, qui avait imprimé au concile, dès le départ, un style de libre expression.

Après cette audience privée, le pape reçoit Jules et Gaby Léger qu'il a déjà rencontrés en France.

Pendant les jours qui suivent, le cardinal Léger se répète que Jean XXIII a sans doute raison de prêcher la patience. Mais ce n'est pas facile. Dieu sait s'il doit se contenir! Dès le début, les travaux du concile sombrent dans une lenteur inqualifiable. Les élections se sont finalement déroulées comme le souhaitaient les pères: on leur a fourni les renseignements sur la spécialité de chaque évêque qu'ils voulaient élire. Le cardinal Léger a été élu le quatrième, à l'unanimité, à la commission de la foi.

Immédiatement après, les pères ont décidé de commencer par l'étude du schéma sur la liturgie, le jugeant plus facile que les autres. Mais les discussions sont interminables et n'arrivent pas à susciter l'intérêt.

Pourtant, le dossier préoccupe l'archevêque de Montréal. Il souhaite vivement l'usage des langues vivantes dans la liturgie. Il favorise également la concélébration et la communion sous les deux espèces, comme c'est encore l'usage dans les églises orientales.

«L'Église, dit-il en latin dans l'*aula* conciliaire, doit se donner comme préoccupation première les besoins des hommes eux-mêmes. Le programme de la rénovation liturgique est imminemment pastoral.»

Immédiatement après son exposé, le très sérieux cardinal Eugène Tisserant lui fait porter un mot. L'archevêque déplie la feuille et lit: «Vous auriez pu apporter un argument additionnel pour convaincre les pères du bien-fondé de l'usage des langues vulgaires: depuis toujours, chez vous, les Indiens de Caughnawaga ont le privilège d'employer leur langue dans les cérémonies religieuses.»

Son voisin d'estrade, le cardinal Montini approuve d'un geste de la tête son intervention. Le matin même, pendant la messe roumaine célébrée à l'intention des pères conciliaires, avant l'ouverture des travaux, il s'était impatienté. Au beau milieu des prières et des chants roumains dont il ne comprenait pas un traître mot et qui se déroulaient dans un nuage d'encens, selon le rite byzantin, l'archevêque de Milan s'était penché vers le cardinal Léger et lui avait dit dans un soupir. «Voilà ce que nous imposons à nos fidèles? Ils ne peuvent pas comprendre le latin plus que nous ne comprenons le roumain!»

Si les suggestions du cardinal Léger recueillent l'assentiment des deux cent soixante-dix évêques d'Afrique, elles ne plaisent pas au cardinal Ottaviani et à ses amis qui craignent comme la peste le moindre changement à la tradition.

Pendant les dix minutes réglementaires, le chef de file des conservateurs réclame l'immuabilité en matière liturgique et fustige avec véhémence ses opposants. Le cardinal Léger se sent visé. Comme le cardinal Ottaviani passe outre au règlement, le président du jour, le cardinal Bernard Jan Alfrink de Hollande, le rappelle à l'ordre: «Vous parlez depuis un quart d'heure et le règlement stipule...»

Ignorant l'avertissement, le cardinal Ottaviani poursuit son exposé comme si de rien n'était. Le président hésite un instant puis débranche le microphone de son confrère, ce qui provoque des applaudissements qui fusent de toutes les tribunes, particulièrement celles du fond, occupées par les plus jeunes évêques. «L'empire du cardinal Ottaviani vient de s'écrouler», commente un père à mi-voix[12].

C'est mal connaître le cardinal conservateur, qui quitte néanmoins l'enceinte, vexé. Il n'y reparaîtra pas avant un bon moment.

*   *   *   *   *   *   *

Le cardinal Léger n'a pas apprécié les remarques de son confrère. Ni les rumeurs qui circulent à son sujet. Depuis son élection à la commission de la foi avec une majorité absolue lors des fameuses élections du 20 octobre, et après chacune de ses interventions, certains participants mettent en doute son orthodoxie. On peut presque dire qu'il est victime d'une campagne de dénigrement orchestrée par les membres plus ou moins clandestins du groupe d'intégristes de la Cité catholique qui, depuis un certain temps, s'intéressent au Québec. Ces militants d'extrême-droite, «plus catholiques que le pape», qui dénoncent dans leur magazine *Verbe* tout ce qui caractérise le monde moderne, ont répandu au sujet de l'archevêque de Montréal des calomnies qui se sont rendues jusqu'au Sacré Collège. Ils l'accusent d'être un hérétique parce qu'il est en train de confier l'éducation aux laïcs.

Le cardinal Léger se vide le coeur auprès de son ami monseigneur Géraud qui le supplie de ne pas partir en guerre, ce qui alimenterait inutilement le débat. «L'humilité est donc une vertu difficile à acquérir! soupire le cardinal. L'humiliation semble bien l'unique voie pour y parvenir!»

Rien n'est facile en cette fin d'octobre. L'archevêque consent à ne pas se défendre contre les attaques de ceux qu'on appelle les *VVV* mais il ne peut s'empêcher de confier son tourment au Saint-Père dans une lettre personnelle qu'il lui fait porter. Hélas! le pape n'y répond pas. Cela l'inquiète. Qui donc le défendra contre ces calomniateurs si le Saint-Père ne prête pas oreille à son chagrin?

«La réponse du pape arrivera bientôt», certifie monseigneur Del Acqua, substitut de la Secrétairerie d'État et très intime avec Jean XXIII.

143

Monseigneur Del Acqua change de sujet et s'enquiert de ce qui se passe à la commission de la liturgie.

«Je suis très déçu, répond le cardinal Léger. En fait, je suis très angoissé au sujet de tout le concile.

— Moi aussi. Je viens de recevoir un rapport qui n'a pas de quoi nous rassurer, affirme monseigneur Del Acqua.

— Enfin, dit l'archevêque d'un air découragé, j'aurai fait mon devoir. Le concile risque de décevoir le monde et il exaspère les évêques.»

Puis sa voix s'assombrit encore. «J'ai l'impression d'avoir perdu la confiance du Saint-Père, ajoute-t-il comme pour lui-même.

— Il n'en est rien, fait monseigneur Del Acqua honnêtement. Au contraire.»

Le cardinal Léger s'éloigne de la secrétairerie d'État en silence. Il est apaisé mais non complètement rassuré. Sur sa route, il croise un confrère et ami, monseigneur del Gallo. Après les salutations d'usage, les deux hommes parlent de tout et de rien. Visiblement, le prélat romain tourne autour du pot. Au bout d'un heure, il se décide à confier au cardinal les pensées qui lui sont venues en observant l'attitude de Jean XXIII depuis le début du concile.

«Le pape monologue, insinue-t-il. Il lance des torpilles et s'étonne des effets qu'elles produisent.

— Mais, interrompt le cardinal, le Saint-Père est bien au fait de la situation. Il a ses conseillers.

— Bien sûr , monseigneur Del Acqua a de l'influence sur lui, mais son secrétaire d'État, le cardinal Cicognani, est bien âgé et...»

*   *   *   *   *   *   *

La bataille continue de faire rage dans l'*aula* conciliaire. Le cardinal Léger intervient de plus en plus souvent. Il parle devant ses pairs de la réforme du bréviaire et suggère que l'on assouplisse

144

l'obligation d'en faire la lecture le dimanche. Il se souvient trop bien quel tour de force c'était pour lui lorsqu'il était jeune curé à Valleyfield, de passer à travers des pages et des pages de lecture en latin en plus d'effectuer le ministère dominical.

«Je propose que les clercs ne soient obligés qu'à la récitation de laudes, de vêpres et de matines», dit-il fermement.

Il suggère ensuite que ces prières soient récitées en langue vivante parce que, comme il le souligne, dans presque toutes les régions du monde, la majeure partie des prêtres ne comprennent qu'avec peine les paroles qu'ils prononcent en latin durant l'office.

«Même en Occident, la civilisation n'est plus latine, si ce n'est dans ses racines. La connaissance de la langue latine acquise même dans les meilleurs séminaires ne suffit plus parce que toute la vie quotidienne n'a aucun lien avec la langue latine[13].»

Le cardinal a préparé son intervention avec soin, aidé de son conseiller, monseigneur Pierre Lafortune. Il prononce chaque mot dans un latin impeccable. Pendant les dix minutes que dure son exposé, un silence total règne dans l'assemblée, ce qui arrive rarement. Ensuite, il est longuement applaudi.

«Brillant! entend-on dans l'*aula*.

— Et juste!»

L'archevêque de Montréal reprend son siège. Il a l'impression d'être jugé par deux mille cinq cents hommes d'expérience et de science. Il soupire de soulagement en réalisant qu'il a réussi l'examen. Même si c'est toujours impressionnant de s'exprimer devant l'assemblée, il le fait. Il lui arrive même de s'emporter; par exemple, lorsque le cardinal Ottaviani fait le procès de ceux qui ne partagent pas ses opinions.

«Formons-nous un tribunal ou un organisme pour aider le concile?»

La question est incisive, calculée, réfléchie. Les conservateurs deviennent féroces et il est temps de mettre le holà.

«Si c'est l'esprit de cette commission, je vais quitter cette salle et garder ma liberté!» lance-t-il en colère.

Les pères l'approuvent et le climat s'allège. Le 14 novembre, un mois et trois jours après l'ouverture de Vatican II, le texte sur la liturgie est voté à deux mille cent soixante-deux voix contre quarante-six. Les progressistes disposent donc d'une majorité de plus de quatre-vingt-dix-sept pour cent. Ce n'est pas la surprise, c'est la stupéfaction. L'étude de ce texte a donné lieu à trois cent vingt-neuf interventions orales et six cent vingt-cinq écrites.

Le cardinal Montini est ravi: la discussion a permis de préciser l'orientation du concile. Son voisin de stalle, ému, reprend confiance.

«J'ai la sensation physique de la présence du Saint-Esprit parmi nous», pense l'archevêque de Montréal.

Il a de quoi être fier: ses principales suggestions concernant le bréviaire ont été adoptés presque intégralement. Le lendemain soir du vote, le cardinal Léger traverse Rome dans sa Chevrolet Opel; en compagnie de trois amis, il célèbre la fin d'une étape de ce concile qui s'annonce laborieux.

C'est l'heure de pointe. À travers une pluie fine, Monseigneur Lafortune a pris le volant. À côté de lui, le journaliste de *La Presse* Marcel Adam garde le silence, tout comme le père Émile Legault, assis derrière avec l'archevêque de Montréal. Ce dernier n'a pas levé les yeux de son bréviaire, qu'il lit depuis le départ du Collège canadien, et ses compagnons attendent son signal pour amorcer la conversation. Il le donne en apercevant l'enseigne lumineuse du restaurant *Vigna dei cardinale*.

«J'aurais dû me douter que vous me mettriez à contribution», lance-t-il en riant de tout son coeur.

La fête commence. Le journaliste Marcel Adam a invité le cardinal à dîner. L'archevêque a laissé la calotte rouge et le ceinturon dans la penderie, préférant l'anonymat de la soutane noire.

La conversation est animée. On sirote un bon Frascati et on parle de l'intervention déterminante du cardinal, des applaudissements nourris qu'elle lui a valus.

«En tout cas, Éminence, fait le père Legault en esquissant un sourire, on vous admire beaucoup.»

Le cardinal accepte le compliment mais il se doute bien que

ses hôtes vont essayer de lui soutirer des confidences. Les journalistes sentent que tout ne tourne pas rond au concile et les dessous leur échappent. En bon Romain et fin diplomate, il prend immédiatement la voie d'évitement.

«Depuis l'ouverture du concile, j'ai rempli des centaines de pages de notes. Parfois, vers la fin des séances, je regarde le cardinal Montini qui a les traits tirés et je me dis que je lui présente la même figure fatiguée.»

Les deux journalistes savent que le cardinal ne s'absente pas, comme certains de ses confrères, pour aller boire un *cappuccino* (un «capucin», comme disent les pères), aux deux cafétérias, appelées «bar Jonas» et «bar Abas». Il reste à son poste pendant toute la durée des séances.

«Éminence, lui demande Marcel Adam, qu'est-ce que vous trouvez le plus difficile?

— C'est l'angoisse, répond-il sans hésiter. Le stress qui s'empare de vous avant de parler devant une assemblée de deux mille cinq cents évêques. C'est la crainte de faire une intervention inopportune devant les chefs de l'Église universelle.»

Le cardinal, qui aime le langage imagé, compare une congrégation générale à un collège classique. À une extrémité, il y a les philosophes, graves et sérieux; à l'autre, les jeunes d'éléments et de syntaxe[14].

* * * * * * *

Sans attendre, Vatican II aborde un second schéma, celui de la révélation, qui pose le problème de rétablir la primauté de la parole de Dieu et de la source évangélique. Encore une fois, la division sur le plan théologique éclate et la résistance est organisée par les cardinaux Ottaviani, Siri et autres de la curie romaine.

Ce schéma, préparé par la commission de théologie, apparaît négatif, rétrograde et décevant aux pères appelés à voter. Il ne répond pas à la politique d'ouverture favorisée par le pape puisque les membres de la commission ont carrément ignoré le Secrétariat pour l'unité, chargé de nouer le dialogue avec les chrétiens non catholiques et auquel Jean XXIII tient tant. Plusieurs évêques qui n'ont pas l'habitude d'accaparer le micro décident d'intervenir. C'est le cas de l'évêque de Bruges, qui est aussi membre du Secrétariat pour l'unité.

«Si le concile approuve ce schéma, avertit monseigneur de Smedt, il se trouve à accepter un schéma qui tourne le dos aux hommes de bonne volonté et qui attendent avec anxiété l'appel du salut[15].»

L'évêque de Bruges dit tout haut ce que d'autres répètent sous le manteau. En fait, la majorité des pères souhaitent engager un vrai dialogue avec les non-catholiques non pour céder sur la foi mais pour la comprendre, pour les écouter et pour se faire comprendre.

Le jour du vote, treize cent soixante-huit pères se prononcent pour le renvoi du schéma, et huit cent vingt-deux, pour la poursuite de la discussion. La majorité des deux tiers n'étant pas atteinte, il faut se rendre à l'évidence: l'étude de ce schéma va continuer. La minorité impose sa volonté à la majorité.

Au sortir de Saint-Pierre, ce matin-là, les pères ne cachent pas leur désappointement. Leur volonté est contrée par une simple faiblesse de la procédure. Le cardinal Léger, que les manoeuvres d'Alfredo Ottaviani et les intrigues de certains autres irritent, se réfugie dans le silence et la prière. «Le grand jour aurait pu avoir lieu!» pense-t-il.

Non, il ne peut pas laisser la situation se détériorer. Au rythme où vont les choses, c'est tout le concile qui va à la catastrophe. Le soir même, il décide de profiter de l'audience que le pape donne aux évêques canadiens pour tenter de le voir seul à seul.

C'est désirer l'impossible. Au Vatican, lorsqu'on sollicite une audience papale, il faut en formuler la demande par écrit longtemps à l'avance. Mais le temps presse.

«Tant pis, se dit-il. J'ose.»

Prenant monseigneur Loris Capovilla à part, il insiste: «Je

veux voir le Pape ce soir à l'issue de l'audience des évêques canadiens.»

Monseigneur Capovilla se fait prier mais accepte finalement d'en glisser un mot à l'oreille du Saint-Père. Enfin, les évêques canadiens se retirent de la salle Clémentine, et un secrétaire fait entrer le cardinal Léger par une porte dérobée dans les appartements du pape. Jean XXIII s'avance en tenue de repos, au grand étonnement de son camérier secret.

«Très Saint-Père, dit le cardinal qui entre dans le vif du sujet sans autres préliminaires, il s'agit d'une question très grave pour moi, un cas de conscience.

— Asseyez-vous, ordonne Jean XXIII; je peux tout de même vous entendre quelques instants.

— Le concile est dans une impasse», affirme le cardinal.

Le pape écoute mais demeure silencieux; sa main tapote en mesure le bras de son fauteuil. Comme le veut la tradition, il n'assiste pas aux séances du concile afin de laisser l'entière liberté aux pères. Il suit les débats grâce à un circuit fermé de télévision. Jour après jour, il les voit s'embourber. Seul devant son appareil, il se compare au patriarche Jacob qui gardait le silence devant la dispute de ses enfants[16]. Entre la curie et les évêques, qu'on appelle aussi les docteurs et les pasteurs, il n'a pas à choisir car il est le père de tous[17].

«La majorité reflète ma pensée, dit enfin Jean XXIII, qui pourtant ne semble pas décidé à intervenir publiquement. Je n'aime pas le saint-office, qui oublie souvent que Dieu est le préfet.»

Il fait un signe de tête impuissant avant d'ajouter: «Le cardinal Ottaviani est un aveugle qui devient la cause de l'aveuglement de tous.

— Très Saint-Père, reprend le cardinal Léger, pourquoi ne nommez-vous pas une commission permanente qui surveillerait l'élaboration des travaux durant l'absence des pères, entre les sessions du concile?

L'idée lui plaît. Il promet d'y réfléchir. Avant de clore l'entretien, le pape revient sur l'intervention énergique de l'archevêque pendant le dernier débat oratoire.

«J'ai appris que vous aviez l'impression de prendre part à une réunion d'un tribunal populaire en pays communiste...»

Puis l'enveloppant de son regard paternel, il ajoute: «Les bienfaits du concile exigent la souffrance. Il faut porter la croix avec la confiance et la paix.»

Il est temps de rentrer. Le cardinal se lève. En se dirigeant vers la porte, il remarque une très belle exposition de tableaux qui viennent d'être offerts au pape.

«Prenez celui que vous désirez», insiste le Saint-Père en l'entraînant vers les oeuvres d'un geste de la main.

Le cardinal hésite: «Pourriez-vous, très Saint-Père... me donner un objet plus personnel?

— Bon, sourit Jean XXIII, je vous promets un anneau ou une croix pectorale.»

Le lendemain, après avoir longuement réfléchi, le souverain pontife provoque un revirement de la situation. Reconnaissant la prépondérance du vote majoritaire, il renvoie le schéma sur la révélation pour refonte complète à une commission mixte, formée de la commission théologique, de quelques cardinaux et des membres du Secrétariat pour l'unité. Cette commission sera présidée conjointement par les cardinaux Ottaviani et Bea, les têtes dirigeantes des deux tendances manifestées dans l'assemblée conciliaire.

«Une décision à la Salomon», écrit le père Legault dans son carnet de journaliste. Dans son article qui paraîtra dans le magazine *Maclean*, il rapportera la remarque que lui a faite un observateur protestant: «Pour une fois, je dois reconnaître que c'est bien commode d'avoir un pape à la tête de l'Église![18]»

En France, le quotidien *Le Monde* titre: «Le pape intervient pour sortir le concile d'une impasse.» Et *La Croix* écrit: «Le concile respire un air nouveau.»

Dans les couloirs du Vatican, chacun y va de son commentaire enthousiaste. «C'est un miracle plus éclatant que la résurrection d'un mort!» s'écrie un vieux prélat.

Plusieurs attribuent le mérite de ce revirement d'attitude au cardinal Léger. En effet, c'est peu après son départ des appartements papaux que Jean XXIII s'est entretenu avec son secrétaire d'État et a décidé d'intervenir. Un point intrigue tout de même l'archevêque de Montréal. S'il est vrai qu'il a influencé la décision du pape, pourquoi n'est-il pas au nombre des cardinaux qui forment cette nouvelle commission dont il a lui-même suggéré la formation? Le pape aura sans doute compris qu'une telle nomination pourrait laisser croire que le cardinal Léger avait intrigué.

À l'heure du midi, l'archevêque de Montréal rentre au Collège canadien pour le déjeuner. Il trouve sur sa table un pli de la Secrétairerie d'État. Il déplie la feuille et reconnaît l'écriture tout en pattes de mouche du Saint-Père. «Il a dû m'écrire au milieu de la nuit comme c'est son habitude», pense le cardinal.

> Monseigneur cardinal, je vous remercie de tout coeur pour votre intervention hier soir et pour cette conversation que nous avons eue ensemble. En souvenir de cette rencontre et en témoignage de mon affection paternelle et de mon attachement, je vous envoie cette croix pectorale.

Au bas de la feuille, juste avant de signer, Jean XXIII ajoute: «Mon fils, si tous comprenaient ce que je veux!»

Le cardinal range précieusement la lettre du Saint-Père dans son tiroir. «Mon vieux père Pie XII veille sur son fils du haut du ciel où il est entré il y a cinq ans aujourd'hui!» songe-t-il tandis que les larmes lui montent aux yeux.

*   *   *   *   *   *   *

Les derniers jours de la première session sont consacrés à la discussion du schéma sur l'Église. Les pères réfléchissent sur l'autorité du pape et des évêques et sur la manière dont elle est exercée.

Encore une fois, les gros canons, c'est-à-dire les cardinaux Liénart, Alfrink, Frings, Bea, Suenens et Léger refusent catégoriquement le schéma proposé. Mais la discussion qui s'ensuit est plus sereine et permet de dégager des orientations précises: il faudra repenser les rapports entre l'Église et l'État en fonction non du passé mais du présent, non d'un pays déterminé mais de situations mondiales nouvelles. Ce schéma doit en outre aborder un problème décisif pour l'avenir de l'oecuménisme: la liberté religieuse. L'homme moderne, croyant ou incroyant, veut savoir ce que l'Église enseigne aujourd'hui sur cette question[19].

Les pères, qui voient venir la fin de la session, discutent avec plus d'ardeur. Des évêques jusque-là muets prennent la parole. De nouvelles perceptions des problèmes apparaissent. Le lundi 3 décembre, le cardinal Léger trace son bilan personnel pour le bénéfice de l'assemblée.

«Durant cette première session, dit-il, nous avons mieux compris quelle est l'ampleur de l'effort à accomplir pour le renouveau de l'Église. Cette expérience, il fallait qu'elle fût faite même si elle s'est parfois révélée douloureuse.»

L'archevêque de Montréal propose d'assurer la continuité des travaux jusqu'à la prochaine session en constituant un organisme qui stimulerait les commissions conciliaires afin qu'elles présentent, au rendez-vous suivant, des schémas conformes aux orientations déjà prises et pouvant recueillir d'emblée l'assentiment de l'assemblée.

Le lendemain, le cardinal Suenens, archevêque de Malines et de Bruxelles, poursuit la réflexion amorcée par son confrère montréalais. Il propose un programme de travail qui traiterait de l'Église tournée vers elle-même puis tournée vers le monde. Il rappelle l'importance de revenir toujours au but du concile[20]. Son plan, le cardinal Suenens l'a soumis au pape avant de le proposer aux pères conciliaires. Jean XXIII, retenu au lit, l'a lu jusqu'à la dernière ligne et a ajouté des annotations de sa main[21].

Le mercredi 5 décembre, le cardinal Montini prend la parole à son tour, lui qui s'est montré peu loquace depuis le début des travaux. Il affirme son adhésion au plan d'ensemble soumis par l'archevêque de Malines.

Ces trois interventions inspirent sans doute le Saint-Père qui, le 6 décembre, annonce la création d'une commission intersessions qui aura pour tâche de coordonner les travaux entre la première et la deuxième session générale.

Un vent de tristesse souffle néanmoins sur la fin des travaux: le 8 décembre, lorsque les pères se séparent, aucun texte n'a été publié.

«Nous retournons chez nous les mains vides, dit le cardinal Léger. Que dirons-nous à nos fidèles?»

L'archevêque a l'impression de pénétrer dans un long tunnel sans issue. Au caractère d'inachèvement s'ajoutent les rumeurs persistantes sur la gravité de la maladie dont souffre le pape qui a eu quatre-vingt-un ans le 25 novembre.

À la fin de novembre, il a interrompu ses audiences parce que les symptômes de gastrite aiguë s'étaient aggravés. Il en résultait une anémie et des hémorragies qui inquiétaient ses médecins. De surcroît, des journaux annoncèrent en manchette que le Saint-Père allait subir une grave intervention chirurgicale à la prostate.

Au Vatican, l'inquiétude règne. S'il fallait que le pape meure! Le concile serait automatiquement suspendu, comme c'est la règle, et il appartiendrait à son successeur de le reprendre, s'il le jugeait à propos.

Jean XXIII sait que ses jours sont comptés. Après la messe du dimanche, au lendemain de son anniversaire, il a dit: «Nous entreprenons notre quatre-vingt-deuxième année. En verrons-nous le terme? Nous ne nous inquiétons pas outre mesure. N'importe quel jour est bon pour naître; n'importe quel jour est bon pour mourir.»

Ses proches essaient néanmoins d'atténuer le choc de ses maladies au sein de la population. Ainsi, le chirurgien qui devait l'opérer, le professeur Antonio Gasbarrini, celui-là même qui a soigné Pie XII de 1954 à sa mort, répond laconiquement au journaliste qui le questionne sur l'intervention: «Quelle opération? Jean XXIII a une santé de fer et jouit d'un parfait équilibre nerveux.»

Mais c'est peine perdue. Personne n'est dupe lorsqu'il dit à la foule rassemblée sous sa fenêtre: «La bonne santé qui menaçait à un moment de s'éloigner est sur le point de revenir. Elle revient même.»

Jusqu'à la dernière minute, l'on s'est demandé si le Saint-Père aurait la force de clôturer les travaux de la session. Le 8 décembre, jour de l'Immaculée Conception, les évêques prennent place une dernière fois dans les tribunes de Saint-Pierre. Pour éviter toute fatigue au pauvre homme malade, on lui fait parcourir en voiture les cent mètres qui séparent l'ascenceur de la basilique.

Jean XXIII s'avance maintenant, livide et exténué. Il ne marche que par la force de sa volonté. Il donne le baiser de paix aux évêques réunis et leur dit d'une voix chevrotante: «Il faut que chaque frère sente battre le coeur de son frère.» Puis il fait ses adieux, «dans l'attente d'un prochain retour»[22].

Après vingt minutes d'efforts, le pape quitte la basilique. Angoissés, les pères se séparent et reprennent la route de leurs diocèses.

Le cardinal Léger partira le lendemain. Mais il n'est pas tranquille. Les acquis fragiles du concile s'évanouiront-ils en l'absence des évêques? Dans son journal, il note ses impressions:

L'Église serait menacée dans son unité si la curie essayait de refermer les portes du ghetto. Et, bien sûr, il faudra attendre un demi-siècle pour créer cet esprit nouveau.

Mais tout n'est pas perdu. «Heureusement, note-t-il encore, au bas de la page, l'Esprit-Saint a eu le temps de tisser sa toile de fond.»

Au moment où il va ranger son carnet, la veille de son départ, un visiteur impromptu frappe à la porte du Collège canadien, *via* Quattro Fontane. Le camérier secret du pape, monseigneur Del Gado, a son visage des mauvais jours. Oh! comme le cardinal préférerait ne pas entendre ce qu'il a à lui dire: le Saint-Père souffre d'un cancer du pylore. Une hémorragie peut l'emporter à tout instant. Son médecin ne le quitte plus. Il était à deux pas de lui pendant la cérémonie de clôture à Saint-Pierre.

Le cardinal baisse la tête sans répondre. Les coudes appuyés sur la table, il se frotte les yeux tandis que monseigneur Del Gado poursuit sur un ton plein de reproches:

«Pendant ce temps, il y en a qui préparent le conclave.

— Seigneur! s'exclame le cardinal, protégez votre Église.»

Le cardinal Léger, chez le Saint-Père.

Références — Chapitre VII

1. *Visages du concile*, le magazine de Vatican II, Les Éditions du Centurion, Paris, 1er trimestre 1963, p. 17.
2. Laurentin, René, *Bilan du concile Vatican II*, Seuil, 1967, Paris, p. 15.
3. *La Presse*, 6 octobre 1962.
4. Laurentin, René, *op. cit.*, p. 17.
5. *La Presse*, 12 octobre 1962.
6. *Paris-Match*, 2 octobre 1962.
7. *Visages du concile, op. cit.*, p. 12.
8. En français: «Je demande la parole.»
9. *Visages du concile, op. cit.*, p. 23.
10. En français: «Tous ces ennuis pour ce damné Français.»
11. Laurentin, René, *op. cit.*, p. 41.
12. Fleckenstein, Karl-Heinz, *Pour l'Église de demain*: Conversation avec le cardinal Suenens, Nouvelle Cité, 1979, p. 46.
13. *La Presse*, 31 octobre 1962.
14. *La Presse*, 24 novembre 1962.
15. Le magazine *Maclean*, avril 1963.
16. Wenger, Antoine, *Vatican II: Chronique de la première session*, Les Éditions du Centurion, 1963, p. 72.
17. *Ibid.*, p. 79.
18. Le magazine *Maclean*, avril 1963.
19. Wenger, Antoine, *op. cit.*, pp. 147 à 163.
20. *Ibid.*, p. 167.
21. Fleckenstein, Karl-Heinz, *op. cit.*, p. 47.
22. Wenger, Antoine. *op. cit.*, p. 177.

Chapitre VIII
Le faux pas

La salle du Plateau est pleine à craquer. Treize cents militants de l'Action catholique sont venus entendre l'archevêque de Montréal raconter l'expérience extraordinaire qu'il a vécue à la première session du concile Vatican II.

L'accueil est chaleureux, ce 17 décembre 1962. Enthousiaste même. Le cardinal, en soutane noire sans ceinturon rouge, parle du concile pendant une heure. Ça lui fait chaud au coeur de voir ces jeunes gens et ces jeunes filles boire ses paroles. Oui, la vie de l'Église les intéresse.

L'archevêque parle simplement, avec franchise, de l'affrontement libre des grands courants d'opinion qui existe désormais dans l'Église. Depuis Vatican II, les échanges idéologiques ne se font plus seulement à l'ombre des séminaires ou dans les facultés universitaires de théologie. Les discussions sont publiques, à la face du monde. Même les journaux soviétiques l'ont constaté.

Plusieurs pères du concile, il l'avoue, ont été ébranlés au cours de cette première session; lui-même n'a pas toujours été heureux pendant ces quelques mois passés dans la Ville éternelle.

157

Ce qui le réjouit plus que tout, c'est le vent d'oecuménisme qui souffle sur l'Église. Les observateurs, surtout les non-catholiques, sont étonnés de voir que les pères sollicitent maintenant l'opinion du Secrétariat de l'unité qui, pendant les travaux préparatoires, avait été écarté. Aujourd'hui, on soumet chaque texte à sa réflexion et à celle des observateurs non catholiques avant de le rendre à l'assemblée conciliaire.

«En somme, conclut-il, l'atmosphère est plus propice qu'elle ne l'a jamais été. La marche de l'Église est irréversible aujourd'hui. Le concile ne se terminera pas. L'Église est devenue conciliaire. Les évêques du monde entier se réuniront à Rome souvent[1].»

Le cardinal a été mis au courant des rumeurs plus ou moins véridiques qui circulent ici au sujet des affrontements qui ont eu lieu dans l'*aula* conciliaire et même en coulisse. Il tient à rétablir les faits. Qui d'autre peut le faire? N'a-t-il pas été sur la ligne de feu?

«Ce n'est pas drôle d'être évêque, confie-t-il. Vous ne pouvez rien dire ni rien faire sans être l'objet des observations de tout le monde.»

Pour faire toute la lumière, il se plie volontiers au jeu des questions qui lui sont soumises.

«Les évêques ont-ils beaucoup de pain sur la planche d'ici à la reprise en septembre? demande un jeune homme.

— Tout est à refaire, dit-il à demi sérieux. Ce qui a été fait a été mal fait. Je l'avoue franchement, j'ai pris le pape à part et je lui ai dit que si on ne créait pas une commission avec des pouvoirs suffisants, nous n'arriverions à rien.»

L'archevêque explique que tout doit être réexaminé à la loupe. Certains textes, comme celui sur la liturgie, sont excellents mais combien il a fallu se battre.

«J'ai dû lutter pour affirmer la nécessité de la communion sous les deux espèces à l'occasion de la cérémonie nuptiale. Ne serait-ce pas beau de voir les époux non seulement manger le corps du Christ mais boire aussi son sang? Eh bien! savez-vous ce qu'un père conciliaire m'a objecté? Il s'est levé et a dit: «Et le rouge à lèvres?»

Enclin aux confidences, le cardinal continue: «Vous me connaissez? Ça fait douze ans que je suis votre cardinal. Et ici, je m'adresse surtout aux prêtres. Je suis vif sinon impulsif. Quand je saisis une idée, je veux la mettre en pratique tout de suite. J'ai presque toujours raison, mais il arrive que je heurte des personnes. Je vous l'avoue, ce n'est pas du tout le style du concile. Je ne pouvais tout de même pas embrigader deux mille évêques et dire: on part.»

Un autre sujet préoccupe l'auditoire: la santé du pape.

«Qu'en est-il exactement? demande quelqu'un.

— Le pape souffre incontestablement d'un mal qui l'accompagnera jusqu'à ses derniers jours», répond-il tout bonnement[2].

* * * * * * *

Le cardinal a les yeux rivés sur le *Montreal Star* du jeudi 20 décembre. Il en a le souffle coupé. La dépêche de l'agence Reuters, datée de Milan, rapporte en les déformant ses propos du lundi précédent, au Plateau.

> Le cardinal a affirmé qu'il semble que même les médecins du Vatican ont convenu de dire qu'ils ignoraient le nom de la maladie de Jean XXIII, tout probablement à la propre demande du pape. Il a ajouté: «Nous prierons pour qu'il vive jusqu'à la fin de 1963.»

Le *Star* cite aussi *La Stampa* de Turin, qui écrit que la déclaration du cardinal Léger «a créé une mauvaise impression au Vatican. Le cardinal a pratiquement donné au pape une seule année à vivre.»

La gorge nouée, l'archevêque poursuit sa lecture:

> Dans les milieux officiels, on est d'avis que le cardinal canadien a «manqué de réserve» et que cela va à l'encontre du respect et de l'austérité d'expression nécessaire à tout ce qui touche le pape.

159

Dans la pièce d'à côté, monseigneur Lafortune répond aux appels des journalistes qui réclament des commentaires.

«Écoutez, répète-t-il pour la énième fois, je regrette l'interprétation que certaines personnes ont donné aux propos du cardinal au sujet de l'état de santé du pape. Il a voulu donner une réponse évasive pour éviter de fournir des précisions. Dire que le pape souffre d'un mal qui l'accompagnera jusqu'à ses derniers jours, c'est formuler une vérité de sens commun: chez une personne dont l'âge est aussi avancé, toute maladie devient une hypothèque qu'il traîne toute sa vie.»

Les reporters l'interrogent aussi sur cette autre déclaration du cardinal à propos du concile. Qu'entend-il exactement par «tout est à refaire»?

«Mais, reprend patiemment monseigneur Lafortune, le cardinal a tout simplement répété ce que d'autres, notamment le cardinal Montini, ont dit: tous les schémas qui n'ont pas été étudiés devront être refaits d'ici à l'ouverture de la prochaine session[3].»

Rien à faire, l'histoire malencontreuse continue de créer de l'émoi. En France, *La Croix* rapporte, elle aussi, les propos du cardinal qui, selon le quotidien, a trouvé les délibérations trop lentes: «On ne m'a pas écouté, aurait dit l'archevêque de Montréal. Je parlais dans le désert. J'ai soumis de nombreuses propositions audacieuses mais j'ignore si elles seront approuvées.»

Au Québec aussi, les journaux sont atterrés, sauf peut-être *La Presse*, dont le correspondant Marcel Adam ne se dit nullement scandalisé par les propos du cardinal. Au contraire, il pense que celui-ci avait bien raison, ce soir-là, de dire que ce n'est pas drôle d'être évêque: «Vous ne pouvez rien dire et rien faire sans être l'objet des observations de tout le monde!» Dans sa chronique, il écrit: «Le lendemain même, quelques-unes de ses observations faisaient le tour de la terre et créaient tout un émoi dans certains milieux.»

Pendant ce temps, le cardinal s'empresse d'envoyer un câble au Saint-Père pour lui dire combien il regrette d'avoir été mal interprété.

Cet incident l'afflige. L'année s'achève sur ce malaise. La

160

Le cardinal Léger, dans sa chambre à coucher, à l'archevêché de Montréal, rue de la Cathédrale.

fatigue accumulée depuis des mois se manifeste. Il a du mal à dormir et paraît à ce point défait que ses collaborateurs mandent le médecin:

«Fatigue du coeur», déclare le docteur Morissette après l'examen.

* * * * * * *

Assis dans son lit, le cardinal ne réagit pas.

«Vous avez besoin de repos, insiste le médecin. Gardez la chambre jusqu'à votre entrée à l'hôpital. Je vais vous faire subir un électrocardiogramme.»

En quittant la chambre, le docteur Morissette glisse à l'oreille du secrétaire de l'archevêque: «Annulez ses rendez-vous. Toute activité lui est interdite.»

Le cardinal allume la lampe de chevet, fixée à côté du grand crucifix de bois. Il prend un livre sur sa table, il l'ouvre. Il lit une phrase, une autre. Il recommence. C'est peine perdue. Il n'arrive pas à être attentif à ce qu'il lit. Le coeur n'y est pas. Il referme le livre.

Sensible à l'extrême, il a cherché à fuir la douleur dans la lecture. Mais ses pensées sont à Rome, dans la chambre mal éclairée du Saint-Père, qui lui en veut peut-être en ce moment même. Il ravale ses larmes. Il aimerait tant chasser de son esprit le visage blême du pape dont les yeux cernés disent la souffrance; il n'y arrive pas. Il se sent las. Épuisé. Puis c'est la crise: son coeur flanche.

Depuis son retour d'Europe, le 11 décembre, l'archevêque est à bout de forces. Lui qui récupère vite, il n'est pas arrivé à remonter la côte. Bien au contraire. La veille du jour de l'an, il souffrait atrocement; il a eu du mal à terminer la récitation du chapelet. Le froid ou quelque imprudence avait provoqué une crise de sciatique, assez vive pour que l'injection qui lui fut administrée ne le soulage pas. De peine et de misère, il s'est traîné jusqu'à l'église Notre-Dame et il y a malgré tout célébré la messe.

162

Malgré ses efforts pour masquer sa fatigue, ses diocésains ont constaté qu'il était mal en point. Ceux qui sont venus à l'archevêché pour lui offrir leurs voeux ont remarqué combien il paraissait amaigri.

Personne ne s'étonne donc de le voir prendre le chemin de l'hôpital en ce début de l'année 1963. Pendant que monsieur Plouffe, son fidèle chauffeur, le conduit à l'Hôtel-Dieu, le chancelier Pierre Lafortune rédige un communiqué qui se veut rassurant mais qui ne réussit qu'à accroître l'inquiétude tant chez les prêtres que chez les fidèles.

> À la suite de travaux ininterrompus depuis plusieurs mois et qui ont provoqué chez lui une fatigue du coeur, son Éminence le cardinal-archevêque de Montréal devra cesser pour quelque temps toute activité extérieure.

Chaque matin, le docteur Morissette rend visite à son patient à sa chambre d'hôpital. Pas facile à soigner, ce cardinal! Mais le médecin lui est très attaché. Avant lui, il a soigné sa vieille mère, veillant sur elle jusqu'aux dernières heures de sa vie. Puis il a tâché de réconforter monsieur Léger qui devait succomber peu après.

Il suit le cardinal depuis bientôt huit ans. Il lui faut une bonne dose de patience, de perspicacité et d'intuition pour démêler le vrai du faux lorsque son patient lui raconte ce qui ne va pas. Non pas que l'archevêque mente, mais il omet certains détails, banalise les avertissements que son corps lui signifie. Surtout, il refuse carrément de se reposer.

Le docteur Morissette s'inquiète déjà depuis un certain temps. Tous ces aller-retour entre Montréal et Rome ne lui disent rien qui vaille. Cette année, il a traversé l'Atlantique douze fois. Le 26 avril précédent, il lui a écrit à l'occasion de son anniversaire de naissance. Mais le ton blagueur des reproches qu'il s'est permis n'a eu aucun effet.

> Éminence, vous manquez d'originalité à un seul point de vue, l'art de la détente. Moi, j'en manque à plusieurs points de vue, surtout celui d'imaginer des expressions qui pourraient avoir une valeur coercitive pour vous en recommander[4].

Aujourd'hui, à l'Hôtel-Dieu, dans la chambre des évêques, le docteur Morissette a l'oeil sévère.

«Éminence, lui dit-il en le regardant droit dans les yeux, vous souffrez d'une insuffisance coronarienne. Il s'agit d'un blocage de la circulation dans l'artère qui irrigue le muscle cardiaque.

— C'est grave?

— C'est-à-dire que le durcissement des artères nourricières du coeur provoque, selon le stade qu'il atteint, l'angine, la thrombose ou l'infarctus du myocarde. Dans votre cas, ce n'est pas grave. Cependant, pour éviter que cette insuffisance ne s'accentue, vous devrez vous montrer prudent. L'électrocardiogramme est clair: vous souffrez d'un ralentissement des pulsations, ce qui indique une extrême fatigue.»

Âgé de cinquante-huit ans, le cardinal n'a d'autres choix que de se plier aux exigences de ses médecins. La lettre qu'il vient de recevoir de son frère Jules. qui est en poste à Rome, l'a aussi ébranlé:

> L'avertissement a dû être sévère pour que le médecin t'interdise toute activité. Plus qu'en frère, c'est en malade que je te comprends. J'ai été secoué jusqu'au tréfonds de mon être. il y a deux ans et demi.

Paul-Émile Léger s'en souvient. C'était en août 1960. Son frère cadet avait été victime d'un infarctus du myocarde. Le lendemain, le cardinal avait téléphoné pour prendre de ses nouvelles. On tenta de le rassurer: dans les circonstances, le malade se portait assez bien. Les calmants qu'on lui avait administrés le laissaient dans un état de torpeur. Les jours suivants, il put lire mais il se fatiguait vite.

Jules écrit encore:

> Je sais que je ne serai plus jamais le même homme. Il ne se passe pas une heure du jour où je ne me sente pris dans un étau.

Le cardinal lui répond:

> Me voilà à l'hôpital... Au retour, j'ai dû régler beaucoup de problèmes, et surtout l'histoire du reportage d'*Il Tempo* du 19 décembre m'a énormément ennuyé. Aujourd'hui, tout semble être entré dans l'ordre...

C'est son ami monseigneur Del Acqua qui lui a appris, dans une lettre que le journal italien de droite avait ébruité l'affaire concernant l'état de santé du pape. Le cardinal Liénart lui a envoyé un mot de Lille pour lui dire de rester tranquille. Le cardinal Frings lui a recommandé de ne pas s'occuper de ces racontars, tandis que le cardinal Feltin lui a écrit: «S'il fallait que je m'occupe de ces choses-là, je n'arrêterais jamais.» Enfin, il a reçu une très belle missive du cardinal Montini, qui lui réaffirme sa profonde amitié. Tous ces témoignages le touchent profondément.

Le cardinal se sent rassuré. D'ailleurs, l'*Osservatore romano* du 2 janvier, le jour même où son coeur a sonné l'alarme, consacrait un long et fort sympatique article aux déclarations qui lui ont été attribuées:

> Il n'est pas aisé de comprendre comment le sens de ses paroles a pu être altéré... C'est probablement en isolant de leur contexte les propos du cardinal qu'on leur a donné une signification non seulement différente mais même opposée à celle qu'ils avaient effectivement.

Après un séjour de sept jours, l'archevêque quitte l'hôpital. Il se repose au palais cardinalice pendant une dizaine de jours avant de reprendre le collier. Mais il lui tarde de revoir le Saint-Père pour lui dire de vive voix son chagrin.

* * * * * * *

À peine descendu d'avion, le 18 février, le cardinal Léger court au Vatican pour solliciter une audience «le plus vite possible». Elle aura lieu le 22.

En attendant, il enquête sur les réactions des Romains à cette triste affaire qui le hante toujours autant qu'aux derniers jours de décembre. Elles ont été bonnes et... mauvaises.

La radio vaticane s'est montrée sarcastique: «Au temps de Pie XII, les fuites venaient d'une moniale, *La Madre*. Avec Jean XXIII, elles viennent d'un prince de l'Église!» Le cardinal est outré. D'accord, il admet que ses commentaires n'ont pas été très diplomatiques mais de là à dire...

«Rassurez-vous, Éminence, lui dit le père de Luca qui lui relate le fait, les gens sérieux ne se sont pas laissés berner.»

Le cardinal Bea n'a pas accordé la moindre importance à cette affaire. «Je me suis trouvé si souvent dans de telles circonstances...», déclare-t-il en agitant la main comme pour chasser des moustiques.

Le matin de l'audience, avant l'heure fatidique, le cardinal fait un saut chez monseigneur Del Acqua. Ce dernier admet que la presse de droite a tout fait pour exploiter l'affaire de façon à lui nuire. Ses articles furent incisifs.

«Mais dès le lendemain, continue monseigneur Del Acqua en arpentant la pièce, le cardinal Montini a fait paraître un démenti dans un journal de Milan. Voilà les grandes heures de l'amitié!»

L'évêque s'arrête devant son invité et affirme que même la curie romaine n'a pas cru un mot de tous ces ragots.

«Allez! ajoute-t-il en posant la main sur son épaule, le Saint-Père vous attend. Sa confiance en vous n'a pas été ébranlée un seul instant.»

Les deux hommes font quelques pas vers la sortie. Monseigneur Del Acqua hésite puis insinue: «Au fond, l'incident a peut-être tourné à votre avantage: on a compris qu'il est inutile d'essayer de vous attaquer auprès du pape.»

*   *   *   *   *   *   *

Dans l'antichambre des appartements du pape, le cardinal Léger marche de long en large.

«Puisque je vous le dis, insiste monseigneur Loris Capovilla, le secrétaire particulier de Jean XXIII, l'affaire des journaux n'a nullement modifié les sentiments du Saint-Père à votre égard. Il me l'a dit lui-même. *On ne reconnaît pas le cardinal Léger dans ces cancans.*»

11 heures. Le moment tant attendu approche. La lourde porte capitonnée de la bibliothèque s'ouvre. Le cardinal est presque réconcilié avec la vie grâce aux nombreux témoignages qu'il a récoltés depuis son arrivée à Rome. Il l'est tout à fait lorsque le pape lui ouvre les bras et le presse sur son coeur.

166

«Très Saint-Père, dit-il d'une voix brisée par l'émotion, j'ai offert ma vie pour que le Seigneur vous garde à son Église.»

Le pape paraît ému. Il lui serre la main tandis que ses yeux se remplissent de larmes. Malgré l'émotion qui se lit sur son visage, le cardinal lui trouve meilleure mine. Il se demande si, comme pour le centurion de l'Évangile, il y a eu simultanéité entre sa prière et le retour à la santé du pape.

Mais déjà, le Saint-Père ajoute: «J'ai eu la crainte que vous ayez passé dans l'autre camp. Mais je ne l'ai pas vraiment cru.»

Puis il se ressaisit, comme s'il voulait dissiper ce trop-plein d'émotions: «Et vous, comment va votre santé?»

Jean XXIII n'ignore pas que l'archevêque de Montréal a été victime d'une défaillance cardiaque: «Soyez prudent. J'insiste pour que vous demandiez un nouvel auxiliaire. Votre diocèse est grand et vos responsabilités sont lourdes.

— Montréal est une ville qui a grandi rapidement, très Saint-Père. Cent quatre-vingt-dix paroisses canadiennes-françaises, vingt-six anglaises, cinq italiennes, quatre polonaises, deux lithuaniennes, une allemande, une slovène, une chinoise et une japonaise. Certaines de ces paroisses n'ont plus qu'une pratique de cinquante pour cent.»

L'archevêque vient tout juste de recevoir les résultats préliminaires d'un recensement qu'il a commandé sur la pratique religieuse. Soixante-cinq pour cent des personnes qui ont répondu au questionnaire vont à la messe le dimanche, trente-trois pour cent communient, les moyennes étant plus élevées chez les jeunes et les vieux que chez les personnes d'âge moyen. C'est l'abbé Norbert Lacoste, professeur à la faculté des sciences sociales de l'Université de Montréal, qui a dirigé l'enquête avec ses collègues. Neuf cent mille questionnaires ont été distribués dans toutes les paroisses, le dimanche 19 novembre 1961.

«Le taux est extrêmement bas, reprend l'archevêque. Montréal est une ville traditionnellement catholique. Évidemment, ce taux correspond à la moyenne nord-américaine et je sais qu'en Europe occidentale, il s'échelonne de quinze à vingt-cinq pour cent[5].»

Manipulant sa croix pectorale de sa main droite, le pape lui touche de nouveau le bras et dit:

«Je sais qu'à Montréal, vous avez créé un hôpital pour malades chroniques qui porte le nom d'un de mes saints préférés: Charles Borromée. Vous connaissez peut-être les livres que j'ai écrits sur la vie apostolique de ce grand homme.»

Jean XXIII se lève et désigne une série de volumes sur un rayon de la bibliothèque: «Je vous offre la collection.»

Le visage du cardinal s'illumine. De gratitude. Et d'aise. Toute tension tombe. Rassuré dans son amitié pour le Saint-Père, réchauffé par les bonnes paroles qu'il a pour une oeuvre qui est sa fierté, il se laisse aller aux confidences...

* * * * * * *

L'histoire de l'hôpital Saint-Charles-Borromée relève presque du cinéma. Tout commence en décembre 1955. Le cardinal lit son bréviaire sur la banquette arrière de sa voiture, conduite par le fidèle Antonio. Mais il a du mal à se concentrer. Ses pensées restent fixées sur ce qu'il vient de voir à l'asile Saint-Benoît, où sont parqués, entassés, les anciens prisonniers devenus séniles et les pensionnaires trop âgés pour demeurer à Saint-Jean-de-Dieu.

Il a aperçu une centaine de vieillards par la porte entrouverte d'une salle commune et a voulu entrer. Le frère hospitalier qui dirigeait la visite a tenté de le dissuader.

«C'est inutile, Éminence, ces hommes ont perdu la mémoire et n'ont plus leurs sens. Vous perdriez votre temps.

— S'ils sont dans cet état, ils méritent une bénédiction!»

Le cardinal est donc entré dans la pièce au maigre éclairage fluorescent. Quel spectacle pitoyable! Des hommes en fauteuil roulant, avec le corps déformé, la bouche ouverte qui laissait couler la salive. D'autres qui tremblaient et qui s'agitaient constamment sur leurs chaises. D'autres immobiles, absents. En voyant le mystérieux visiteur qui portait la calotte et le ceinturon rouge, les vieillards se sont redressés, ont fixé les yeux sur sa croix pectorale, puis ceux qui le pouvaient se sont jetés à genoux.

Après les avoir bénis, le cardinal a dit à son hôte: «Vous voyez, frère, le subconscient de ces hommes n'est pas exploité comme il le devrait.

— Vous avez raison, Éminence, mais ils sont si nombreux, nous ne suffisons pas à la tâche. Et les locaux sont tellement exigus.

— Y a-t-il une liste d'attente, s'est enquis le cardinal?

— Hélas! oui, et elle est longue. Faute de place, de nombreux malades sont abandonnés au coeur même de la ville.»

Que faire? se demande le cardinal tandis que sa voiture file sur le boulevard Dorchester.

«Ralentissez, Tonio, ordonne-t-il en apercevant le panneau À VENDRE affiché sur l'ancien Hôpital Général de Montréal, au coin de la rue Saint-Laurent. L'édifice est abandonné depuis que l'hôpital anglophone a déménagé ses pénates sur la montagne.

Lorsqu'il voit son patron entrer en trombe dans le bureau, l'économe de l'archevêché, le chanoine Laurent Cadieux sait tout de suite qu'il mijote un plan «pas très catholique». L'archevêque a tôt fait de le mettre dans le secret: il s'agit de transformer l'édifice délabré en centre hospitalier pour les malades chroniques de sexe masculin.

Le chanoine Cadieux donne quelques coups de fil pour connaître les conditions de vente. Les administrateurs de l'ancien hôpital l'informent que la Ville de Montréal a évalué à deux millions de dollars l'immeuble ainsi que la résidence des infirmières qui lui fait face. Ils se montrent intéressés au projet du cardinal, qui permettrait à ces immeubles construits avec les deniers publics de poursuivre leur vocation. Mais il y a un hic: un entrepreneur immobilier a signé une offre d'achat pour la résidence des infirmières et l'offre a été acceptée. L'homme d'affaires a l'intention de transformer la bâtisse en bureaux et en petits appartements.

Le cardinal ne va tout de même pas s'avouer vaincu. Même au risque de passer pour superstitieux, il sort de l'archevêché, après le chapelet de dix-neuf heures, alors qu'il fait déjà nuit. En compagnie de son secrétaire l'abbé Jean-Claude Pépin, il marche jusqu'à l'édifice convoité et... il sème des médailles miraculeuses tout autour du quadrilatère[5]. L'archevêque a expérimenté avec succès cette pratique «douteuse», quelques années plus tôt, lorsqu'il a fait insérer une de ces médailles dans la serrure du célèbre *Gaiety* dans l'espoir de débarrasser la ville de l'effeuilleuse Lili Saint-Cyr. Il récidivait donc en ce doux soir de décembre.

Le lendemain, les administrateurs de l'hôpital lui téléphonent pour l'aviser qu'ils sont prêts à annuler la vente de la résidence à l'entrepreneur même s'il a déjà versé vingt-cinq mille dollars d'acompte, et ils lui offrent les deux immeubles pour la somme d'un million et demi de dollars au lieu des deux millions six cent mille dollars qu'ils espéraient obtenir.

Le cardinal accepte et signe le chèque. Il ne l'avoue pas mais il a affreusement peur. La somme est exorbitante; pour éviter de mettre son archidiocèse dans l'embarras si les choses ne tournent pas rond, il a décidé de contracter personnellement cette dette.

«Dans quelle affaire t'es-tu embarqué?» lui a dit sa mère, découragée[6].

«Où allez-vous prendre ce million cinq cent mille?» demande l'économe qui trouve que la décision, aussi louable qu'elle soit, ne respecte pas les règles élémentaires de l'administration.

Décrochant le combiné, l'archevêque téléphone sur le champ à son gérant de banque.

«J'ai signé un chèque d'un million cinq cent mille dollars et je n'ai pas un sou. Allez-vous l'honorer?

— Naturellement!» répond le gérant.

À trois jours de Noël, *La Presse* titre: «LA PLUS CONSIDÉRABLE TRANSACTION DE L'ANNÉE» et expose le projet humanitaire du cardinal qui, pendant ce temps, ne dort plus. Comment va-t-il s'y prendre pour rembourser sa dette?

Pourtant, conscient de son prestige auprès des Montréalais, il sait qu'au nom de ses oeuvres, il peut tout se permettre. Le succès du Foyer de Charité, bâti dans l'est de la Métropole grâce à la générosité de ses diocésains, en est le preuve. À son appel, ils sont accourus avec leurs outils, ils ont délié les cordons de leur bourse. Le chanoine Cadieux en sait quelque chose, lui qui, jeune séminariste, a posé de la laine minérale entre les murs. Avec le nouveau projet du cardinal, il se sent enlisé jusqu'au cou mais il fait confiance à son ingéniosité.

Ensemble, ils élaborent un plan. D'abord, il faut mettre les Montréalais dans le coup. Lors d'une conférence de presse convoquée le lendemain de Noël, l'archevêque annonce que le nouvel hôpital va accueillir six cents malades, surtout des vieillards, des invalides, des cancéreux. «Cette maison s'appellera Saint-Charles-Borromée en l'honneur du premier patron des frères hospitaliers de saint Jean de Dieu, qui dirigeront l'oeuvre. Charles Borromée était archevêque de Milan et a fondé des oeuvres semblables. Il a déployé un zèle exemplaire pour venir en aide aux malades lors de la peste de 1576. Ce terrible fléau est demeuré dans l'histoire sous le nom de *peste de saint Charles*.»

L'archevêque annonce ensuite que l'immeuble que l'on appelait le pavillon des gardes-malades sera confié aux soeurs du Bon-Conseil. Elles vont y diriger un centre social pour jeunes filles en plus d'abriter «l'oeuvre des gares» et «l'accueil aux immigrants».

«L'hôpital est meublé, ajoute-t-il. Les anciens propriétaires ont laissé les lits, les commodes, les tables et les chaises. Nous commençons dès aujourd'hui le grand ménage.»

Le mot magique est lancé. Pour aider les frères hospitaliers, qui ont sorti les balais, les vadrouilles et les torchons, l'archevêque invite les groupes de travailleurs à donner une journée, comme ils l'ont fait pour le Foyer de Charité. Il faut d'abord laver les murs et les plafonds de cet édifice de dix étages, secouer les sept cents matelas empilés les uns par-dessus les autres, et repeindre. Les offres de service viennent des quatre coins de la ville.

En visitant pour la première fois son hôpital, la veille du jour de l'an 1956, le cardinal n'a pu s'empêcher de dire: «Décidément, j'ai fait une bonne affaire!» Le lendemain, lorsque le maire Drapeau se présente à l'archevêché pour lui offrir ses voeux, il lui déclare, l'oeil moqueur:

«Vous allez maintenant me compter parmi les gros propriétaires de la ville. J'ai bien hâte de voir mon compte de taxes!»

Blancs de poussière, les pompiers de Montréal enlèvent le plâtre qu'il faut remplacer. Des plombiers professionnels de Lachine réparent la tuyauterie. Des électriciens, des maçons, des peintres se présentent. Après le bureau, de jeunes secrétaires avalent à la hâte un sandwich et se rendent à l'hôpital pour aider[7]. Même les motards de la Métropole viennent mettre l'épaule à la roue. Un soir deux bandes rivales font la trève et nettoient ensemble les corridors. Cette collaboration originale a bien failli finir par un combat à coups de vadrouilles mouillées. Mais, pour une fois, les ennemis rient aux larmes.

Avant la fin du mois de janvier, Saint-Charles-Borromée accueille son premier pensionnaire. Parti de bon matin, le cardinal Léger s'est rendu à l'hôpital Maisonneuve de Rosemont pour aller chercher en ambulance un septuagénaire, Achille Saint-Cyr, amputé d'une jambe. Quelques semaines plus tôt, il a confié à l'archevêque: «Je dois partir d'ici mais je ne sais pas où aller.»

Quelques minutes après l'arrivée de monsieur Saint-Cyr, son voisin de chambre le rejoint. C'est un octogénaire accidenté, John Johnson.

Le cardinal aide une trentaine de malades à s'installer dans leurs lits tout blancs ou à s'asseoir dans l'un des douze fauteuils roulants offerts par les pompiers de Montréal.

À la fin de mars, le centre du Bon-Conseil, destiné aux jeunes filles, ouvre ses portes.

Le 1er octobre 1956, branle-bas général au huitième étage de l'hôpital Saint-Charles: les projecteurs de la télévision et les micros de la radio sont braqués sur le cardinal Léger, qui lance sa «grande corvée». Il s'est bien préparé à cette rencontre.

Depuis un an, Paul-Émile Léger se répète qu'en achetant l'ancien hôpital il a fait un acte de foi. Mais que de nuits blanches il a passées à se creuser les méninges pour trouver l'argent. Même les banques les plus généreuses ont des comptes à rendre. De plus, il a toujours besoin de «bras». L'hiver approche à grands pas et il faut terminer les travaux: installer trois ascenseurs, équiper des salles de radiographie, de physiothérapie, d'opération. On a également besoin de quinze infirmiers pour seconder les huit religieux qui s'occupent déjà de deux cent cinquante malades. Voilà ce qu'il a à dire à la presse qu'il a convoquée sur les lieux mêmes.

«Depuis cinq ans, dix-huit mille travailleurs ont répondu à mes appels. Ici même, il y a déjà quatre cent mille heures de travail bénévole qui ont été fournies. Mais il en faut encore deux cent cinquante mille pour pouvoir accueillir les six cents malades que l'hôpital pourrait héberger. J'ai besoin de vingt-cinq mille volontaires, de toutes les classes de la société, de tous les métiers, de toutes les nationalités[8].»

Le cardinal voit loin. Il veut construire un hôpital semblable pour les femmes. Bâtir aussi un nouvel édifice pour abriter les cent cinquante jeunes garçons des Buissonnets.

Comme si la tâche n'était pas déjà énorme, il ajoute, confiant:

«Et s'il reste encore des bras disponibles, nous irons au Foyer de Charité, où il faudra construire un pavillon à l'épreuve du feu pour loger les douze cents malades qui en ont fait la demande.»

Pendant que le cardinal lance son appel, les présidents de cette croisade de charité s'adressent plus particulièrement aux hommes d'affaires, à qui ils recommandent de donner en argent l'équivalent du nombre d'heures qu'ils seraient disposés à offrir pour venir en aide aux six oeuvres dont le cardinal est le protecteur. Pour stimuler la générosité, les deux présidents, Jean-Louis Lévesque et H. J. O'Connell, ont offert vingt-cinq mille dollars chacun, soit l'équivalent de vingt mille heures de travail bénévole.

Le coordonnateur des corvées, Marc Carrière, qui conseille le cardinal depuis le début de l'aventure, annonce que deux mille cinq cents volontaires ont déjà offert leurs services en téléphonant à Bélair 1041.

Mais le cardinal n'a pas dit son dernier mot. «Je reviendrai, promet-il, pour lancer un nouvel appel afin de venir en aide aux épileptiques, aux aveugles, aux alcooliques...[9]»

Quels beaux souvenirs! On a appelé cette histoire «le miracle du boulevard Dorchester». Le jour de la bénédiction officielle, le 4 novembre 1956, la température était extraordinairement belle. À l'arrivée du cardinal, la fanfare du régiment des Fusiliers Mont-Royal jouait.

«C'est un miracle de générosité collective et individuelle», a déclaré le représentant du gouvernement, Paul Dozois, ministre des Affaires municipales.

C'est le maire Drapeau qui a coupé le traditionnel ruban. Il a d'ailleurs promis d'user de son influence auprès de l'administration municipale pour que celle-ci verse une somme de vingt-cinq mille dollars dans le cadre de la souscription dont l'objectif est de cinq millions.

Après avoir passé en revue les troupes du colonel Sarto Marchand, l'archevêque de Montréal a béni l'hôpital. Il s'est ensuite adressé à la foule, qui lui réservait une ovation monstre.

«Je remercie le bon peuple qui a voulu m'attribuer le mérite de cette oeuvre, mais je tiens à déclarer aujourd'hui que cette maison n'est pas à moi. Elle appartient aux pauvres.»

Les dignitaires eurent du mal à quitter les lieux. Dehors, la foule massée sur le boulevard bloquait la circulation, qui n'est revenue à la normale que deux heures plus tard.

*   *   *   *   *   *   *

Pour la première fois, lors d'une audience avec Jean XXIII, ce n'est pas le pape qui parle le plus mais son invité. Le cardinal Léger raconte l'histoire de son hôpital avec enthousiasme: «*La grande corvée* a été un véritable succès. Les Montréalais ont donné quatre millions cinq cent mille dollars.»

Avec le sourire, il explique au Saint-Père que, depuis une dizaine d'années, il a pris bien des fois le marteau, la bêche, la foreuse électrique pour donner un coup de main à ses volontaires. Il lui est même arrivé d'être photographié au volant d'un tracteur. Pis, d'un bélier mécanique!

174

Le cardinal va partout où on l'invite lorsqu'il s'agit de recueillir de l'argent destiné aux pauvres. Ici, il est sur la glace du Forum en compagnie des joueurs de
hockey Maurice Richard et Jacques Plante.

Jean XXIII écoute le récit avec ravissement. Quelle bonne idée d'avoir confié son hôpital à saint Charles Borromée!

«Vous voyez, dit le pape, cet anneau de Notre-Dame de Lorette à mon doigt. Je le porte en signe de reconnaissance. Je le porterai jusqu'à la fin. Saint Charles n'a-t-il pas accompli son pèlerinage à Lorette pour obtenir sa guérison?»

En quittant le Saint-Père, le cardinal Léger se sent apaisé. Ses tourments prennent fin. Ce soir-là, dans son journal, il écrit: «Rome est redevenue pour moi la maison du Père. Une anticipation de la rencontre avec le Seigneur.»

Références — Chapitre VIII

1. *La Presse*, 18 décembre 1962.
2. *Ibid*.
3. *La Presse*, 22 décembre 1962.
4. Yvette Aubin: correspondance entre le docteur Morissette et le cardinal Léger.
5. Le magazine *Maclean*, décembre 1962.
6. Laurent Cadieux.
7. Lucette Boivin.
8. *La Presse*, 1 octobre 1956.
9. *Ibid*.

Le 3 juin 1963, Jean XXIII meurt. Devant son cercueil, le cardinal Léger est inconsolable. À ses côtés, son ami, monseigneur Del Acqua.

Chapitre IX
L'anneau du pêcheur

Jean XXIII se meurt. «Nous continuerons à nous aimer dans le ciel, je m'en vais!» articule-t-il avec peine avant de sombrer dans le coma.

À dix-neuf heures et quarante-neuf minutes, heure de Rome, le 3 juin 1963, le souverain pontife rend l'âme. Durant les quatre-vingt-douze heures de sa terrifiante agonie, les fidèles se sont relayés sous la pluie devant sa fenêtre sur la place Saint-Pierre. Le dimanche de la Pentecôte, à midi, alors que le tonnerre grondait, les pèlerins étaient là, espérant le voir apparaître comme d'habitude.

Depuis la fin de l'automne, le pape n'avait plus la vivacité d'autrefois. Son regard avait perdu l'éclat de malicieuse bonhomie qui le rendait si attachant. Le cancer du pylore faisait son chemin. Le malade, qui était inopérable, souffrait le martyre. Des hémorragies dues à une métastase à l'estomac l'affaiblissaient considérablement. Malgré la consigne du médecin, il essaya de se lever le dimanche précédant sa mort pour se rendre à sa fenêtre pour la bénédiction dominicale. L'effort provoqua une troisième hémorragie. Puis le cancer, qui gagnait tout l'estomac, causa une péritonite[1].

S'il connaissait la gravité de son état, il trouvait toujours les mots pour encourager son entourage. «Je me sens bien, répétait-il. Je ne souffre plus de l'estomac. J'ai maigri de vingt-cinq livres mais cela me va bien.» Il lui arrivait aussi d'être triste en pensant qu'il ne serait pas au rendez-vous conciliaire de l'automne 1963. «Je sais ce que j'ai, dit-il à un proche; et je sais aussi que je n'ai plus que trois ou quatre semaines à vivre.»

Même après l'annonce du décès du pape, la foule reste sur la place à regarder la fenêtre aux volets clos, au troisième étage. Dans la chambre papale, l'archiatre prononce la formule rituelle: «Sa Sainteté n'est plus.» Le cardinal camerlingue Aloisi Masella se penche sur le corps et, par trois fois, il appelle «Angelo». Puis il déclare le pape véritablement mort. Le cardinal Tisserant, doyen du Sacré Collège, brise l'anneau du pêcheur, et monseigneur Copello détruit le sceau des bulles.

La porte de bronze de la basilique Saint-Pierre est fermée à demi en signe de deuil suivant une vieille coutume romaine. Le drapeau de la garde suisse qui orne les armoiries du pape défunt est cravaté d'un crêpe noir. Sur tous les édifices du Vatican, le drapeau pontifical blanc et jaune est mis en berne[2].

*   *   *   *   *   *   *

Il fait très chaud à Montréal lorsque l'archevêque quitte le centre-ville pour se rendre à Dorval, où il doit monter à bord d'un appareil de la compagnie Alitalia. Toute la journée, le thermomètre a indiqué quatre-vingt-cinq degrés Farenheit.

Une fois installé dans l'avion, il s'éponge le front. Depuis l'annonce de la mort de Jean XXIII, il a en tête la parole prophétique du Saint-Père: «Je mourrai la nuit, j'ai trop de travail à faire le jour!»

Chez lui, l'humour était une manière habile de détourner l'attention de tout ce qui pouvait susciter le découragement. N'a-t-il pas répondu aux membres de la curie romaine qui affirmaient qu'il serait impossible de terminer les préparatifs d'un concile pour 1963: «Bon! nous le tiendrons en 1962»?

L'un de ses derniers actes officiels fut la création du diocèse de Hull avec monseigneur Paul-Émile Charbonneau comme premier évêque. Le cardinal Léger lui doit la nomination toute récente de son évêque auxiliaire, monseigneur Paul Grégoire.

En tout, Jean XXIII a donné au Canada un diocèse, un archevêque et treize évêques. Quelques semaines avant sa mort, il a adressé une lettre personnelle à l'épiscopat canadien pour le remercier d'avoir envoyé des prêtres en Amérique latine, comme il l'avait demandé.

L'Amérique latine, c'était l'épine à son pied. Avec cent quatre-vingt-cinq millions d'habitants dont cent soixante-sept millions de catholiques, ils formaient le tiers de toute l'Église et n'étaient desservis que par le dixième de ses effectifs sacerdotaux. La vie religieuse n'existait pratiquement pas. Et cette déchristianisation, il l'a souvent dit, favorisait la pénétration du communisme.

Le cardinal Léger laisse ses pensées l'entraîner jusqu'aux grands objectifs de Jean XXIII. Il est mort sans avoir complété un autre de ses plus grands défis: régler le sort des évêques dans les pays communistes. Il croyait pouvoir y arriver par le dialogue.

Au mois de mars 1963, le pape a reçu en audience la fille de Nikita Khrouchtchev. Elle était accompagnée de son mari, Alexei Adzhubei, rédacteur en chef des *Izvestia*. Pour la première fois de l'histoire, un pape s'entretenait avec les représentants officiels de la Russie communiste. Que de barrages on a mis sur sa route pour empêcher cette rencontre.

Lorsque le cardinal Léger se rendit à la Secrétairerie d'État à la fin de l'hiver pour demander à monseigneur Del Acqua de démêler le vrai du faux dans les rumeurs entourant la visite du gendre de Khrouchtchev, le secrétaire d'État éclata en sanglots et demanda: «Êtes-vous, vous aussi, l'un de ceux qui croient que la Secrétairerie d'État est devenue une officine du Kremlin.»

L'archevêque s'empressa de le rassurer. Il mettait toute sa confiance en Jean XXIII. Mais monseigneur Del Acqua avait besoin de s'épancher. «Si vous saviez, soupire-t-il, comme le Saint-Père se sent seul!»

En dépit des critiques, la rencontre eut lieu. Le Saint-Père offrit un chapelet de perles à la fille de Khrouchtchev, qui lui dit en le prenant: «Comme vos mains ressemblent à celles de mon père!» Le pape tenait à cette rencontre comme à plusieurs autres parce qu'il croyait au dialogue. Et l'urgence de la situation commandait une action rapide. Dans les pays de l'Est, les évêques mouraient les uns après les autres sans qu'il soit possible de les remplacer. L'attrait personnel du Saint-Père, sa chaleur humaine ont joué en sa faveur. L'archevêque Slypyz a été libéré des camps de concentration russes et les pourparlers sont en cours pour la libération de Josef Mindszenty, prélat hongrois que Pie XII avait fait cardinal en 1946. Au moment de mettre le pape en terre, on s'inquiète encore du sort du primat de Hongrie et des évêques de Tchécoslovaquie.

Le saint office lui reprochait aussi de se préoccuper davantage des problèmes de Bergame, son ancien diocèse, que de ceux de la curie. On n'alla pas jusqu'à parler de népotisme, mais on se plaisait à énumérer ses bienfaits: nouvelle église à Sotto il Monte, son village natal, nouveau séminaire diocésain... Or, lors des dernières élections italiennes — cela aussi on aimait le répéter —, Sotto il Monte avait donné cent vingt-cinq nouveaux votes communistes.

Jean XXIII, qui s'est toujours tenu à l'écart de la politique, a pleuré lorsqu'il a lu dans *Il Tempo* qu'il se faisait le fourrier des communistes: «Je ne veux pas que mon oeuvre soit interprétée dans ce sens[3].»

Non, il n'encourageait pas le communisme comme l'accusait la presse de droite. Mais dans son encyclique *Pacem in terris*, qui fut reçue comme un chef-d'oeuvre, il a clairement expliqué que, dans certaines circonstances, les catholiques peuvent collaborer avec les non-catholiques.

En cela, Jean XXIII a innové, et c'est ce que l'archevêque de Montréal a tenu à souligner à ses diocésains dans le message qu'il a rédigé sur la mort du pape avant de quitter Montréal pour assister aux funérailles:

> Jean XXIII a ouvert toutes les portes qui étaient fermées depuis si longtemps... Il aura montré aux hommes les chemins de la paix.

Le premier, il a reçu les chefs des églises séparées. Il a créé pour eux le Secrétariat pour l'unité des chrétiens. Après des siècles de querelles, des représentants protestants, orthodoxes, russes ont pris place côte à côte dans la basilique vaticane pendant la première session du concile. Et lorsque *Pacem in terris*, qui s'adressait aux hommes de bonne volonté, a été lu dans toutes les églises du monde, au matin du jeudi saint, les gouvernements l'ont salué comme «la charte de la paix».

L'avion survole maintenant le ciel d'Italie; le cardinal n'a pas fermé l'oeil. Il descend à l'aéroport Léonard-de-Vinci au moment même où atterrit l'avion de son collègue de Munich, le cardinal Julius Doefner. Les deux hommes se croisent en se rendant à leurs voitures. Ils ont tissé des liens d'amitié durant la première session du concile. Combien de fois l'archevêque de Montréal a-t-il frappé à la porte de son ami allemand, tôt le matin, pour prendre conseil. Le cardinal Doefner interrompait son petit déjeuner pour l'accueillir. En ce matin des funérailles, il paraît très affecté.

«Vous savez, lui confie le cardinal Léger, le Saint-Père devait me recevoir en audience le 3 juin. Et il est mort ce jour-là.»

Lorsqu'il aperçoit le visage éteint de Jean XXIII, dont le corps repose sous la coupole de la basilique Saint-Pierre de Rome, il éclate en sanglots, comme un enfant. *Paris-Match* capte son visage défait sur pellicule. Son ami monseigneur Del Acqua s'approche de lui alors que, seul devant le défunt, il enfouit son visage dans son mouchoir: «Vous voyez, il vous l'accorde, votre audience.»

Puis il arrive que les *sempietrini*, ces ouvriers du Vatican, lèvent le cercueil posé sur le catafalque et conduisent le pape Jean sur la place Saint-Pierre. Il semble s'envoler au ciel dans un char de feu, comme le prophète Élie.

*   *   *   *   *   *   *

Les *sempietrini* s'affairent autour des pièces où vivront les conclavistes jusqu'à l'élection du prochain pape. Ils murent les portes et aveuglent les fenêtres avec des panneaux de contre-plaqué recouverts d'une bonne couche de peinture.

Pendant ce temps, les rumeurs vont bon train. De tous les *papabili*, c'est le grand absent du dernier conclave, monseigneur Montini, qui suscite le plus d'intérêt. Il est le premier à qui Jean XXIII a offert la pourpre cardinalice. S'il ne devait pas être élu, l'honneur reviendrait sans doute au cardinal Lercaro de Bologne qui, au cours de la première session du concile, a recueilli des applaudissements nourris lorsqu'il a affirmé que l'Église catholique doit être avant tout l'Église des pauvres.

Le cardinal Montini s'est peu fait valoir au cours de cette session et certains le lui reprochent. Mais dans les milieux bien informés, on laisse entendre que c'est Jean XXIII qui l'aurait convaincu de s'effacer. Comme il sentait sa mort prochaine, il préférait que son dauphin ne brûle pas ses chances de lui succéder. Lorsqu'il l'a reçu à son chevet, le pape mourant a pris ses deux mains dans les siennes et a dit: «Je vous confie l'Église, je vous confie le concile et je vous confie la paix.» Immédiatement après le décès du pape, le cardinal Montini est rentré chez lui, à Milan, évitant ainsi de se mêler aux discussions concernant sa succession. Il vient à peine de regagner Rome pour entrer en conclave.

Les conservateurs voteront sans doute pour l'archevêque de Gênes, le cardinal Giuseppe Siri. Le cardinal Ottaviani aurait préféré que l'on retienne le nom du cardinal Ildebrande Antoniutti, qui fut longtemps délégué apostolique au Canada et dont on entendit beaucoup parler lors de la démission de monseigneur Charbonneau, mais ses chances sont bien minces.

Parmi les plus jeunes cardinaux, deux noms reviennent: Léon-Joseph Suenens, né en 1904, nommé cardinal en 1962, et Paul-Émile Léger, archevêque de Montréal, né la même année, revêtu de la pourpre en 1952.

Les agences de presse Reuter, U.P.I. et P.A. qui alimentent les journaux du monde entier, mentionnent souvent le nom de ce dernier. À Londres, l'*Evening Standard* affirme que lors d'un récent conseil des ministres de France, le général de Gaulle a déclaré qu'il appuierait volontiers le cardinal Léger comme successeur de Jean XXIII. C'est l'homme qu'il considère comme le plus digne candidat à la direction spirituelle de l'Église catholique.

Pour sa part, la revue *America* rapporte que le nom de l'archevêque de Montréal a été cité comme prochain pape dans les hautes sphères du monde ecclésiastique.

Mais en vérité, personne n'y croit vraiment, surtout pas l'intéressé. Le prochain pape sera italien, comme ses prédécesseurs.

Les quatre-vingt-deux baldaquins de laine pourpre ont été sortis de la naphtaline et placés dans la chapelle Sixtine au-dessus de chaque trône cardinalice. Les conclavistes s'enferment le

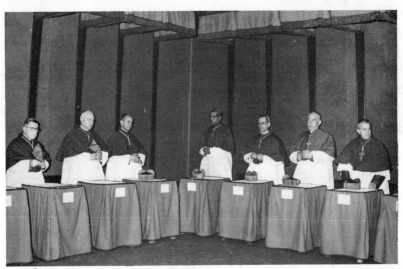

Le 19 juin 1963, les cardinaux s'enferment dans la chapelle sixtine où ont été placés les trônes cardinalices. Ils doivent élire le successeur de Jean XXIII.

19 juin. Il n'a pas été facile de trouver une place pour chacun tant ils sont nombreux.

Le premier soir, le cardinal Léger a dîné en face du cardinal Ottaviani. Depuis ses heurts avec le chef de l'aile conservatrice, il n'a pas été invité à sa table. Le cardinal Ottaviani, qui n'apprécie pas ses interventions progressistes, a mis fin à ses invitations, qui étaient fréquentes au cours des années cinquante. Mais pendant ce premier repas, l'archevêque de Montréal s'entretient surtout avec son voisin de table, le cardinal Montini.

À l'aube du 21 juin, il quitte la cellule cinquante-huit sous les combles pour se rendre à la chapelle Mathilde, où il célèbre la messe. Son secrétaire, l'abbé Jacques Jobin prie pour que le cardinal Montini soit élu et porte le nom de Paul. Puis les deux hommes marchent un bon demi-mille dans le somptueux palais décoré de chefs-d'oeuvre de la Renaissance pour se rendre à la chapelle Sixtine, où ils se séparent. L'archevêque de Montréal prend sa place à l'arrière, à deux stalles du cardinal Montini, et juste à côté du cardinal Urbani.

Déjà, à deux reprises, et après dix scrutins, la fumée noire s'est élevée dans le ciel. Tout à coup, à onze heures et vingt-trois minutes, un mince filet blanc s'échappe de la cheminée de la Sixtine.

«*Bianco! bianco!*» crie la foule.

Le père Émile Legault arrive sur la place Saint-Pierre au moment où le cri de la foule déchire l'air. Il a pris son temps, ce matin, convaincu que le conclave serait long. Voyant maintenant que le moment historique est arrivé en dépit de ses prédictions, il se hâte vers l'enclos réservé à Radio-Canada sur la *piazza* où la nervosité est à son comble[4].

Il lui faut néanmoins attendre trois quarts d'heure avant que ne s'ouvre la porte de la loggia centrale de la basilique. Le cardinal diacre Ottaviani s'avance alors et crie en latin dans les puissants microphones: «Nous avons un pape!»

(Les mauvaises langues jurent que le cardinal conservateur, qui s'oppose farouchement à l'élection de celui que ses confères viennent de choisir, a plutôt dit: «Vous avez un pape.»)

Souriant, le cardinal Ottaviani poursuit dans un tonnerre d'applaudissements: «L'Éminentissime et Révérendissime Giovanni Battista...»

Il n'a pas le temps d'achever car la foule crie spontanément: «Montini!»

Le nouveau pape, le deux cent soixante-deuxième, s'avance et donne sa bénédiction *urbi et orbi*. Il s'appellera Paul VI.

Au moment du repas, le doyen Tisserant fait préparer un trône et une table spéciale pour le nouveau pape au centre de la salle à manger des conclavistes. Il prévoit une place pour lui-même à côté du souverain pontife. Surprise! ce dernier décline son invitation et prend la place qui lui a été assignée avant son élection, à côté du cardinal Léger.

Ce soir-là, l'archevêque de Montréal note dans son journal: «À l'heure du dîner, le Saint-Père prend sa place habituelle. Révolution de palais! Pour la première fois dans l'histoire de l'Église, un pape mange avec les cardinaux du conclave.» Par ce geste, il en est convaincu, Paul VI veut leur faire comprendre qu'il est encore un des leurs.

Pendant ce temps, le père Legault regagne ses quartiers. Paul VI prolongera l'oeuvre de Jean XXIII. Le journaliste en soutane de Radio-Canada a reconstitué les faits et gestes du nouveau pape depuis la mort de son prédécesseur et il est convaincu que la relève est assurée.

À la veille de la mort de Jean XXIII, le cardinal Montini est accouru. L'avion qui le conduisait de Milan à Rome s'est arrêté, à sa demande, à Bergame, où il a fait monter les frères et la soeur du souverain pontife. Il les a lui-même conduits dans la chambre du mourant. Il fut d'ailleurs le seul cardinal n'habitant pas Rome à pouvoir se rendre à son chevet. Au lendemain de sa mort, il a déclaré: «Le prochain pape devra continuer la politique de Jean XXIII en l'approfondissant[5].»

Il poursuivra le concile; cela, le père Legault en est tout à fait sûr. Paul VI n'a-t-il pas été le premier à dire que Vatican II était «l'événement du siècle»? Son ami, Jean Guitton de l'Académie française, lui a d'ailleurs dit en blaguant: «Au fond, Jean XXIII n'est peut-être pas fâché de mourir à ce stage du concile. Il était un peu brouillon, le cher homme: il a mis tous les problèmes sur la table... à un autre de se débrouiller pour leur trouver une solution.»

Le père Legault songe au cardinal Léger, qui doit être heureux. Pie XII était son père, Jean XXIII, son grand-père et voici maintenant que monte sur le trône de Pierre son grand ami.

L'archevêque de Montréal l'a connu il y a une quinzaine d'années alors qu'il était recteur du Collège canadien et qu'il fréquentait le pape Pie XII, dont monseigneur Montini était le substitut à la Secrétairerie d'État. Il le retrouva à Montréal, le 20 août 1951. Devenu l'archevêque de la Métropole, il lui servit de guide dans ses visites à l'Université de Montréal, à l'oratoire Saint-Joseph, à la cathédrale Saint-Jacques et au grand séminaire. Tout récemment, le cardinal Léger rappelait au père Legault ce mot de monseigneur Montini en sortant de la propriété des sulpiciens, rue Sherbrooke: «Mais nous sommes à Paris... Comme c'est beau!»

Émile Legault est ravi. Dans sa chronique de la revue *L'Oratoire*, il rappellera aux Canadiens que le nouveau souverain pontife est le seul pape qui ait visité le Canada[6].

Dès le lendemain de son élection, Paul VI reçoit le cardinal Léger en audience. Il est le premier prince de l'Église à être accueilli par lui. Il lui apporte un dossier préparé à l'intention de Jean XXIII, mais qu'il n'a pas pu lui remettre vu son état de santé. Le nouveau pape lui offre une belle statue de bronze de saint Ambroise, qui fut élu évêque de Milan par acclamation en 397 et qui demeura célèbre par ses talents d'orateur.

Au sortir de l'audience, il s'empresse de montrer son précieux cadeau au père Legault.

«Vous savez, mon cher père, cette statue a toute une histoire. Lorsqu'il était archevêque de Milan, le cardinal Montini l'a offerte à Jean XXIII. Hier, en rentrant dans ses appartements pontificaux, il l'a retrouvée, et il me l'a donnée.»

Avant le couronnement, le cardinal Léger file vers Bologne. Il aurait cent fois préféré se reposer; les émotions et la fatigue ont

Le cardinal Léger s'agenouille devant le nouveau pape, Paul VI, pour recevoir sa première bénédiction.

ébranlé sa santé à peine rétablie. Il a d'abord décliné l'invitation de cet autre vieil ami, le cardinal Giacomo Lercaro, mais ce dernier tenait tellement à ce qu'il assiste à la fête patronale de Bologne, à la cathédrale, qu'il a réitéré sa requête: «J'insiste, toute la population vous attend.»

Comment refuser? Les deux hommes se connaissent de longue date. Bien qu'il soit son aîné de cinq ans, l'archevêque de Bologne a été fait cardinal par Pie XII en même temps que lui. Depuis le début du concile, ils sont sur la même longueur d'onde à bien des points de vue. Comme son confrère de Bologne est une autorité sur le sujet, il l'a souvent consulté pendant l'étude du schéma de liturgie[7].

Parti de bon matin, en compagnie de son inséparable père Legault, qui lui sert de secrétaire, le cardinal roule en direction de Bologne. Journaliste perspicace, le père Legault voit en ce court voyage l'occasion de faire d'une pierre deux coups: revoir Bologne, ville d'origine étrusque hérissée de tours et de campaniles, et raviver les souvenirs du cardinal, qui ne lui a pas tout dit sur son amitié avec Paul VI.

À Rome, c'est un secret de polichinelle, le père Legault est souvent délégué par ses confrères pour remonter le moral de l'archevêque lorsqu'il tombe de fatigue: «Allez donc jaser avec lui pour le détendre un peu.»

Parfois, monseigneur Lafortune, son bras droit au concile (et aussi le frère du père Ambroise), téléphone à madame Gaby Léger, la belle-sœur du cardinal: «Vous devriez l'inviter, il est au bout de son rouleau.»

Ces dîners intimes à la résidence de son frère ambassadeur sont de véritables traitements de choc. Au début du repas, le père Legault, un bout-en-train sans pareil, multiplie les blagues, les anecdotes et les dernières rumeurs vaticanes. Miraculeusement, entre la poire et le fromage, le cardinal prend la relève et fait rire aux larmes avec ses histoires de vieux curés[8].

Les voyageurs ont maintenant la moitié du trajet parcouru. Le cardinal se montre peu loquace. Ni le paysage joliment vallonné, ni les eaux sulfatées de la station Chianciano Terme qu'il aperçoit au loin ne réussissent à vaincre sa torpeur. La fatigue accumulée sort.

Enfoncé dans la banquette, le père Legault l'observe à la dérobée. Il n'en est pas à sa première expérience comme aide de camp du cardinal. Un jour, monseigneur Lafortune lui a demandé de le remplacer lors d'une somptueuse cérémonie religieuse dont Rome a le secret. Il accepta mais déchanta vite lorsque le secrétaire du cardinal lui remit la soutane rose qu'il devait porter à cette occasion.

«Mais... je ne peux pas mettre ça, voyons... j'aurais bien trop honte!»

Monseigneur Lafortune insista tant et si bien qu'il finit par se résigner. Et c'est en retenant son fou rire qu'il se lança dans la procession aux côtés du cardinal Léger tout de rouge vêtu. Son supérieur l'aperçut. Il s'avança de quelques pas pour s'assurer que c'était bien le père Legault qui portait l'étonnante robe. Ce dernier, le reconnaissant à son tour, s'empressa de le bénir d'un geste discret... Le cardinal, recueilli, ne vit rien du stratagème qui se répéta deux fois.

Après la cérémonie, alors que les deux prélats rangeaient leurs vêtements sacerdotaux, le père Legault demanda, pince-sans-rire: «Éminence, avez-vous remarqué tous ces gens qui avaient l'air de se demander qui était l'homme habillé en rouge à côté du père Legault?[9]»

*   *   *   *   *   *   *

Le père Legault s'arrache à ses pensées lorsque brusquement, aux abords de Sienne, le cardinal se redresse. Comme si la devise de la ville, «Sienne t'ouvre mieux son coeur», l'inspirait, l'archevêque amorce lui-même la conversation, qui sera animée jusqu'à Florence. «Mon heure est venue», pense le père Legault, qui sort son carnet de notes et pose la première question.

«Éminence, comment était Paul VI dans les années quarante, lorsqu'il était substitut à la Secrétairerie d'État?»

191

Le cardinal se replace dans le contexte de l'époque. Lorsque Giovanni Battista Montini a remplacé monseigneur Pizzardo au poste de substitut, en 1937, lui-même n'était pas encore recteur du Collège canadien. Mais déjà la réputation du futur pape dépassait largement les frontières de la Ville éternelle. Longtemps il avait oeuvré au sein de la Fédération des étudiants universitaires catholiques comme aumônier, et les jeunes Italiens l'admiraient beaucoup.

Après sa nomination, il a dû réduire ses activités à l'extérieur du Vatican car ses nouvelles fonctions exigeaient toutes ses énergies. Sa vie se déroulait entre la Secrétairerie d'État et les appartements de Pie XII. Le cardinal se souvient:

«Combien de fois suis-je monté au troisième étage de la cour Saint-Damase pour me rendre jusqu'à son bureau où il s'affairait à répondre au courrier. Vous savez qu'en italien, lettre se dit *carta*. Il me disait en souriant: «Je passe toute ma sainte journée à jouer aux cartes!» Quel bourreau de travail!

Le recteur du Collège canadien aimait ces rencontres avec le bras droit de Pie XII. Il avait le même regard profond que le Saint-Père. Un regard qui scrute les pensées, devine; un regard toujours calme qui sait éclairer son interlocuteur tout en le réconfortant.

«Un journaliste de *La Croix*, raconte le père Legault, m'a rapporté que le Saint-Père a perdu sa parfaite maîtrise une seule fois. C'était le 10 juin 1944, lorsque l'Italie est entrée en guerre contre l'Allemagne.

— Et si je me souviens bien, poursuit le cardinal, il est entré officiellement dans son diocèse de Milan le 4 janvier 1955.

— Est-il vrai, Éminence, que vous aviez l'habitude de dîner chez monseigneur Montini lorsqu'il était archevêque de Milan?

— Oui. Pour moi, il y avait là une fidélité dans l'amitié. J'allais y chercher un supplément d'âme. Je me rendais à Milan, le plus grand diocèse du monde, comme j'allais jadis à Paris rendre visite au cardinal Verdier, pour qui j'avais beaucoup d'admiration.»

Le cardinal s'arrête un instant, puis reprend:

«Je me souviens en particulier d'une visite en 1958. Monseigneur Montini, qui n'était pas encore cardinal, m'a reçu en décembre, un mois après le couronnement de Jean XXIII. Il avait invité le maire de la ville. Puis je l'ai revu seul le lendemain. Je voulais qu'il me parle de la Grande Mission qu'il avait organisée à Milan à l'automne 1957 et que je tentais de reproduire à Montréal pendant le carême. Vous savez, il avait mobilisé plus d'un millier de prédicateurs, une vingtaine d'évêques et deux cardinaux à cette occasion.»

Pour répondre aux questions de l'archevêque de Montréal, monseigneur Montini fit venir son auxiliaire, monseigneur Pignedoli, avec qui il avait réalisé et élaboré cette semaine de prédication sous le thème «Dieu, père».

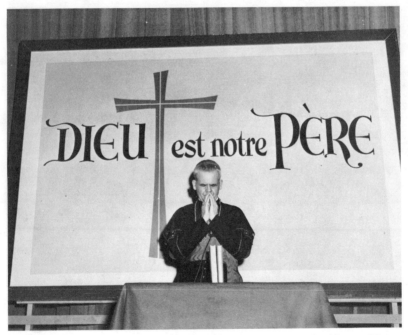

En avril 1960, le cardinal organise la Grande Mission sous le thème «Dieu est notre père.»

De retour à Montréal, il lança une enquête-éclair dans toutes les paroisses de son diocèse. Les résultats indiquèrent qu'à Montréal comme à Milan, les fidèles désiraient que les prédicateurs leur parlent de Dieu, d'où le thème d'inspiration milanaise de la Grande Mission du cardinal, «Dieu est notre père».

Les Montréalais ont répondu nombreux à l'appel du cardinal, qui leur avait dit: «Je vous invite tous...et surtout ceux qui ont quelques préjugés contre l'Église.»

«Monseigneur Montini m'a même prêté son auxiliaire, se rappelle le cardinal. Monseigneur Pignedoli nous a d'ailleurs donné un bon coup de main.

— Je m'en souviens très bien, Éminence. D'ailleurs, j'y ai moi-même participé.»

«La Grande Mission de Montréal s'est tenue du 6 mars au 10 avril 1960 dans les deux cent cinquante paroisses du diocèse. Elle a mobilisé trois cents prêtres et vingt mille laïcs qui, les uns comme les autres, ont prêché dans les églises. L'archevêque avait formulé son appel comme ceci: «Je vous invite tous... et surtout ceux qui ont quelques préjugés contre l'Église.»

Le cardinal souhaitait que cet effort d'évangélisation, qui survenait cinquante ans après le célèbre congrès eucharistique de Montréal, laisse des traces indélibiles chez tous ceux qui y prendraient part.

Selon l'archevêque, ce fut assurément l'un des événements marquants de l'année 1960. Pour la première fois, des laïcs montaient en chaire pour prêcher. Après avoir fait cette expérience, le maire Jean Drapeau avait d'ailleurs soumis un rapport à l'archevêque: «J'ai été moi-même prédicateur dans ma paroisse. J'ai parlé du rôle social de l'Église. Je trouve que la Grande Mission a véritablement rapproché les laïcs.»

Dans son rapport, le maire exprimait le souhait qu'il y ait davantage de rencontres entre les citoyens: «Il y a trop d'intermédiaires entre les laïcs et les prêtres. Un contact plus suivi serait souhaitable[10].»

Le cardinal enregistra la suggestion du maire Drapeau et celles des autres participants. Il fut très satisfait des résultats de cette opération qui permit à son clergé de renouveler sa pastorale et de se rapprocher des laïcs. Il n'était pas facile de réunir un million soixante-dix-neuf mille trois cent trente-cinq âmes et deux cent quatre-vingt mille sept cents familles pour ranimer en eux une foi qui parfois somnolait.

«Je pense sincèrement que la Grande Mission a réalisé ses objectifs, conclut-il. Elle a atteint tous les milieux de vie et mobilisé toutes les forces spirituelles pendant la durée du carême.

Des milliers de foyers ont été transformés sous son influence[11].»

Le père Legault partage les conclusions du cardinal. Mais il pense toujours à l'article qu'il prépare sur Paul VI et ramène la conversation sur le sujet.

«Paul VI paraît, comment dirais-je, plus distant que Jean XXIII. Est-ce que je me trompe?

— C'est-à-dire qu'il n'est pas aussi communicatif, mais il est très chaleureux. Et puis, on apprend beaucoup à son contact.»

La voiture qui conduit les deux voyageurs s'arrête devant l'hôtel de ville de Bologne, où les conseillers municipaux les accueillent en cette magnifique journée estivale. Le lendemain matin, flanqué de son secrétaire improvisé, le cardinal Léger se rend à la basilique San Petronio, dédiée au patron de Bologne et où Charles Quint a été couronné empereur par le pape, en 1530. L'archevêque y chante une messe pontificale et prononce l'homélie en italien[12].

Son hôte, le cardinal Lercaro, lui fait visiter sa «Maison de la divine providence». Cette oeuvre dont il n'est pas peu fier accueille les étudiants du Tiers-Monde. Il y vit en famille avec vingt-cinq jeunes Indiens et Africains. Le cardinal Léger reconnaît bien là le pasteur qui, à la veille de la levée des travaux du concile et dans une envolée chargée d'émotion, avait livré ce message: «L'Église doit être l'Église des pauvres!»

Après une journée bien remplie, il reprend la route, en compagnie cette fois du cardinal Lercaro, heureux de voyager avec son ami de Montréal. Ils se hâtent pour arriver à temps pour le couronnement de Paul VI, qui doit avoir lieu le 30 juin.

Références — Chapitre IX

1. *La Presse*, 1ᵉʳ juin 1963.
2. *La Presse*, 4 juin 1963.
3. *Paris-Match*, 15 juin 1963.
4. *L'Oratoire*, septembre 1963.
5. *Ibid*.
6. *L'Oratoire*, septembre 1963.
7. *La Presse*, 29 juin 1963.
8. Émile Legault.
9. *Ibid*.
10. Jean Drapeau.
11. *Bulletin CCC*, avril 1960.
12. Émile Legault.

À la fin du mois de juin 1963, le cardinal fait ses adieux à Paul VI et rentre précipitamment à Montréal où ses affaires l'attendent.

Chapitre X
Rendez à César...

Le cardinal Léger entre en flèche dans la salle des V.I.P. à l'aéroport de Dorval.

«Veuillez me mettre en communication avec le premier ministre Lesage, je vous prie», lance-t-il à son secrétaire.

Pressé de voir à ses affaires, qu'il a négligées par la force des choses depuis la mort de Jean XXIII, le cardinal Léger a quitté Rome sitôt après le couronnement du nouveau souverain pontife. Il a consenti, après s'être fait prier, à célébrer la fête du Canada en famille chez son frère Jules, mais il a refusé catégoriquement de prolonger son séjour dans la Ville éternelle même si ses proches, qui lui trouvaient les traits tirés, ne se sont pas gênés pour lui rappeler qu'après l'avertissement de janvier dernier, il devrait se ménager. Après tout, il a perdu vingt-cinq livres.

Il prenait, dès le lendemain, le premier avion en partance pour Montréal. Il lui tarde de s'occuper personnellement de la question la plus urgente de l'heure: la création d'un ministère de l'Éducation.

Depuis plusieurs années déjà, le cardinal cherche des solutions au retard que connaît la province, où la fréquentation scolaire est la plus faible au Canada. Cinquante pour cent des Québécois de quinze ans ont déjà quitté l'école. Des études récentes démontrent que soixante-seize pour cent des jeunes chômeurs ont à peine terminé leur huitième année, et les jeunes ruraux n'ont pour ainsi dire aucune chance de gravir un jour les marches de l'université.

Lors de sa première rencontre officielle avec le premier ministre Lesage, en 1960, l'archevêque a réclamé la fréquentation scolaire obligatoire jusqu'à la neuvième année, mais c'est bien peu.

Avant Jean Lesage, le premier ministre Paul Sauvé s'est préoccupé de l'éducation pendant son court mandat. Il a encouragé la création de commissions scolaires régionales, pour permettre justement aux jeunes qui vivent éloignés des grandes villes d'avoir accès à l'éducation plus avancée. Il a accordé des subventions aux collèges classiques pour jeunes filles, ce qui leur avait été jusque-là refusé. Enfin, il a augmenté l'aide financière aux autres établissements privés d'enseignement secondaire et supérieur ainsi qu'aux commissions scolaires. Et avec lui, finies les subventions laissées à la seule discrétion du premier ministre: elles deviennent statutaires.

Au cours de l'intérim qu'assura Antonio Barette, d'aucuns laissèrent entendre qu'il était grand temps de reléguer au grenier le vétuste département de l'instruction publique, ancêtre du futur ministère de l'Éducation. Ils affirmèrent que le nouveau premier ministre était l'homme pour ce faire. L'archevêque de Montréal ne prisa guère cette façon cavalière d'inviter un organisme, qui depuis cent ans remplissait sa mission, à faire «une entrée discrète dans le silence de l'oubli».

Profitant de la réunion du 24 février 1960 du Conseil de l'Instruction publique, qui soulignait justement son centenaire, le cardinal rappela le dévouement des pionniers de cet organisme chargé de conseiller le gouvernement, «qui ont consacré gratuitement les richesses de leur intelligence, de leur coeur et de leur expérience à la cause de l'Éducation».

Que lui reproche-t-on, demanda-t-il clairement? Après avoir démontré l'importance du travail accompli par le Conseil, il rappela que les grands objectifs des hommes de 1860, qui en étaient les initiateurs, s'étaient réalisés: «Ils ont voulu respecter les libertés sacrées des groupes ethniques et des confessions religieuses de la population du Québec.»

Une fois élu, le nouveau gouvernement libéral a tout de suite confié la responsabilité de l'instruction publique et de ses budgets au ministre de la Jeunesse, Paul Gérin-Lajoie, un homme en qui le cardinal met toute sa confiance. Un homme qui n'hésite pas à venir discuter avec son évêque.

Le premier ministre Jean Lesage, le maire Jean Drapeau et l'archevêque de Montréal, au congrès de la Société des Artisans, en septembre 1962.

La feuille de route du ministre de quarante-trois ans est assez impressionnante. Montréalais de naissance, Paul Gérin-Lajoie a fait ses études classiques au collège Brébeuf et son droit à l'Université de Montréal. Il est le petit-fils de Marie Gérin-Lajoie, l'une des premières femmes à défendre les droits de ses consoeurs. Boursier de l'université de Rhodes, en 1945, docteur en philosophie de l'université d'Oxford en Angleterre, il est considéré comme l'un des plus grands spécialistes canadiens en droit constitutionnel. Mais la question de l'éducation le préoccupe et, depuis 1951, il a agi à titre de conseiller à la Ville de Montréal, à la Fédération des collèges classiques, à la Fédération des commissions scolaires du Québec et à la chambre de commerce du Québec.

Élu député de Vaudreuil-Soulanges en 1960, Paul Gérin-Lajoie a immédiatement été nommé ministre de la Jeunesse dans le cabinet Lesage. Ses fonctions l'ont souvent amené à communiquer avec l'archevêque de Montréal. Mais l'absence de celui-ci aux moments cruciaux du dernier mois a compliqué leurs échanges et le cardinal a peur que le gouvernement soit en train de précipiter l'adoption d'une loi qui aura de gigantesques répercussions sur la vie de la société québécoise.

L'archevêque ne s'objecte pas à la création d'un ministère de l'Éducation telle que préconisée par la Commission royale d'enquête sur l'enseignement. Et dans les prochains jours, il rencontrera le ministre Gérin-Lajoie pour apporter quelques suggestions au projet de loi du gouvernement. Mais il veut en discuter d'abord avec monseigneur Roy, qu'il attend à son bureau dès le lendemain.

Pour l'instant, une lacune de taille au bill 60 le préoccupe et c'est pourquoi il communique sur le champ avec le premier ministre Lesage. Dans l'enthousiasme, son gouvernement semble avoir perdu la mémoire.

«Monsieur le premier ministre, en toute justice, je crois que vous devriez faire précéder le texte de la loi d'un préambule pour rappeler que, pendant des siècles, l'Église a accompli une oeuvre valable dans le domaine de l'éducation.»

En fait, explique-t-il en substance, sans le clergé, que seraient devenus les habitants de la Nouvelle-France? Elle comptait à peine deux cents âmes lorsqu'en 1635, à Québec, sur le modèle de leurs institutions en France, les jésuites y fondèrent le premier collège.

Puis les sulpiciens, les récollets, les jésuites, les soeurs de la Congrégation de Notre-Dame ont ouvert des pensionnats et des écoles dans les villes et les campagnes, monseigneur de Laval fonda le grand et le petit séminaire ainsi que l'école des arts et métiers de Saint-Joachim.

Après la conquête, alors que la Nouvelle-France se trouva subitement plongée dans la misère sociale, les soixante-cinq mille Canadiens restés au pays mais écartés de l'administration et coupés de tout lien culturel avec la France n'eurent plus qu'un point de repère, le curé, et qu'un foyer, la paroisse. Personne d'autre n'étant en mesure de le faire, le clergé assuma alors la responsabilité de l'enseignement.

«Le travail des frères et des soeurs, en collaboration avec les parents catholiques et les prêtres, sous la direction de la hiérarchie au service de l'Église et de la société civile, constitue certainement chez nous une des pierres d'assise de notre enseignement confessionnel.»

Mais l'archevêque croit que c'est au niveau secondaire, avec les collèges classiques, que la présence du clergé s'est le plus fortement manifestée.

Au niveau universitaire, les professeurs de sciences religieuses et ecclésiastiques ont souvent organisé eux-mêmes les facultés profanes et y ont joué un rôle de première importance. Le cardinal pense en particulier au père Georges-Henri Lévesque, le dominicain qui a fondé la faculté de sociologie à l'université Laval.

«L'histoire prouve abondamment que l'action indispensable du clergé a largement contribué à l'épanouissement de la vie intellectuelle de notre peuple. Je pense que l'autorité civile devrait le reconnaître.»

Au fil des ans, une certaine complicité s'est établie entre les archevêques de Québec, le cardinal Maurice Roy, et de Montréal, le cardinal Paul-Émile Léger.

Le cardinal raccroche. Il espère que son message n'est pas tombé dans l'oreille d'un sourd.

*   *   *   *   *   *   *

Dans cette histoire, il y a plus d'une ombre au tableau et le cardinal veut en avoir le coeur net. Monseigneur Roy est le seul homme qui puisse éclairer sa lanterne puisqu'il est l'interlocuteur de l'Église auprès des fonctionnaires provinciaux chargés de repenser le système d'éducation. Voilà pourquoi il lui a demandé de passer à l'archevêché en cette chaude journée de juillet. Peut-être saura-t-il lui expliquer pourquoi le gouvernement du Québec, qui a toujours collaboré étroitement avec les évêques, ignore aujourd'hui ses recommandations de façon aussi flagrante.

Une certaine complicité s'est établie entre les deux prélats au fil des ans et au hasard des luttes qu'ils ont menées côte à côte. Pourtant, tout aurait pu contribuer à les éloigner l'un de l'autre, depuis leurs origines jusqu'à leurs personnalités.

Fils du juge en chef de la magistrature du Québec, Maurice Roy grandit à l'ombre d'une famille bourgeoise de la Vieille Capitale. Jeune prêtre, il est nommé aumônier des étudiants de l'université Laval avant de traverser l'Atlantique pour rejoindre les forces armées canadiennes et être leur aumônier pendant la Deuxième Guerre mondiale. Après l'armistice, l'abbé Roy rentre à Québec où l'attend le poste de doyen de la faculté de théologie.

En 1947, à quarante-deux ans, il monte sur le trône de messeigneurs de Laval, Taschereau, Bégin, Rouleau et Villeneuve. Dans divers milieux, on répétera bientôt que sa nomination et celle de son collègue de Montréal, qui viendra trois ans plus tard, rehaussent l'épiscopat canadien.

Mais alors que chaque geste, chaque parole de l'archevêque de Montréal fait des vagues, l'archevêque de Québec travaille dans l'ombre. Sa voix posée, ses interventions réfléchies, jamais impulsives, font de lui un homme écouté.

Bien qu'on entende peu parler de lui à l'époque de la grève d'Asbestos, en 1949, monseigneur Roy se révèle le véritable défenseur des grévistes. Il intervient personnellement auprès du premier ministre Duplesis pour implorer sa clémence à l'issue de la grève et l'enjoindre de renoncer à intenter des poursuites judiciaires contre les syndiqués.

En 1959, les deux archevêques font front commun lors de la fameuse affaire des trésors polonais, que monsieur Duplessis refuse obstinément de rendre à leurs propriétaires.

Les tapisseries historiques, armures et autres richesses sorties à la hâte de Pologne en 1939, devant l'imminence du conflit mondial, sont gardées précieusement au musée provincial des Plaines d'Abraham depuis 1948, après un long séjour dans le caveau de maçonnerie de l'Hôtel-Dieu de Québec.

Le gouvernement en exil de la Pologne et son représentant à Ottawa font pression pour empêcher la restitution des trésors. Ils ont en Duplessis une oreille attentive. Il faut attendre la mort du «chef» en 1959 pour obtenir de son successeur, Paul Sauvé, la promesse que son gouvernement va rendre justice au peuple polonais. Hélas! il meurt trop tôt pour tenir parole.

En 1960, le tandem Roy-Léger fait une tentative auprès du nouveau premier ministre, Jean Lesage. Le cardinal Léger vient de recevoir une lettre pressante du cardinal Wyszynski: «Je continue d'être d'avis que le trésor de Wawel doit être rendu au château royal de Wawel à Cracovie.»

Après quinze mois de négociations, le 4 janvier 1961, le gouvernement québécois autorise enfin le retour des trésors en Pologne.

*   *   *   *   *   *   *

Deux mois après, les deux archevêques repartent en croisade. L'Assemblée législative a adopté à l'unanimité, le dernier jour de février, un projet de loi instituant une commission royale d'enquête sur l'enseignement. Le premier ministre Lesage a beau jurer ses grands dieux que jamais, sous son administration, il ne sera question de créer un ministère de l'Instruction publique, l'idée fait son chemin et les évêques veulent être entendus.

Après ses traditionnels pèlerinages à Montmartre et à Lisieux, le cardinal Léger rentre au Québec le 7 mars 1961, juste à temps pour participer à la réunion au cours de laquelle les évêques choisiront quelques-uns des membres susceptibles de faire partie de la nouvelle commission gouvernementale.

La tâche n'est pas facile. Plusieurs des candidats approchés par le gouvernement se sont récusés. Un nom retient l'attention: Gérard Filion. Journaliste chevronné, directeur-gérant du *Devoir* depuis 1947, il n'est pas homme à mâcher ses mots: la guerre sans merci qu'il livra à Maurice Duplessis ne fut pas exempte d'excès de langage.

Le cardinal se souvient encore de leur fameuse rencontre. C'était à l'archevêché, en 1952. Monsieur Filion s'en allait en Russie. Il n'ignorait pas la condamnation romaine qui pesait sur toute personne qui osait se rendre en pays communiste. Il s'attendait d'ailleurs à subir les foudres de son évêque, qui n'avait pas la réputation d'être particulièrement ouvert aux expériences nouvelles. Il resta donc pantois lorsqu'il entendit le cardinal lui dire, tout bonnement: «Vous êtes un grand garçon. Vous devez faire bon usage de votre liberté. Mais vous allez être critiqué.»

C'était bien là le dernier souci de cet homme au franc parler. Il quitta l'archevêché sans savoir que le cardinal avait dans la poche de sa soutane une lettre de Rome l'enjoignant d'intervenir pour empêcher «ce Canadien catholique d'aller à Moscou».

L'archevêque qui, en 1952, reconnut en Gérard Filion un homme intelligent, doté d'un bon jugement, se souvient en outre du rôle qu'il a joué, quelques années plus tard, lors de la campagne d'épuration des moeurs, à Montréal. Le journaliste Filion a alors mené dans les pages du *Devoir* une lutte sans merci aux coupables.

«Monsieur Filion a toute ma confiance, dit-il aux évêques réunis en ce début de mars 1961. Il fera un membre influent dans cette commission sur l'Éducation. Je lui en parlerai demain.»

L'unanimité s'est réalisée sans difficulté autour de la candidature de Gérard Filion. En revanche, il s'avère impossible de rallier les évêques autour d'un représentant du clergé capable de siéger à cette commission. Ils repartent bredouilles pendant que monseigneur Roy et le cardinal Léger poursuivent leurs réflexions sans plus de succès.

Sur le coup de vingt-trois heures, l'archevêque de Montréal tire sa révérence et reprend le chemin de la Métropole, la tête encore pleine des noms suggérés, retenus puis écartés. Soudain, au beau milieu du pont de Québec, il a un éclair de génie: pourquoi ne pas nommer monseigneur Alphonse-Marie Parent, l'ancien recteur de l'université Laval?

«Monsieur Plouffe, faites demi-tour; on retourne chez monseigneur Roy.»

Une demi-heure après son faux départ, le cardinal Léger sonne chez son collègue, impatient de lui soumettre le nom de son candidat.

«Qu'en pensez-vous, demande-t-il, fier de sa trouvaille? Je sais que monseigneur Parent est actuellement en Espagne où il se relève d'une crise cardiaque mais je pense qu'il doit rentrer au pays bientôt.

— Excellente idée!» répond monseigneur Roy, dont le visage s'illumine.

Peu après, monseigneur Parent prend la tête de l'importante commission. Nommé vice-président, le commissaire Filion confie au cardinal: «Rassurez-vous, tous les membres ont accueilli monseigneur Parent à bras ouverts comme président.»

* * * * * * *

Pendant deux ans, la commission poursuivit ses travaux sur l'organisation et le financement de l'enseignement au Québec. Après avoir tenu une centaine d'audiences publiques, avoir visité quarante-sept institutions, reçu trois cent quatre mémoires et consulté cent soixante-quinze personnes, dont une cinquantaine de spécialistes, les commissaires livrèrent la première tranche de leur rapport.

Avant de filer vers Rome où il doit participer au conclave qui élira Paul VI, le cardinal Léger parcourt le fameux rapport.

«Je pense qu'il est essentiel d'apporter un certain nombre de modifications à ce rapport, estime-t-il, si l'on veut sauvegarder les écoles catholiques au Québec.»

En compagnie de monseigneur Roy, l'archevêque de Montréal prépare une lettre à l'intention du premier ministre Lesage. Signée par l'archevêque de Québec, elle exprime le point de vue de l'épiscopat. Elle reproche au gouvernement sa hâte à donner suite aux recommandations du rapport et réclame des garanties.

Les évêques se croient avisés de ne pas rendre publique cette lettre. Ils émettent un simple communiqué à l'intention de la presse afin de rappeler «que les catholiques sont tenus d'assurer à leurs enfants une éducation chrétienne dans leurs foyers et d'exiger des écoles où soit inculquée, par des maîtres aux convictions solides, une conception chrétienne de la vie, où tout l'enseignement soit donné dans la lumière de la foi.»

Ignorant la lettre des évêques et faisant fi des modifications qu'ils proposaient, Jean Lesage dépose, tel que prévu, le 26 juin, le projet de loi instituant un ministère de l'Éducation.

Voilà où en sont les choses, le 4 juillet, lorsque monseigneur Roy rend visite à son confrère montréalais à peine rentré de Rome.

Au cours de ce tête-à-tête avec monseigneur Roy, le cardinal Léger apprend, à sa grande satisfaction, que les évêques ne feront pas cavalier seul dans leur lutte contre le projet de loi. Le bill 60 a reçu l'approbation du milieu syndical et du Mouvement laïc de langue française. Cependant, il inquiète bon nombre de citoyens et d'organismes. Leurs critiques: le projet de loi met en danger la vitalité de la culture française, néglige la question des Juifs et des neutres, ne comporte pas de garanties suffisantes à l'éducation chrétienne... Jusqu'à l'éditorialiste du *Devoir*, Claude Ryan, qui se pose de sérieuses questions.

«Il faut à tout prix accorder un délai aux personnes et aux groupes qui veulent faire valoir leurs idées, tranche monseigneur Roy.

— Vous avez raison, répond le cardinal, mais dois-je intervenir moi-même?»

Se peut-il qu'on en soit arrivé là? Oui, le cardinal Léger est forcé de s'interroger sur la pertinence d'intervenir lui-même dans un débat aussi primordial pour l'avenir de ses ouailles. À l'heure où les catholiques reprochent à leur clergé ses trop nombreuses ingérences, l'archevêque n'a guère le choix: il doit mesurer chaque geste qu'il pose, chaque affirmation qu'il lance sur la place publique.

Tout de même, Jean Lesage dépasse les bornes. Beaux joueurs, les évêques ont emprunté la filière habituelle pour lui faire part de leurs réticences: ils lui ont écrit une lettre confidentielle. Mais le premier ministre les a complètement ignorés.

Jamais auparavant ont-ils été traités aussi cavalièrement.

«Non seulement nous ignore-t-il, déplore la cardinal, mais en plus, il ferme la porte aux pourparlers.»

L'intransigeance du premier ministre étonne d'autant plus qu'il existe de tout temps une entente tacite entre l'Église et l'État du Québec qui, selon le cardinal, s'explique par le rôle historique du clergé dans le domaine de l'éducation. Non seulement Jean Lesage passe-t-il outre à l'exhortation des évêques mais, du même coup, il rejette le concert de protestations émanant de tous les milieux.

«J'interviendrai!» décide-t-il enfin.

Le soir même, il téléphone une seconde fois au premier ministre Jean Lesage à son bureau sur la colline parlementaire.

*   *   *   *   *   *   *

Malgré la canicule, les banquettes de l'Assemblée législative sont remplies en ce 8 juillet 1963. Devant les députés engourdis par la chaleur, Jean Lesage se lève et prend la parole.

«Monsieur le président, le gouvernement a décidé de reporter à la prochaine session l'adoption du projet de loi créant un ministère de l'Éducation et un conseil supérieur de l'éducation.»

Feignant d'ignorer les réactions que la nouvelle suscite, Jean Lesage poursuit.

«En raison des changements profonds qu'amènera l'adoption du projet de loi, plusieurs personnes et associations de citoyens ont demandé au gouvernement de leur donner le temps d'étudier davantage certaines modalités du projet de loi.»

Monsieur Lesage s'exprime avec hésitation. Cette décision, il l'a prise la veille, au conseil des ministres. La majorité d'entre eux n'a pas caché ses inquiétudes en prenant connaissance des réserves exprimées notamment par la Fédération des collèges classiques et des protestations émanant de l'Association des administrateurs des écoles protestantes. Seuls trois ministres se sont opposés au délai: Claire Kirkland-Casgrain, ministre d'État,

Georges-Émile Lapalme, procureur général et, bien sûr, Paul Gérin-Lajoie, le père du bill 60. Même René Lévesque, ministre des Ressources naturelles, réputé d'avant-garde, a penché en faveur du report après quelques instants d'hésitation. Peu avant, le cardinal Léger lui avait dit: «Je vous ai fait venir parce que vous avez de l'influence. Je suis sympathique à la réforme mais donnez-moi une chance de convaincre les évêques[1].»

> Le gouvernement, reprend Jean Lesage, comprend l'esprit qui anime ces citoyens et consent, en dépit des inconvénients sérieux qu'implique ce retard, à reporter l'adoption du bill 60 à la prochaine session de la législature. Même si nous sommes convaincus que la plupart des Québécois souhaitent les réformes essentielles contenues dans le bill 60, nous sommes quand même prêts à donner à tous le temps voulu pour se familiariser avec les détails d'une loi aussi importante[2].

*   *   *   *   *   *   *

Personne n'en doute: c'est le cardinal Léger qui a fait plier le premier ministre Lesage. Les journaux n'y vont pas avec le dos de la cuiller. Le 17 juillet, *L'Événement* titre: «En primeur, les raisons du retrait temporaire du bill 60 — Le cardinal Léger a téléphoné au premier ministre Lesage.» Et le journaliste Benoît Massicotte de conclure: «Il ne fallait rien de moins que cette intervention de Son Éminence pour que monsieur Lesage accepte de ralentir sa course une fois sa décision prise d'établir un ministère de l'Éducation[3].»

Le cardinal est irrité. Certes, il est intervenu auprès du premier ministre mais ce n'est nullement pour les raisons invoquées par les journalistes.

«Je n'ai jamais exprimé la moindre réticence sur la création d'un ministère de l'Éducation», répète-t-il.

Ce qui le met hors de lui, c'est de voir qu'on utilise son nom à des fins politiques. C'est qu'on lui fait dire le contraire de ce qu'il pense. N'est-ce pas lui qui, au début de juillet, affirmait publiquement que l'heure du transfert était venue?

L'État, disait-il, doit prendre ses responsabilités. Il ne faut pas s'étonner s'il y a parfois des difficultés et des mouvements d'humeur. Les classes privilégiées — c'est humain — ont tendance à confondre leurs privilèges avec leurs droits... Je suis convaincu que ce n'est pas la place des prêtres mais celle des laïcs, qui sont aussi l'Église, de faire partie des commissions scolaires ou d'assurer des tâches administratives. Mes initiatives dans ce sens n'ont pas toujours été comprises[4].

* * * * * * *

Le premier ministre Lesage n'aime pas passer pour une marionnette manipulée par l'archevêque de Montréal. Harcelé par les journalistes à sa sortie d'une séance du cabinet, il s'impatiente.

«Je n'ai pas très bien compris le sens de ces nouvelles. Je communique toutes les semaines avec le cardinal Léger et monseigneur Roy. C'est régulier et normal.

— Est-ce au cours de l'une de ces communications régulières avec le cardinal que vous avez décidé de retirer le projet de loi? insiste un journaliste.

— Non! Il n'y a pas d'autres raisons que celles que j'ai exprimées en chambre.

— Avez-vous l'intention de démordre sur le principe même du projet de loi? poursuit le reporter.

— Non, je ne démords pas du principe et il y aura définitivement un ministère de l'Éducation.»

«Il exagère! pense le cardinal en lisant les propos de Jean Lesage. Nous ne nous parlons certainement pas toutes les semaines. S'il m'a téléphoné deux fois en trois ans, c'est beau!»

* * * * * * *

Aussi rusé qu'entêté, le ministre de la Jeunesse entreprend une campagne de pression. Auprès de l'archevêque de Montréal d'abord, où jour après jour il défend son projet, et aux quatre coins du Québec, où il tente de rassurer une population qui ne sait plus qui croire.

«Nous avons un retard considérable à rattraper, déclare le ministre. Toutes les provinces, depuis vingt ans, ont eu leur enquête sur l'éducation. Nous sommes les derniers à le faire.»

Selon lui, il faut faire vite. Ce délai, décidé bien malgré lui par le conseil des ministres, avant l'ajournement estival, c'est son purgatoire.

«Nous ne pouvons pas attendre une année ni même plusieurs mois pour faire ce changement. La situation d'indécision actuelle est cause de malaises dans les milieux de l'éducation et entrave la prise de décisions importantes[5].»

En écoutant le ministre, toujours très sûr de lui, le cardinal Léger pense aux réactions moyenâgeuses de certains curés et évêques. Comment, en effet, l'évêque d'une région éloignée du Québec peut-il affirmer que le bill 60 ferme la porte de l'éducation aux parents et à l'Église? Aussi, le cardinal a lu dans *Le Devoir* un commentaire du curé de la cathédrale de Trois-Rivières qu'il n'a pas apprécié: «Celui qui a dit que le rapport de la commission Parent a été écrit par les meilleurs cerveaux du Québec n'est certainement pas beaucoup sorti de la province[6].» L'archevêque s'est senti directement visé.

Ce genre de remarques compromet plus qu'il n'aide la cause de l'Église dans cette affaire. Tout comme d'ailleurs la réflexion de son bon vieil évêque qu'il aime tant, monseigneur Langlois: «Des hommes en autorité depuis plus de cent ans, vos évêques, doivent maintenant abandonner le rôle qu'ils ont joué pendant plus d'un siècle!» Le cardinal ressent une grande tristesse devant un tel désarroi.

Pendant ce temps, Paul Gérin-Lajoie poursuit son périple. À Gaspé, à Rivière-du-Loup, à Matane, il fait salle comble. On n'a pas vu autant de monde se déplacer depuis la célèbre campagne menée par René Lévesque sur la nationalisation de l'électricité, en 1962.

«Pourquoi un ministère de l'Éducation? Parce que l'éducation est devenue un service public que la population a le droit d'attendre de l'État et que même, de fait, elle exige.»

213

Démocratiser l'enseignement. Voilà le thème de sa campagne. Démocratiser par la gratuité scolaire qui abolit l'obstacle de l'argent. Par la régionalisation qui supprime l'obstacle des distances. Par la nomination d'un ministre qui répond de ses décisions devant le gouvernement, donc le peuple.

«Mais, lui objecte-t-on, le ministre substituera forcément l'État à l'Église?

— Absolument pas! Il demandera aux représentants de l'Église de définir le programme de l'enseignement religieux et les exigences religieuses et morales dans l'enseignement en général, par l'entremise des comités confessionnels.

— Y a-t-il un plus grand danger de laïcisation qu'avec le système actuel?

— Pas du tout! réplique le ministre en arborant son sourire rassurant. Au contraire, la majorité de la population étant catholique, les représentants du peuple refléteront les sentiments et les convictions de la population[7].»

* * * * * * *

L'été tire à sa fin. Le haut clergé n'a pas chômé. Aux premiers jours de septembre, il dévoile la position des évêques et archevêques de la province de Québec, qui réclament l'insertion «d'une déclaration explicite des libertés et des droits de base en matière d'éducation».

Cette liberté, les évêques l'exigent pour les catholiques mais aussi pour les citoyens des autres confessions.

> Nos catholiques estiment nécessaire que par des structures pluralistes et souples, le gouvernement assure à chacun une juste liberté. D'autre part, obéissant à leur conscience, ils demandent pour eux-mêmes des écoles confessionnelles...[8]

Les discussions se poursuivent tout au long du mois de septembre, à la satisfaction générale. Le 26, le cardinal quitte la Métropole à destination de Rome pour la deuxième session du concile. Son départ inquiète: une rumeur laisse entendre que l'étude du projet de loi 60 ne reprendra qu'à son retour. Dans *Le Devoir*, André Laurendeau, qui met beaucoup d'espoir dans la réforme de l'éducation, fulmine:

> L'idée que le gouvernement devrait s'empêcher de légiférer parce que le corps épiscopal est à Rome, cette idée me paraît malheureuse pour l'Église comme pour l'État. L'Église, aux temps modernes, et particulièrement depuis Jean XXIII, n'aime pas donner le sentiment qu'elle exerce un contrôle direct sur les législations. Et l'État ne doit pas laisser croire qu'il est orphelin parce que les chefs spirituels de la communauté participent au concile[9].

* * * * * * *

«Je pars le coeur lourd. Je quitte le diocèse au moment où il affronte de graves problèmes.»

Tout au long de l'envolée qui le conduit à Rome, l'archevêque de Montréal se sent déchiré. Au Québec, les catholiques ont besoin de lui. Au moment où le pays repense son système d'éducation de fond en comble, à l'heure où la jeunesse crie au secours en multipliant les actes de violence, son pasteur déserte. Il file vers d'autres cieux. Il lui arrive de sentir jusqu'au plus profond de son être qu'il laisse ses brebis à l'abandon. Qu'il repousse les mains qui se tendent vers lui.

Mais a-t-il vraiment le choix? À Rome, c'est toute la chrétienté qui l'appelle. A-t-il le droit de refuser ce rendez-vous historique de la paix, de l'Écriture vécue, de l'unité?

Le cardinal arrive dans la Ville éternelle le jour du soixante-sixième anniversaire de naissance de Paul VI.

Références — Chapitre X

1. Godin, Pierre, «Les révolutionnaires tranquilles», *La Presse*; 22 juin 1985.
2. *Le Devoir*, 9 juillet 1963.
3. *L'Événement*, le 17 juillet 1963.
4. *La Presse*, 7 juillet 1963.
5. Gérin-Lajoie, Paul, *Pourquoi le bill 60?*, Les Éditions du Jour, Montréal, 1963.
6. *Le Devoir*, 26 juillet 1963.
7. *La Presse*, le 17 août 1963.
8. *Le Devoir*, 6 septembre 1963.
9. *Le Devoir*, 2 octobre 1963.

Chapitre XI
Au pays des lépreux

Trônant dans l'imposante chaire jusque-là occupée par Jean XXIII, Paul VI inaugure la deuxième session du concile. Mais rien n'est plus pareil. La mince silhouette du nouveau pape symbolise bien la fragilité de la société à l'issue de l'année 1963. Une atmosphère de tragédie plane. L'optimisme de Jean XXIII qui croyait en un monde beau et bon n'est plus de mise. Le regard dévoré d'inquiétude de son successeur semble davantage témoigner de la réalité.

Les premières paroles de Paul VI concernent l'Église du silence, singulièrement absente de Rome, cet automne-là. En dépit des négociations intenses qui durent depuis des mois, le primat de Hongrie, le cardinal Mindszenty, n'a pas été libéré. L'archevêque de Prague, monseigneur Beran, l'a été officiellement mais le gouvernement de Tchécoslovaquie ne l'a pas autorisé à reprendre son siège épiscopal, ni à faire le voyage en Italie. Les autorités polonaises, quant à elles, ont officiellement permis à trente-sept évêques de venir au concile mais elles n'ont remis un passeport qu'à vingt-cinq d'entre eux.

La quarantaine d'évêques de Chine et du Vietnam du Nord, de même que ceux d'Albanie et de Corée du Nord ont dû s'abstenir. Enfin, on ne peut compter que sur la présence du tiers des cent vingt évêques des pays liés à l'URSS.

Le pape déplore les malheurs de l'Église et l'injustice dont elle est victime. Il le fait sans compromettre les chances de rapprochement entre les églises catholique et orthodoxe, ni la détente entre l'Est et l'Ouest. Il demande pardon et implore l'indulgence des frères séparés pour la part des fautes et responsabilités qui, dans la division, incombe à l'Église catholique[1].

Sur sa banquette, dans l'*aula* conciliaire, le cardinal Léger sent la paix descendre en lui. Il a fait son devoir en revenant à Rome pour participer aux travaux sur le schéma de l'Église.

Hélas! son réconfort sera de courte durée. L'étude du schéma, qui durera un mois, sera ponctuée de discussions tendues. Les jeux de coulisse reprennent de plus belle et les querelles risquent de freiner les travaux comme ce fut le cas pendant la première session.

En règle générale, ses interventions sont écoutées avec attention. Il s'efforce de conserver un style sobre qui frappe néanmoins les auditeurs. Mais il lui arrive de se laisser emporter. Le soir, dans son carnet personnel, il note: «Je dois apprendre à filtrer mes impressions. Je suis habituellement trop passionné.»

Mais comment garder son sang-froid devant certaines interventions comme celles de ce prélat âgé et buté. «C'est un scandale!» murmure le cardinal lorsqu'il l'entend divaguer. Son impatience se manifeste même dans ses prières. «Seigneur, donnez-moi la grâce du courage, de la lucidité, afin que je prenne la décision de me retirer lorsque ma présence dans votre Église pourra devenir un obstacle à sa marche en avant.»

Les discussions sur l'Église, les évêques et l'oecuménisme s'enlisent. L'assemblée ne cache pas sa lassitude. Le spectacle est déprimant et le cardinal Léger le déplore.

«Si le président n'exerçait pas une surveillance serrée et si le spectacle n'était pas indécent, la moitié des pères seraient dans les bars ou les coulisses. Ils en ont pris leur parti. Ils prennent leur place mais ils mettent leur courrier à jour ou s'apportent de la lecture.

Son ami monseigneur Pignedoli approuve d'un geste de la tête. Comme tant d'autres, il déplore les lenteurs et les hésitations de Paul VI: «Vous devriez en parler au Saint-Père. Vous le savez comme moi, il ne se livre pas facilement. Peut-être réussirez-vous...»

Le cardinal Léger hésite. Il est las; il a plutôt envie de passer le flambeau à un autre. En outre, il sait que plusieurs évêques s'apprêtent à remettre une pétition au pape réclamant la réforme du saint-office et la tenue d'un synode. Peut-être est-il préférable d'attendre les résultats de cette démarche pilotée par le cardinal Koening, un homme qui jouit de la confiance du pape.

«Mais, insiste monseigneur Pignedoli, Paul VI est un timide qui ne veut faire de peine à personne.

— Vous avez raison, décide enfin le cardinal. Il faut que le pape agisse rapidement. Je me charge de lui exposer le problème.»

Sa lettre au Saint-Père ne passera pas inaperçue. Le 23 novembre, Paul VI le reçoit. Bien candidement, il avoue sa surprise. Se peut-il que des pères agissent de cette façon? «Mais, ajoute-t-il immédiatement, je vous trouve un peu pessimiste.»

La conversation se déroule dans un climat de confidence. De douceur aussi. Les marques de tendresse du pape à son égard le bouleversent.

«Accordez-moi votre confiance, votre dévouement, votre foi en l'action du Seigneur», lui demande-t-il.

L'émotion du cardinal est encore vive le soir venu, lorsqu'il note ses impressions: «Mes larmes ont coulé sur ses joues. Puissent-elles couler sur celles du Seigneur.»

*   *   *   *   *   *   *

Le 22 novembre 1963, le monde entier baigne dans la stupeur: le président américain John F. Kennedy est assassiné à Dallas. Le cardinal Spellman de New York, un ami intime du

Paul VI reçoit l'archevêque de Montréal qui est accompagné de son secrétaire, l'abbé Mario Paquette: «Accordez-moi votre confiance», lui dit-il.

président, vieillit de dix ans en apprenant la mort de celui que les Américains adulaient.

Au Vatican comme partout dans le monde, la douleur et l'indignation se confondent. La mort de Kennedy, à quarante-six ans, incarne la survivance du fanatisme et de la haine alors que les pères conciliaires recherchent la paix universelle.

Rome participe de façon grandiose aux funérailles du jeune président. Le cardinal Spellman prononce l'oraison en l'église Saint-Jean-de-Latran. Mais le Vatican ne croit pas devoir offrir un hommage semblable au général Ngo Diem, président du Vietnam du Sud, lui-même abattu quelques jours plus tard à Saigon. Ce manque d'empressement des évêques du monde à exprimer publiquement leurs condoléances aux délégués vietnamiens, dont l'un est le neveu du défunt président, crée un malaise.

Rien ne tourne rond dans la Ville éternelle en cette fin d'automne. Sans ses quelques rares échappées sur la *via* Antica, chez son frère Jules, ambassadeur du Canada en Italie, le cardinal ne s'offrirait aucun loisir. Il s'y retrouve habituellement en famille, en compagnie de son inséparable père Legault à qui il reproche moqueusement «la maigreur de son bagage philosophique et théologique qui n'apportera pas beaucoup de lumière au concile».

Ces moments d'intimité familiale sont précieux. «Merci, Seigneur, pour ces *relais* durant cette longue et fatigante chevauchée sur les routes de l'exil», écrit-il en rentrant au Collège canadien après un dîner chez Jules.

Aux soucis politiques s'ajoutent des troubles de santé. Un peu plus et il devrait s'aliter. Son médecin romain a diagnostiqué un accès de la bronchite chronique qui l'accompagne depuis sa tendre enfance: «Vous devriez vous reposer.»

En plus de cette toux qui ne lui donne aucun répit, l'archevêque souffre de douleurs lancinantes au dos qui le tiennent éveillé toute la nuit. Jamais il n'a ressenti une telle lassitude. Il est temps que s'achève cette session parsemée d'embûches: «Je ressens une fatigue lourde, écrit-il. Je crois que j'ai fait ce que je devais faire. Maintenant, je ne reprendrai plus d'initiatives. Dieu sait ce que mes interventions apporteraient. Le pape sait où je suis. Le temps de l'action est terminé. Je me réfugierai dans la prière et peut-être la souffrance.»

Heureusement, l'heure est venue de prendre quelque distance avec cette vie quotidienne qui offre peu de consolation. Le cardinal ne rentre pas au Québec après l'ajournement du con-

221

cile. Il réalise son grand rêve: voir l'Afrique. Ses préparatifs vont bon train. Ses collègues africains l'inondent de conseils. Il prépare minutieusement son itinéraire et boucle ses valises tandis qu'au loin, on se demande ce qui lui est tombé sur la tête.

*   *   *   *   *   *   *

Ce tour de l'Afrique noire, combien de missionnaires l'ont fait avant lui? À Montréal, le sien sème la panique.

C'est le journaliste Marcel Adam de *La Presse* qui a sorti le chat du sac: «Le cardinal aurait demandé à Paul VI de lui retirer la pourpre pour se consacrer aux lépreux», écrit-il en gros titre dans l'édition du 19 novembre 1963 [2].

Marcel Adam devine plus qu'il n'affirme. Correspondant à Rome depuis le début du concile, il a appris au fil des mois à décoder le sens des paroles délibérément ambiguës du cardinal. Le 13 novembre, des étudiants ont assisté à la visite historique de Paul VI au Collège canadien, à l'occasion du soixante-quinzième anniversaire de sa fondation. Prenant la parole à l'issue de la rencontre, le cardinal Léger a laissé entendre qu'il avait proposé au pape de l'envoyer en Afrique comme aumônier d'une léproserie. Le ton avait un rien de mystérieux et l'allusion à la démarche effectuée auprès du Saint-Père était à peine voilée. Ils lui rapportèrent ses paroles. Le reporter mordit à l'hameçon d'autant plus facilement que la veille, à la télévision, il avait entendu le cardinal confier à l'intervieweur que c'était bien ainsi qu'il souhaitait finir ses jours. D'où la bombe qu'il lança dans le quotidien de la rue Saint-Jacques avec la bénédiction du rédacteur en chef, Gérard Pelletier: «Connaissant le cardinal, dit-il au reporter, c'est plausible. Votre nouvelle, on la publie.»

Le lendemain, *La Patrie* titrait: «Qu'arriverait-il, s'il abandonnait son poste?» Et *Le Samedi* d'ajouter: «Les catholiques du Québec s'interrogent.» Jusqu'au sérieux *Devoir* qui prête foi aux «bruits au sujet du cardinal, l'un des sujets de conversation préférés des Montréalais».

Les Montréalais n'ont pas tout à fait tort. L'histoire passée les

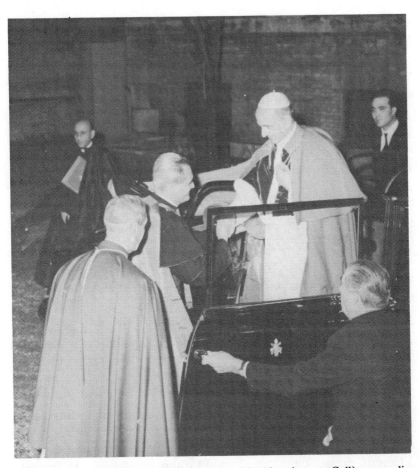

Le 13 novembre 1963, Paul VI effectue une visite historique au Collège canadien qui célèbre son soixante-quinzième anniversaire. À son arrivée, le cardinal Léger s'avance pour l'accueillir.

a rendus méfiants. Le mystérieux isolement de monseigneur Paul Bruchési, confiné pendant vingt ans dans ses appartements à l'archevêché, la mort subite de son successeur, monseigneur Georges Gauthier, et l'énigmatique exil de monseigneur Joseph

Charbonneau constituent une série de retraites qui laissent perplexes.

Un évêque a-t-il le droit de renoncer à la pourpre? Certains l'ont fait. Au Moyen-Âge, Boniface de Bruxelles démissionna et fut canonisé pour son geste. Un sort moins heureux attendait le pape Célestin V, qui mourut en geôle après avoir renoncé à la papauté en 1294.

Dans le *Bloc-notes* du *Devoir*, Claude Ryan observe que la nouvelle, si elle s'avérait fondée, n'aurait rien d'étonnant.

> Que le cardinal, après treize années d'un épiscopat fort actif (le siège de Montréal est l'un des plus difficiles du monde), ait éprouvé le désir d'une retraite apostolique chez les lépreux, ce sentiment serait bien dans la ligne de cet homme généreux que hante constamment la misère des humbles[3].

L'archevêché a tôt fait de démentir la nouvelle. Interprétation abusive d'une causerie faite au Collège canadien, déclare-t-il. «Rien ne permet de déduire que le cardinal ait songé à solliciter d'être déchargé de sa charge actuelle.»

Le démenti ne convainc personne et le chancelier du diocèse, monseigneur Lafortune, croit bon d'ajouter: «Les informations (de *La Presse*) se fondent sur un malentendu... le cardinal sera de retour à Montréal en janvier.»

Mais pour combien de temps, demandent les Montréalais? Le sujet de cette polémique n'a pas l'intention de répondre. À vrai dire, il s'en désintéresse totalement. «Tout cela me laisse indifférent, écrit-il dans son journal intime, car de fait, au fond du coeur, j'ai acquis la liberté et je suis prêt à tout.»

Dans quelques heures, il quittera Rome. L'Afrique l'attend. Pour la première fois en treize ans, il fêtera Noël loin des siens. Il s'en explique aux téléspectateurs de Télé-Métropole: «Les fidèles de Montréal fêteront la Nativité par des *Minuit Chrétien* et de beaux dindons, et je crois qu'ils pourront se passer de moi.»

*   *   *   *   *   *   *

224

Elle s'appelle Marie, cette jeune femme à la peau d'ébène qui regarde tendrement son petit Jésus. Et lui, ce grand gaillard à la chevelure crépue, c'est bien Joseph sans sa traditionnelle barbe.

Le cardinal Léger voudrait que le temps s'arrête. Il aimerait fixer à jamais dans sa mémoire les personnages vivants de la crèche qu'il observe à la dérobée. À mille lieues de sa ville, il s'apprête à célébrer la messe de minuit avec les lépreux, au coeur de la brousse africaine.

Déjà, les habitants de la léproserie de Bururi, au Burundi, minuscule État de l'Afrique centrale coincé entre le Ruanda et la Tanzanie, gagnent leurs places dans la petite chapelle de fortune.

Pour le cardinal Léger, ce voyage est l'aboutissement d'un véritable drame. Un problème de conscience qui l'a hanté tout l'automne. Comment un homme peut-il vivre sans remords en Amérique quand, ailleurs, des milliers d'êtres humains, victimes de la lèpre, cette maladie hideuse, souffrent en plus de la faim? Tout au long des travaux du concile, il s'est posé et reposé la question. Et cette autre: comment l'Église peut-elle dormir sur ses deux oreilles, entourée de trésors et de joyaux, quand des centaines d'Africains pourrissent vivants?

L'archevêque ne juge pas les moeurs actuelles, résidu d'une autre époque. Il les déplore. Il lui arrive même de s'en ouvrir publiquement: «Réduisons les insignes, les ornements et les titres dont nous faisons souvent usage contre notre volonté. L'utilisation que nous faisons d'un certain apparat traditionnel est un obstacle à l'action évangélique. Peut-être ce faste pouvait-il sembler nécessaire à l'époque où certains évêques étaient aussi des princes temporels; cela ne correspond plus aux moeurs ni aux désirs de cette assemblée[4].»

Lors de sa dernière rencontre privée avec Paul VI, il s'est confié: «J'ai l'impression de ne plus être ce que j'étais.»

Il cherche ses mots pour expliquer au Saint-Père qu'un profond désir de sainteté l'anime mais qu'il ne sait comment réaliser cet irrésistible souhait.

Paul VI comprend à demi-mot: «Ce voyage en Afrique sera comme une injection.»

Dans l'attente du départ, le cardinal dévore tous les écrits concernant la plus vieille maladie du monde. Un mal biblique, évangélique, longtemps considéré comme un châtiment de Dieu, jusqu'à ce que chercheurs et hommes de science découvrent en 1871 qu'il s'agit d'un bacille comme les autres.

Ce bacille, qui pénètre dans l'organisme par la peau, ressemble à celui de la tuberculose mais il est moins contagieux. «Si seulement on donnait un balai, du savon et des sandales à tous les habitants du Tiers-Monde, on pourrait enrayer la lèpre», songe le cardinal.

Pendant ses nuits d'insomnie, les images intolérables saisies lors de son séjour au Japon, à la fin des années trente, ressurgissent. Le missionnaire qu'il était alors habitait à côté de la réserve où l'on parquait les parias de la lèpre. Le cardinal revoit clairement les cimetières ambulants qui leur tenaient lieu de village. Comment oublier qu'on leur tendait la nourriture au bout d'une longue perche?

Il veut à tout prix sensibiliser ses diocésains au drame qui se joue en Afrique: «Privez-vous d'un repas à chaque semaine, et donnez l'argent à un fonds que nous appellerons *Fame Pereo* (je meurs de faim).»

Au cours des mois suivants l'archevêque récolte ainsi quatre cent mille dollars qui serviront à construire quatre nouvelles léproseries pouvant accueillir trois mille cinq cents lépreux.

*   *   *   *   *   *   *

Le voici maintenant qui parcourt le Kenya. Il célèbre la messe de l'Immaculée Conception à Nairobi. La foule est telle que la nouvelle cathédrale, inaugurée en juillet, ne peut la contenir. C'est tout le Tiers-Monde qui y est représenté puisque la population de Nairobi est composée d'Africains et d'Asiatiques.

Ensuite: l'Ouganda, qui compte deux millions de catholiques mais où seulement trente pour cent de la population aspire au baptême. À la cathédrale de Rubaga, construite par les Pères Blancs du Canada, le cardinal ordonne deux prêtres africains.

Partout en Afrique noire, la foule accourt pour voir le premier cardinal à jamais avoir foulé son sol.

Le cardinal visite le Cameroun, le Dahomey, le Togo et le Ghana à la vitesse de l'éclair. Partout il dit la messe, donne la communion et bénit les malades.

Puis le clergé local l'invite à passer la nuit au presbytère de Rubaga, ce quartier de Kampala qui est le siège des catholiques. Mais lorsque le cardinal apprend que le premier évêque africain, qui vient de mourir, baigne dans le formol dans la pièce d'à côté, il décline poliment l'invitation.

Il passe ensuite les heures cruciales de son voyage dans les léproseries comme celle de Jomba, au Congo belge, où il dit la messe en langue vulgaire et baptise des lépreux adultes.

Après une escale au Burundi, où les danseurs banyarwanda présentent à leur invité tout de blanc vêtu leurs danses, au son du tamtam qui scande leurs mouvements, l'archevêque s'arrête enfin à la léproserie de Buburi qu'il a choisie pour fêter Noël.

Le reste du voyage se déroule à la vitesse de l'éclair: le Cameroun, le Dahomey, le Togo, le Ghana. Partout, c'est le

Les danseurs africains s'exécutent au son du tamtam en l'honneur de leur distingué invité.

229

même accueil enthousiaste. On déroule le tapis rouge en l'honneur du premier cardinal à visiter l'Église saharienne.

Puis c'est le retour à Rome. Il ne fait pas ses adieux à l'Afrique. Non, c'est un simple au revoir. Ses premières réactions sont enthousiastes:

> J'ai une impression généralisée d'espoir face à l'Église d'Afrique... Il s'agit d'une Église qui ne tient pas à imiter les autres Églises de façon servile mais qui tient à se réaliser avec son génie et ses essences propres... Je suis venu pour apprendre. Ici, nous sommes aux sources de l'apostolat[5].

Le vol 031 d'Air France atterrit sans anicroches sur la piste enneigée de Dorval. Le cardinal Léger descend de l'avion. Bronzé, souriant, serein, il se laisse docilement diriger vers le salon des V.I.P. ou, en ce 8 janvier 1964, l'attend une cohorte de journalistes.

Feignant l'étonnement devant ces hommes et ces femmes qui accomplissent des prodiges d'acrobatie pour lui soutirer des confidences, il reprend patiemment ses explications: non, il ne faut pas voir en ce voyage autre chose qu'un effort personnel de vérité.

«Ce commandement que Dieu a donné à l'apôtre Paul: «Allez enseigner...», m'y étais-je vraiment soumis? Après m'être posé cette question, j'ai cru en toute sincérité que je devais faire un effort missionnaire. Retourner vers ces terres lointaines où j'avais travaillé durant six ans[6].»

Pendant les semaines qui suivent, l'archevêque de Montréal reste accroché à ses souvenirs. Il ne parle que de ce qu'il a vu, de ce qui a été fait, de ce qui reste à faire. Il répète inlassablement à ses prêtres: «Allez passer vos vacances en Afrique!» Il sollicite aussi les étudiants: «Envoyez des livres.» Ceux du collège Sainte-Marie répondent à l'appel; ils expédient plus de trois mille volumes au collège des Pères Blancs de Kaengesa, en Tanzanie.

À leur tour, les pharmaciens sont mis à contribution: le cardinal réclame des dons en médicaments, surtout des sulfones, prescrits pour soulager la souffrance des lépreux. Il en recueillera pour une valeur d'un quart de million de dollars.

Au milieu de la campagne de souscription de *Fame pereo*,

l'archevêque réussit à convaincre le premier ministre Lester B. Pearson d'accentuer l'aide canadienne en Afrique.

*   *   *   *   *   *   *

Calé dans son fauteuil préféré, à sa résidence de Rosemont, le maire Drapeau regarde la télévision, en ce dimanche après-midi de janvier. Radio-Canada présente une série de reportages filmés lors du pèlerinage du cardinal Léger en Afrique.

Certaines scènes sont insupportables, comme celle où on le voit prendre dans les siennes les mains d'un lépreux aux doigts rongés par la maladie. Ou encore celle captée dans un orphelinat: il serre sur son coeur un bébé condamné à mourir de malnutrition.

La peau brûlée par le soleil, le cardinal, en soutane blanche et ceinturon rouge, arpente les sentiers de terre battue, passant d'une hutte à l'autre. Il a l'air parfaitement à l'aise dans cette nature luxuriante.

Il arborait le même sourire radieux, à sa descente d'avion. Le maire s'en souvient puisqu'il a tenu a l'accueillir personnellement à Dorval. Il paraissait rayonnant malgré la longue envolée et ne parlait que de ce fascinant périple de trente-deux jours qui lui avait fait parcourir cinq mille milles et visiter dix pays.

Quel signe fallait-il voir dans ce voyage? Jean Drapeau était à Rome, l'automne précédent, lorsque la rumeur avait prétendu que le cardinal allait bientôt se faire aumônier dans la brousse. Tout au long de la journée qu'il passa en compagnie de l'archevêque, dans Saint-Pierre de Rome, il s'était bien gardé de l'interroger même si sa curiosité était piquée. Son ami, qui était fort préoccupé par les travaux de Vatican II, l'inondait de renseignements sur le fonctionnement du concile. «Un guide parfait!» se dit le maire, qui le suivait dans l'*aula* conciliaire, où le cardinal prit sa place habituelle en lui indiquant les gradins réservés aux laïcs dans la basilique.

Après la visite des lieux, ils mirent au point le dernier épisode du complot né il y a un an, lors d'une rencontre amicale:

231

Le maire Jean Drapeau s'est toujours efforcé d'être présent à Dorval lorsque l'archevêque de Montréal rentrait d'un séjour à l'étranger. Ils sont ici avec monseigneur Lawrence Whelan et le chanoine Laurent Cadieux.

«C'est curieux, lui faisait remarquer le cardinal, ironique, la ville n'a jamais rien offert au premier cardinal de Montréal.

— Il n'est jamais trop tard pour bien faire, s'empresse de répondre Jean Drapeau. Je vais en parler au conseil municipal. Ce ne sera pas un cadeau à l'occasion de votre nomination mais pour le dixième anniversaire de votre élévation.

— Vous pensez? demande le cardinal, toujours moqueur.

— Mais, reprend le maire en faisant mine de se creuser la tête, qu'est-ce qu'on pourrait bien vous offrir? Vous avez tout. Je me demande ce que vous pourriez souhaiter?

— Une croix pectorale en ivoire sculptée. J'en porte toujours une. Ça me ferait plaisir de porter celle que m'offrirait ma ville.

— Bonne idée!»

La fameuse croix vient de leur être livrée à Rome. Le maire n'a plus qu'à l'offrir officiellement au cardinal, ce qu'il fera quelques jours plus tard...

«C'est curieux, pense le maire en éteignant le téléviseur, depuis son retour, je n'ai jamais vu cette croix à son cou.»

Se peut-il que dans sa grande générosité, il en ait fait don au Pape? Si l'on en croit les journaux, il aurait remis au Saint-Père des ornements épiscopaux d'une valeur de cinquante mille dollars. Cela non plus le maire n'osera jamais le lui demander. L'amitié est aussi faite de silences entendus. Le geste n'aurait rien d'étonnant. Pas plus d'ailleurs que celui de troquer la soutane rouge contre la tunique blanche de l'aumônier africain. «Au fond, pense-t-il encore, le cardinal a toujours été un missionnaire. Il vient sans doute de réaliser qu'il est actuellement missionnaire dans un pays de riches. Ici, il a fait tout ce qu'il avait à faire. Il a créé des paroisses et aidé les pauvres. Il aspire maintenant à aller là où la misère véritable existe. Là-bas, en Afrique, il veut soigner les lépreux, donner lui-même à manger aux malades et aux affamés[7].»

Références — Chapitre XI

1. Wenger, Antoine, *Vatican II: Chronique de la deuxième session,* Les Éditions du Centurion, Montréal, 1963, pp. 17 à 19.
2. *La Presse*, 19 novembre 1963.
3. *Le Devoir*, 20 novembre 1963
4. *France-Soir*, 9 octobre 1963.
5. *La Presse*, 30 décembre 1963.
6. Robillard Denise, *op. cit.*, p. 52
7. Jean Drapeau.

Chapitre XII
L'Église au banc des accusés

Gonflé d'orgueil, Jean Lesage dépose lui-même devant l'Assemblée législative le nouveau projet de loi 60 qui propose la création d'un ministère de l'Éducation. On sait qu'il avait juré que jamais, sous son administration, il ne serait question de créer un ministère de l'Instruction publique. Le 15 janvier 1964, il rompt son serment. Pour clouer le bec à ses détracteurs, il joue sur les mots «éducation» et «instruction publique», qui, explique-t-il, n'ont pas le même sens, et en profite pour souligner que son ministère garantit la confessionnalité des écoles du Québec.

Le premier ministre a de quoi porter haut le front: après des mois de négociations serrées, son projet de loi a enfin reçu l'imprimatur de l'épiscopat. La lettre signée par monseigneur Roy, qu'il brandit comme un trophée au «salon de la race», muselle l'opposition. Comment en effet le chef bleu, Daniel Johnson, peut-il contester une loi qui a reçu la bénédiction de l'Église?

Il en a vu de toutes les couleurs, monsieur Lesage, depuis le jour où, en juin dernier, les évêques l'ont rappelé à l'ordre.

Il s'est racheté en reportant à l'automne l'étude du projet de loi, donnant ainsi à chacun la chance d'exprimer son point de vue. Solution démocratique qui a permis aux Québécois de lui envoyer soixante-seize exposés durant la saison estivale[1].

Au beau milieu de la canicule, pendant que son impatient lieutenant, le ministre de la Jeunesse, poursuivait sa croisade à travers le Québec, dans l'espoir de convaincre la population des bienfaits de sa loi, Jean Lesage faisait la navette entre Québec et Montréal. Il avait même organisé un contact fréquent entre sa suite au Reine-Élizabeth et l'archevêché de Montréal. Son émissaire allait et venait sur le boulevard Dorchester, emportant les propositions du premier ministre et les contre-propositions de l'archevêque[2].

À l'automne, quand les prélats déménagèrent leurs pénates à Rome pour la poursuite du concile, les échanges devinrent tantôt téléphoniques, tantôt épistolaires. Lorsqu'enfin les amendements furent rédigés à la satisfaction du gouvernement, Jean Lesage en expédia une copie pour approbation dans la Ville éternelle. Enfin, une semaine jour pour jour après le retour d'Afrique du cardinal, le projet de loi est présenté.

Ce projet s'inspire largement des recommandations de l'épiscopat et contient des garanties concernant la sauvegarde du caractère confessionnel du système d'enseignement qui, cette fois-ci, sont formulées en des termes plus clairs et précis.

*   *   *   *   *   *   *

Jean Lesage prêche par excès de fierté. Cette façon fanfaronne qu'il a de présenter l'approbation des évêques agace. On l'accuse de démagogie. Peu lui importe, au fond, puisque la manoeuvre le sert politiquement: l'Union nationale n'osera jamais affronter l'épiscopat. De fait, l'opposition approuve le projet de loi qui entre en force le 19 mars 1964.

Tout compte fait, la presse accueille favorablement ce qu'elle appelle «la plus importante législation du siècle». En incorporant le préambule suggéré par les évêques, les journalistes estiment que la loi établit clairement le droit des parents qui, selon leurs convictions, assurent le mieux le respect du droit de leurs enfants. En outre, le gouvernement, estiment-ils, a eu raison de ne pas céder aux pressions des évêques sur la question de la nomination des sous-ministres. En dépit de leurs demandes réitérées, les élus du peuple décidèrent qu'ils ne soumettraient pas les noms des candidats à leur approbation mais qu'on se contenterait de les consulter.

«Il faut, oui, tuer le veau gras! s'exclame Gérard Pelletier dans *La Presse*. La loi 60 sauvegarde efficacement, croyons-nous, le principe d'un ministère vraiment responsable et le transfert de l'initiative et de l'autorité vers un organisme politique vraiment efficace[3].»

Dans *Le Devoir*, André Laurendeau est nettement moins enthousiaste. Il trouve excessives les garanties exigées par les évêques mais reconnaît néanmoins que leur intervention fut publique, «ce qui marque un progrès sur la façon dont on procédait jadis». Il s'interroge surtout sur le genre de ministère de l'Éducation que s'est donné le Québec: «Nous aurons le mot et partie de la chose. Le Département de l'instruction publique risque de renaître partiellement à l'ombre du comité catholique.»

Il conclut: «C'est peut-être, politiquement, le maximum de ce qui était possible aujourd'hui. Je le regrette pour l'État, pour l'Église — pour l'ensemble du Canada français[4].»

* * * * * * *

Le ministère de l'Éducation est donc officiellement créé et, le 13 mai 1964, Paul Gérin-Lajoie, son véritable maître d'oeuvre, en devient le premier titulaire. Il a mis son chef en garde: «Je ne veux pas d'un ministère fantoche mais bien d'une structure décisionnelle.»

Avant que ne s'achève l'année 1964, la Commission royale d'enquête sur l'éducation, que dirige toujours monseigneur Parent, remet le deuxième et le troisième tomes de son rapport au premier ministre Lesage. Une brique contenant cent quatre-vingt-douze recommandations dont certaines font l'effet d'une bombe.

Lorsque les commissaires proposent d'établir l'enseignement préscolaire ou de créer de nouvelles universités, les réactions sont plutôt sympathiques. On applaudit aussi en constatant que le système préconisé assurerait l'uniformisation des diplômes universitaires et de la durée des études dans les institutions anglophones et francophones. Mais lorsque le rapport Parent suggère d'abolir les collèges classiques et de les remplacer par des écoles polyvalentes qui dispenseraient des cours aux étudiants de la onzième à la quatorzième année destinés au marché du travail, d'une part, et aux études universitaires de l'autre, bon nombre ont le souffle coupé. Même Jean Lesage blêmit[5].

Une véritable révolution s'annonce. Le président de la Commission l'a pressenti puisqu'en remettant sa brique au premier ministre, il a dit: «Voici un rapport contenant des essais de solutions qui vous apporteront des problèmes.»

Jean Lesage est sur ses gardes. Il laisse entendre que la réforme n'est pas pour demain. Il en fait une affaire de gros sous. «Il est évident, précise-t-il aux commissaires, que la dernière partie de votre rapport... qui traitera du financement de l'éducation, va conditionner l'action du gouvernement[6].»

* * * * * * *

Là-dessus, un scandale éclabousse les communautés religieuses vouées à l'éducation, et le cardinal est bouleversé. Certains frères et certaines soeurs sont dans l'eau bouillante depuis que les journaux se sont emparés de ce qu'on appelle maintenant «l'affaire des manuels scolaires». Fin janvier 1964, la Commission chargée par le gouvernement d'enquêter sur le commerce du livre au Québec, publie ses étonnantes conclusions. Menée par le professeur Maurice Bouchard de la faculté des sciences sociales de l'Université de Montréal, elle lève le voile sur des conflits d'intérêts, une concurrence déloyale et un monopole abusif mettant en cause le Département de l'instruction publique, le Centre de psychologie et de pédagogie de Montréal et plusieurs communautés religieuses faisant commerce d'édition et de librairie[7].

Les reproches sont de taille: selon le rapport, le comité catholique du Département de l'instruction publique, chargé de réviser les programmes scolaires, confie aux auteurs des manuels le soin de les étudier pour approbation. Ces auteurs deviennent alors juge et partie puisqu'il leur arrive de recommander leurs propres livres. Le rapport cite les noms de dix-neuf religieux et laïcs trouvés en conflit d'intérêts et ayant touché au cours des sept dernières années des redevances allant de 2 000 à 199 781 dollars. Sept frères et soeurs ont ainsi signé vingt-neuf ouvrages, ce qui a rapporté une petite fortune à leurs maisons mères.

Toujours selon la Commission Bouchard, le Centre de psychologie et de pédagogie exerce un quasi-monopole sur l'édition de manuels scolaires; il constitue un concurrent déloyal, abusant d'une puissance financière acquise en grande partie grâce aux situations irrégulières dans lesquelles se trouvaient plusieurs de ses auteurs également membres des comités du Département de l'instruction publique[8].

La concurrence est déloyale puisque les communautés religieuses sont exemptes d'impôt, ce qui n'est pas le cas des autres libraires et éditeurs. La maison Fides, dirigée par les clercs de Sainte-Croix, est blâmée. Au cours des dix dernières années, elle a réalisé un profit net de 1 204 927 dollars grâce à la seule publication de *L'Élève*, et n'a eu aucun impôt à payer sur cette somme. De plus, les cinq membres du comité pédagogique de *L'Élève* font partie d'organismes du comité catholique qui ont à approuver le contenu de cette revue.

Ces découvertes éclipsent dans les journaux la nouvelle de la création d'un ministère de l'Éducation. L'éditorialiste Claude Ryan, perçu comme le principal conseiller du cardinal dans le domaine, a aiguisé sa plume. Il parle d'exploitation et de commerce s'abritant derrière le détachement trompeur de la formule coopérative. Il déplore que des maisons fondées pour diffuser des livres religieux aient envahi peu à peu le commerce du livre en général. Tout en soulignant qu'il appartient aux autorités compétentes de décider s'il y a lieu d'entamer des procédures judiciaires, il réclame que les communautés religieuses reviennent au plus tôt à leur activité propre et laissent aux laïcs le commerce du livre profane. Ou alors, si elles veulent rester dans ce domaine, qu'elles paient loyalement à César ce qui lui est dû[9].

La Fédération des frères éducateurs ne tarde pas à réagir. «Oui, écrit son président, le frère Louis Bernard, au début, seules les communautés religieuses pouvaient se permettre d'éditer des manuels scolaires, non par monopole mais parce qu'elles étaient les seules à posséder assez d'esprit de sacrifice et de personnel compétent pour le faire et supporter l'investissement en capital que cela représente[10].»

Si vous voulez qu'on fasse des calculs, faisons-en, semble dire le frère Bernard. D'accord, les communautés religieuses ne paient pas d'impôt. Mais saviez-vous qu'en mars 1963, les trois mille trois cents frères enseignants et les huit mille deux cents religieuses recevaient respectivement deux mille et six cents dollars de moins en salaire annuel que leurs collègues laïcs? Si le gouvernement décidait d'appliquer le principe «à travail égal, salaire égal», il grèverait son budget de ces onze millions de dollars «que les religieux et les religieuses laissent présentement aux localités où ils enseignent au lieu de les envoyer aux gouvernements fédéral et provincial sous forme d'impôt[11].»

Claude Ryan revient à la charge et demande aux communautés de réviser la comptabilité de leurs revenus: «Il faudra distinguer les revenus provenant du travail professionnel des membres des dons de charité[12].» Il ridiculise le principe de la mise en commun des biens, appliqué de manière trop littérale: «Je plains la religieuse qui doit aller quémander à l'économat ses billets d'autobus afin de se rendre à l'université.» S'il enjoint les communautés d'être prudentes dans le domaine de l'immobilier, il réclame qu'on paie les religieux enseignants selon leur valeur réelle[13].

*   *   *   *   *   *   *

«Quand vous parlez des communautés religieuses, demande le cardinal aux jeunes, quand vous dites qu'elles sont riches à millions, êtes-vous sûrs d'être bien renseignés?»

240

La question est posée. Dans la salle du Gésu, rue Bleury, les quelque mille étudiants gardent le silence. Ils sont venus entendre ce que leur cardinal a à leur dire. Tout le corps professoral du collège Sainte-Marie est présent.

L'archevêque poursuit: «Je vous invite à faire des enquêtes. Qu'on ait des rapports Bouchard à la centaine, qu'on rectifie des situations, j'en suis! Qu'on dise tout: nous sommes en spectacle aux hommes et aux anges.»

Il n'entre pas plus avant dans le détail de cette malheureuse affaire. Mais il continue de parler pendant une heure sans texte: «L'argument d'autorité ne vaut plus aujourd'hui. L'Église n'impose rien. L'Église doit être pauvreté et témoignage.»

Le cardinal parle longuement de la société que les jeunes sont appelés à bâtir et de leur vie d'étudiants, qui comporte de nouvelles responsabilités. Le collégien d'aujourd'hui lit dans le journal et voit à la télévision ce qui se passe à Chypre, en Turquie, en Afrique aussi bien qu'à Québec ou à Shawinigan, il doit être capable de dépasser l'information et de poser un jugement de valeur.

Puis: «soyons francs, affirme-t-il, et reconnaissons que quand nous disons que notre société est pluraliste, nous signifions que parmi nous, quelques-uns ont eu le courage de dire qu'ils sont agnostiques et marxistes[14].»

Le cardinal se demande s'il s'est bien fait comprendre. Comment convaincre ces jeunes qu'on peut refaire le monde sans démolir tout ce qui existe déjà? Faut-il absolument rayer de la carte les institutions centenaires, témoins des efforts que des hommes et des femmes de Dieu ont déployés?

Ce matin même, juste avant de se rendre au Gésu, son ami le maire a réussi à lui arracher la permission de démolir l'église Saint-Jacques, un monument datant de 1857. Il y pense avec un serrement au coeur. «La première église-cathédrale, appelée à disparaître!»

Les arguments de Jean Drapeau ont du poids. Tout ce quartier du centre-ville est en reconstruction. L'Exposition universelle de Montréal va se mettre en chantier et les édifices commerciaux poussent comme des champignons. À l'endroit même où s'élève l'église Saint-Jacques, la ville doit construire une station de métro.

L'archevêque a hésité avant de consentir à ce que ce lieu historique tombe sous le pic des démolisseurs. Mais le secteur n'est plus résidentiel et la paroisse qui comptait vingt mille âmes il y a douze ans a perdu la moitié de ses membres.

Dans cette histoire, il ne faut voir qu'un symbole, se dit-il. Mais un symbole éloquent et peut-être inquiétant.

*   *   *   *   *   *   *

Le cardinal réprime mal l'indignation qui gronde en lui. Un peu plus et il s'emporterait publiquement, comme Jésus lorsqu'il chassa les vendeurs du temple avec le fouet. Après avoir blamé les communautés religieuses voilà maintenant que c'est lui qu'on accuse de malhonnêteté.

L'insulte est de taille: oser demander où va l'argent qu'il réclame pour ses oeuvres. Pis, le faire sur les ondes radiophoniques.

Quel procédé insidieux! Il aimerait se défendre. «Je devrais engager un comptable, se dit-il, et lui demander de faire la somme de ce que j'ai consacré aux oeuvres de charité en quinze ans. Cela en ferait taire plus d'un.»

Toute la journée, il s'efforce de ne rien laisser paraître. Il juge plus sage de laisser retomber la poussière. Mais le malaise ne passe pas et malgré sa volonté de se concentrer sur ses affaires courantes, son visage reste tendu, plein d'amertume, comme pour blâmer.

Aussi bien vider la question! Après avoir consulté son agenda, il décide de provoquer l'explication le surlendemain, devant le club Richelieu-LaSalle.

À l'heure dite, le 11 mars au soir, l'archevêque est fin prêt. Toute trace de colère a disparu de son visage. Mais le regard ne trompe pas. Un curieux climat règne dans la salle tandis que le conférencier s'avance vers le micro. L'on sent qu'il a un grief à formuler. «Certains se demandent peut-être quelle mouche m'a piqué en Afrique? Aucune mais si jamais quelqu'un osait m'attaquer, peut-être connaîtrait-il des réactions.»

Il va ensuite droit au but: «Il y a à peine quarante-huit heures, quelqu'un posait sur les ondes une interrogation malicieuse: cet argent que demande le cardinal, où va-t-il? Quand j'entends cela, je sens monter en moi cette indignation qui peut devenir tragique pour ceux qui l'ont provoquée.»

D'une voix plus posée, il explique: «L'indignation, c'est l'attitude d'un homme sincère qu'on tente de faire passer pour un naïf ou pour un imbécile.»

Silence. Puis il poursuit, sur un ton plus vif, plus sec. «Tout homme digne de ce nom n'acceptera jamais qu'on l'exploite et surtout qu'on exploite son nom, sa fonction, pour des fins sordides, pour plaire à une opinion publique qui se pose des questions, surtout quand on les lui suggère.»

Rivés à leurs sièges, les invités restent cois. Pas un toussotement, pas un bruit ne vient détourner l'attention. Le cardinal trace à grands traits le profil de ses oeuvres: le Foyer de Charité, la grande corvée de Saint-Charles-Borromée, l'aide apportée aux adolescents de l'institut Dominique-Savio. «Mais je ne suis pas ici pour dire ce que donne ma main droite quand ma main gauche reçoit, remarque-t-il.» Puis, rappelant les conclusions d'une enquête sociologique faite aux États-Unis qui affirment que vingt millions d'hommes ont faim dans ce pays, il enchaîne: «Chez nous, on n'ose pas faire cette étude sociologique et voir qu'à côté de l'abondance, des repus dont je fais partie, il y a la misère et l'enfance malheureuse[15].»

*   *   *   *   *   *   *

Tout au long de la décennie, le clergé et les communautés religieuses continueront d'être la cible d'attaques provenant de tous les milieux. Désormais on conteste publiquement leur pouvoir financier. On s'interroge sur l'étrange cohabitation des richesses de l'Église et du voeu de pauvreté que prononcent les ecclésiastiques.

243

Cette contestation de l'Église dépasse largement les frontières du Québec. Le monde entier s'interroge sur l'administration de ses biens matériels. On rappelle que le Saint-Siège est l'une des plus grandes puissances financières au monde. L'Église se sent éminemment concernée. Pendant Vatican II, beaucoup d'évêques, à la suite du cardinal Lercaro, ont insisté pour que l'Église s'engage au service des pauvres. Elle doit administrer les biens en se rappelant qu'ils n'appartiennent pas à la hiérarchie mais qu'ils sont le patrimoine des fidèles. Paul VI est tiraillé. Dans *La Presse*, Marcel Adam écrit:

> Paul VI, qui s'achemine lentement dans la voie du dépouillement et de l'humilité, aurait confié à un évêque que cette richesse est la plaie la plus douloureuse de l'Église[16].

Au Québec, le clergé est blâmé en tant que propriétaire de biens immobiliers exemptés d'impôt, ce qui prive le trésor public de vingt-cinq millions de dollars par année. Cette tradition est d'autant plus contestée que les écoles, hôpitaux et églises ont été construits avec les fonds de l'État.

Autre source de mécontentement: les magasins, librairies et restaurants des lieux de pèlerinage comme l'oratoire Saint-Joseph et Sainte-Anne-de-Beaupré bénéficient aussi d'exemptions alors que leur vocation est carrément commerciale. Bref, on reproche à l'Église de négliger sa mission spirituelle pour gérer son argent.

Ce qui donne le plus à penser à ceux qui analysent la mutation en cours, c'est que les critiques les plus sévères viennent des amis de l'Église. Ainsi, Claude Ryan accuse les communautés de spéculer de façon abusive dans l'immobilier, d'acheter des propriétés dont elles n'ont pas besoin pour les revendre à gros profit. D'autres affirment qu'elles placent leur argent dans des compagnies spécialisées dans le prêt usuraire aux petites gens. D'autres encore prétendent que les religieux se montrent mesquins avec leurs débiteurs, surtout lorsqu'il s'agit des pauvres, les obligeant, par exemple, à payer leurs comptes d'hôpitaux rubis sur l'ongle[17].

Tous ces reproches provoquent une sérieuse remise en question. À Montréal d'abord, puis en province, de nombreux curés, la plupart jeunes, donnent le coup de barre attendu. Ils confient l'administration financière de leur paroisse aux laïcs afin de se consacrer à leur ministère pastoral. Certains refusent de parler d'argent en chaire, laissant au marguiller comptable le soin de faire la lecture publique du budget. Pour les quêtes spéciales, ce sont encore les laïcs qui sont chargés de lancer l'appel. Ces mêmes curés uniformisent les frais de mariage et de funérailles, de même que la vente des cierges.

L'un d'entre eux rafraîchit même le vocabulaire en usage: son presbytère devient «la maison des paroissiens» et il remplace les «heures de bureau», qui conviennent davantage à une entreprise commerciale, par des «heures d'accueil».

*　*　*　*　*　*　*

«Décidément, ils exagèrent!» pense le cardinal devant l'impatience des revendicateurs de changements. Son clergé et les communautés religieuses de son archidiocèse se mettent de plus en plus à l'heure du concile. Et n'est-il pas lui-même intervenu dans l'*aula* pour réclamer que l'Église se dépouille au profit des pauvres? N'a-t-il pas lui-même prêché d'exemple?

Mais il faut du temps et cela, la population doit le comprendre. Rome ne s'est pas bâtie en un jour! Voilà pourquoi il n'est pas loin de perdre patience lorsque certains détracteurs laissent entendre que les institutions hier perçues comme des monuments d'identification nationale sont devenues des pièces à scandale. Il s'explique mal que l'on puisse taxer l'Église de capitalisme alors que ses biens constituent un héritage. Il reconnaît néanmoins que si elle n'a pas à s'en départir, elle doit faire montre d'un esprit de détachement et de partage[18].

Cet héritage dont parle le cardinal, jamais il n'a semblé aussi lourd aux communautés religieuses, qui ont de plus en plus de mal à boucler leur budget. Curieux hasard! Au moment où on leur reproche leurs richesses, elles en sont réduites à se serrer la ceinture.

Leurs revenus baissent à vue d'oeil et la parité des salaires

245

avec les laïcs que les religieux enseignants obtiennent en 1965 ne suffit pas à compenser. Les immeubles dont elles sont propriétaires se détériorent et nécessitent des réparations coûteuses. Certains sont devenus de véritables éléphants blancs depuis que le nombre de religieux diminue et que la relève tarde à venir. Forcées de contracter des emprunts dont le remboursement s'avère difficile et préoccupées par les dettes qu'il faudra bien régler un jour, les communautés commencent à songer à vendre les églises historiques et les collèges classiques maintenant déserts.

Les supérieurs multiplient les encouragements à la pauvreté. La communauté fournit le strict nécessaire à ses membres et le fruit du travail personnel de chacun continue de revenir à la collectivité. Cet appel au renoncement tranche avec l'univers matérialiste de l'heure: à la mi-temps des années soixante, on valorise les personnes qui commandent des emplois bien rémunérés. Les supérieurs renflouent peut-être la caisse commune mais ils alimentent des frustrations qui laissent présager l'éclatement[19].

Références — Chapitre XII

1. Daignault, Richard, *Lesage*, Libre Expression, Montréal, 1981, p. 376.
2. *Ibid.*, p. 378.
3. *La Presse*, 18 janvier 1964.
4. *Le Devoir*, 18 janvier 1964.
5. Daignault Richard, *op. cit.*, p. 380.
6. *Le Devoir*, 21 novembre 1963.
7. *Le Devoir*, 25 janvier 1964.
8. *Ibid.*
9. *Le Devoir*, 27 janvier 1964.
10. *La Presse*, 3 février 1964.
11. *Ibid.*
12. *Le Devoir*, 30 janvier 1964.
13. *Ibid.*
14. *La Presse*, 27 février 1964.
15. La Presse, 12 mars 1964.
16. *La Presse*, 15 avril 1966.
17. Hamelin, Jean et Gagnon, Nicole: *Histoire du catholicisme québécois*, Boréal Express, tome II, Montréal, 1984, p. 316.
18. Robillard, Denise, *op. cit.*, p. 498.
19. Turcotte, Paul-André, *L'éclatement d'un monde: Les Clercs de Saint-Viateur et la Révolution tranquille*, Bellarmin, Montréal, 1981, pp. 186 à 189.

Chapitre XIII
Sur la trace de Jésus

New York, le 3 septembre 1964. Dans le hall du Roosevelt Hotel, l'horloge art *deco* indique midi. Huit hommes en noir vérifient leurs bagages avant de monter dans les taxis qui les conduisent au quai d'embarquement du paquebot *France*. En bon chef scout, le cardinal prend les devants.

La veille, il a emmené son «gang» à l'exposition mondiale. Une visite qui a suscité chez lui bien des questions gênantes. Parmi les pavillons qui présentent une vision lunaire du monde, se trouve le musée du Vatican, à deux pas des kiosques de la General motors et de Pepsi-Cola. Il a coûté six millions de dollars. Sa visite le laisse perplexe: Le musée fournit-il un remède à l'angoisse de l'homme?

Aujourd'hui, mardi, la joyeuse équipe est tout à son prochain départ vers l'Europe. C'est la première traversée transatlantique du cardinal depuis 1947. Dix-sept ans se sont écoulés et le revoilà sur les flots, non plus en compagnie de son jeune frère Jules, avec qui il échafaudait les plans ambitieux de leurs lendemains, mais avec de jeunes prêtres qui vont poursuivre leurs études en France, en Belgique et en Italie.

L'archevêque cherche à se rapprocher d'eux. Il n'a plus quarante ans et mesure sur lui l'usure de l'âge. Dans son journal, il note, ce premier soir de traversée: «Je dois enfin avouer que la fatigue a pénétré en moi jusqu'à la moelle des os.»

Quelle traversée reposante! À mesure que les gratte-ciel new-yorkais disparaissent dans le brouillard pollué, les sombres pensées du cardinal s'évanouissent. Les jours coulent, tout en lecture, en détente, en conversations avec monseigneur Pierre Lafortune, son conseiller au concile, de même qu'avec André, Jacques, Robert et les autres jeunes prêtres. La mer est calme et le cardinal se sent heureux. «Les prêtres, note-t-il encore, garderont un souvenir inoubliable de ces heures passées ensemble et j'ai l'impression qu'ils seront plus unis à leur évêque.»

À la tombée du jour, le lundi suivant, les côtes de l'Angleterre apparaissent. Le mardi après-midi, le *France* accoste en douceur au Havre. Pour le cardinal, c'est la redécouverte.

Ce grand port, situé sur la rive droite de l'estuaire de la Seine, il l'a admiré une première fois en septembre 1929 lorsque, jeune prêtre, il débarquait en France pour y parfaire ses études. En 1947, lors de sa deuxième traversée, il a reçu un choc: le Havre n'était plus qu'un amas de débris; la guerre avait tout réduit en cendres. Aujourd'hui, il n'y a plus de traces de la catastrophe; la ville comme le port ont été reconstruits.

Sur le quai, un journaliste du quotidien *Paris-Normandie* arrête le cardinal: «Éminence, j'aurais quelques questions à vous poser.»

Il voudrait s'esquiver. Il n'a pas l'esprit aux interrogatoires. Il se plie néanmoins au jeu, sans trop de sérieux.

«À cette session du concile, demande le reporter, les femmes ne seront pas représentées comme il en avait été question. Pourquoi?»

Le cardinal esquisse un large sourire et ferme les yeux: «À quoi bon? Et quelles femmes?

250

— Vous y êtes opposé?

— Moi? Pas du tout. Mais si on admet les femmes, après on voudra y voir les enfants. On n'en finira pas.»

Le journaliste se demande s'il se paie sa tête. Il risque une deuxième question.

«Le mouvement séparatiste à Montréal, qu'en pensez-vous?»

Nouveau sourire, nouveau mouvement des cils. Mais alors là, non, on ne l'entraînera pas sur ce terrain glissant.

«Demandez donc cela aux hommes politiques. Ce n'est pas une affaire d'Église[1].»

L'archevêque donne le signal et son groupe prend place dans le train de Paris. Sur le quai de la gare Saint-Lazare, Jules Léger, droit comme un chêne, attend son frère, qu'il n'a pas revu depuis trois mois. Le nouvel ambassadeur canadien de l'OTAN était alors à Montréal venu y marier sa fille Francine à Me Pierre Panneton.

Jules Léger paraît en grande forme. Il se fraye un passage jusqu'à son aîné, qui le regarde s'avancer en pensant: «Quel destin que celui de ces deux frères, toujours séparés, toujours réunis aux carrefours du monde!»

Le cardinal prend congé de ses compagnons de voyage afin d'aller veiller en famille, à la résidence de l'ambassadeur canadien, qui a pignon sur la rue du Faubourg-Saint-Honoré.

Cour intérieure, escalier de marbre, boiseries, dorures, médaillons de Watteau: la résidence est princière! Et partout d'immenses miroirs. On se croirait à la galerie des Glaces de Versailles.

Plutôt que de passer la soirée dans le salon somptueux mais quelque peu guindé, Gaby et Jules invitent le cardinal à s'installer dans le petit bureau qu'ils ont transformé en salle de séjour, à côté du salon de musique.

«Je vous ai apporté une surprise», annonce le cardinal, dont les yeux vont des oeuvres de Pellan à celles de d'Allaire et de Tonnancour qui ornent les murs.

Quelle surprise, en effet! Les Léger en ont le souffle coupé.

Le rédacteur en chef de Maclean, Pierre de Bellefeuille, remet au cardinal Léger son portrait, exécuté par le célèbre peintre Jean-Paul Lemieux.

Paul-Emile leur remet le portrait que le peintre Jean-Paul Lemieux a peint de lui pour le compte du magazine *Maclean*. L'ambassadeur décide d'accrocher le chef-d'oeuvre au-dessus de sa table de travail[2].

Durant cette courte halte parisienne, le cardinal trouve le temps d'aller bouquiner avec son frère Jules sur les quais. Madame Léger et sa fille Hélène l'accompagnent ensuite à Montmartre et à Lisieux pour ses traditionnels pèlerinages.

Puis ce sont les adieux. Il file en vitesse à la gare de Lyon et prend le train de Rome, où commence la troisième session du concile. Elle sera cruciale et tumultueuse.

*   *   *   *   *   *   *

Conscient des enjeux et préoccupé par les intrigues qui n'ont cessé de se nouer et de se dénouer depuis le jour où Jean XXIII a annoncé la tenue du concile oecuménique, le cardinal Léger cache mal son inquiétude à la veille de la troisième session. Pour se donner du courage, il frappe à la porte du pape, qui le reçoit avec sa bienveillance coutumière:

«Soyez confiant; vous avez un ami ici. Ne vous laissez pas intoxiquer par les sentiments. Vivez dans la paix, la joie. Soyez optimiste comme le voulait le bon pape Jean.»

Le message porte fruit. L'archevêque de Montréal, qui a refait le plein d'énergie pendant la traversée, se sent tout à coup d'attaque. L'assemblée étudie la formation des prêtres. Le cardinal Ruffini a pris la parole d'entrée de jeu. «Je suis vieux à présent», dit-il de sa voix chevrotante, avant de faire un plaidoyer en faveur des valeurs anciennes et de rappeler que, dans l'enseignement, l'autorité exclusive revient à saint Thomas.

L'affirmation ne surprend pas outre mesure le cardinal Léger qui, sans se départir de son calme, lance d'une voix puissante: «Malheur à l'homme d'un seul livre! Malheur à l'Église d'un seul docteur!»

Les applaudissements fusent de toutes parts. L'homme qui a osé remettre en cause la manière dont on enseigne la philosophie reçoit l'approbation quasi générale.

«Intervention courageuse, écrit un journaliste. «Remarquable compréhension de l'humanité, écrit l'autre. J'admire sa loyauté.»

Au cours de cette session, le cardinal interviendra onze fois et recevra toujours le même accueil chaleureux. Devant un tel concert d'éloges, le journaliste Marcel Adam écrira:

La troisième session du concile oecuménique a été nettement dominée par le cardinal Paul-Émile Léger. C'est l'opinion qui semble prévaloir chez les observateurs de la scène vaticane, dont certains considèrent de plus que cette session a été particulièrement marquée par les évêques nord-américains[3].

*   *   *   *   *   *   *

Un automne chaud que celui de 1964. Le mois d'octobre connaît de par le monde des événements spectaculaires.

Ainsi le prix Nobel de la Paix est décerné au pasteur baptiste Martin Luther King, pour sa lutte en faveur des droits civiques des Noirs américains. Cet homme qui a fait honte à ses compatriotes blancs en organisant des *sit-in* dans les restaurants, des *kneel-in* dans les églises, le boycott des autobus de Montgomery et des magasins de Birmingham dont l'accès est interdit aux Noirs, cet homme a réussi à faire de la grande marche sur Washington, où Noirs et Blancs se donnaient la main, un exemple de solidarité sans précédent. L'hommage lui est rendu au moment même où les pères du concile entament leur réflexion sur la liberté.

Le 15 octobre, une rumeur envahit les ondes radiophoniques du monde: le numéro un soviétique, Nikita Khrouchtchev, démissionnerait pour raisons de santé.

«*Rumore di Roma!*» murmurent les incrédules qui sirotent leur cappuccino au bar Abas.

Et pourtant non, il ne s'agit nullement d'un racontar. Après trois heures de suspense, la nouvelle est confirmée. Le monde entier est sur le qui-vive. À New York, la bourse chute comme à l'annonce de l'assassinat du président Kennedy. À Pékin, la presse chinoise lance sa plus virulente attaque contre «K» tandis qu'en Italie, le parti communiste souligne l'importance qu'il attache à la politique de coexistence pacifique «dont le camarade Khrouchtchev a été l'un des principaux avocats».

Personne n'est dupe. C'est un règlement de compte. À Moscou, la *Pravda* le traite déjà, mais sans le nommer, de tête de linotte, de cervelle de lièvre, de gaffeur et de grossier. À huit ans d'intervalle, monsieur «K» se fait servir la médecine qu'il a lui-même administrée à son prédécesseur Staline[4].

Pendant ce temps, à Rome, les pères continuent de se demander ce qui adviendra de leur collègue, le cardinal Josef Mindszenty, arrêté par les dirigeants communistes hongrois en 1944 lorsqu'ils ont enlevé presque toute liberté à l'Église. Âgé de

254

soixante-douze ans, le prélat hongrois vit toujours en réclusion à la délégation américaine de Budapest, où il s'est réfugié en 1956 quand les tanks soviétiques ont écrasé le soulèvement de la population contre le joug communiste.

À la mi-septembre 1964, le Vatican a signé un accord avec la Hongrie qui atténue les restrictions imposées à l'Église catholique, et qui fait espérer que le primat pourra désormais circuler librement dans Budapest[5].

Puis les yeux se tournent vers l'Église d'Afrique noire. Au Congo, l'évêque de Beni[6], monseigneur Piérard, et quelques prêtres sont emprisonnés, frappés et menacés de mort par les rebelles katangais. Cela se passe au moment même où les pères du concile amorcent l'étude du schéma sur les missions. Le pape vient tout juste de canoniser vingt-deux jeunes martyrs de l'Ouganda. Échappant de justesse à la mort, monseigneur Piérard s'écrie: «Nous sommes tous persuadés que c'est un miracle des martyrs de l'Ouganda.»

Le pape décrète le dimanche 18 octobre «journée missionnaire mondiale».

*   *   *   *   *   *   *

La vie continue. Le cardinal Léger s'est offert un petit congé. Il a fait un saut à Paris pour assister à la représentation de *Cyrano*, en compagnie de son frère Jules, à la Comédie-Française.

Frais et dispos, il rentre à Rome prêt à affronter l'assemblée. Son objectif: plaider la cause de l'amour. Les pères abordent l'épineux problème de la régulation des naissances et on s'attend à un débat difficile.

Le cardinal Ruffini prend la parole le premier, le 29 octobre. Il insiste d'abord pour dire qu'on ne doit pas craindre de dénoncer les déviations rencontrées dans la vie conjugale, comme saint Augustin n'a pas craint, en son temps, de réprouver ce qui devait l'être.

«Les vices contre la sainteté du mariage doivent être condamnés», lance-t-il d'une voix grave avant de brandir les menaces qui planent sur l'humanité pécheresse: polygamie, divorce, avortement[7].

Retour du pendule: le cardinal Léger est l'orateur suivant. Il se lève. Lentement, cérémonieusement, il parcourt du regard l'assemblée. Il a longuement réfléchi à ce problème omniprésent dans son archidiocèse. D'un côté, des hommes et des femmes aux prises avec des difficultés quotidiennes qui confondent leur conscience. De l'autre, leurs confesseurs, eux-mêmes assaillis de doutes et qui ne savent plus ce qu'il faut répondre aux fidèles qui les consultent.

Ce qui lui importe, c'est d'approfondir la théologie du mariage et notamment la manière dont il convient de parler de ses fins. En effet, beaucoup de théologiens pensent que les difficultés viennent d'une présentation inadéquate. Certes, on a fait un effort de réflexion dans ce sens, mais le texte du schéma proposé néglige de présenter l'amour conjugal comme l'une des fins du mariage et n'aborde d'aucune façon la question des manifestations d'amour dans le mariage.

L'archevêque de Montréal est clair:

> Il faut absolument proposer l'amour humain conjugal — je dis bien l'amour humain, engageant donc l'âme et le corps — comme véritable fin du mariage, comme quelque chose de bon en lui-même et qui a ses exigences et ses lois propres.

Le schéma ne doit pas présenter l'amour comme au service de la seule fécondité, poursuit-il, dans son plus beau latin:

> L'amour conjugal est bon et saint en lui-même et doit être assumé par les chrétiens sans fausse crainte. N'est-ce pas cette entraide et cet amour mutuels que les époux se jurent solennellement lors de leur mariage? Les époux se considèrent l'un et l'autre non comme de simples procréateurs mais comme des personnes aimées pour elles-mêmes.

Et il conclut, avec non moins de force:

> Il faudrait affirmer que l'union intime des époux trouve aussi dans l'amour une fin. Et cette fin est légitime par elle-même, même lorsqu'elle n'est pas ordonnée à la procréation. Par cette affirmation, le concile ne ferait que ratifier une pratique que l'Église approuve depuis des siècles, c'est-à-dire qu'elle reconnaît comme légitime l'union des époux même quand la procréation est impossible[8].

Le cardinal Suenens de Belgique prend la relève:

> Les meilleurs de nos fidèles, et non pas des gens dépravés, attendent

notre aide pour vivre dans la double fidélité à l'Église et à leurs devoirs conjugaux[9].

Après avoir rappelé qu'il faut étudier le problème de la contraception à la lumière des progrès de la science, l'archevêque de Malines s'écrie: «Prenons bien garde de ne pas susciter un nouveau cas Galilée. Un seul aura bien suffi pour l'Église.»

Au terme de cette première journée consacrée à la question du mariage, c'est l'intervention du cardinal Léger qui retient surtout l'attention. Elle est accueillie comme une sorte de révolution. Dans *Paris-Match*, Robert Serrou écrit:

> Cette définition du mariage marque un tournant capital dans l'histoire de l'Église car elle ne fait plus des enfants le but unique du mariage. Cela signifie que l'Église ne proclame plus aux foyers: «Ayez des enfants, c'est votre premier devoir», mais: «Ayez-en dans la mesure où vous pourrez les élever sainement.»

Le lendemain, 30 octobre, la déclaration de la veille continue de créer des remous. Pour contrecarrer l'influence de l'archevêque de Montréal, le cardinal Ottaviani qui n'avait pas l'intention d'intervenir se fait le champion du statu quo. Après avoir évoqué la beauté des grandes familles, et plus particulièrement des grandes familles canadiennes, il déclare: «Je suis fils d'un ouvrier pauvre, un boulanger qui n'était pas patron. Il avait douze enfants et je suis le dernier. Je vous adjure de ne pas abandonner la doctrine de l'Église en cette matière[10].»

Ébranlé lui aussi par la thèse exposée la veille, le cardinal Browne vient à la rescousse du cardinal Ottaviani. Il fait un plaidoyer pour que l'on revienne à la doctrine traditionnelle des fins du mariage: la première est la procréation et la seconde est le soutien mutuel et le «remède à la concupiscence»[11].

C'est peine perdue. Avec les propos du cardinal Alfrink, qui rejoignent ceux de ses collègues Léger et Suenens, le mouvement du pendule s'inverse encore.

*　　*　　*　　*　　*　　*　　*

Personne n'attendait plus le bouillant cardinal Richard Cushing. En 1962, aux premières heures du concile, l'archevêque de Boston n'avait pas caché son irritation: «Je ne comprends rien du latin et je perds mon temps.»

Il prit tout le monde par surprise en pliant bagage: «Je reviendrai lorsqu'il y aura un système de traduction simultanée, et je paierai la note[12].»

Le Vatican refusa la généreuse proposition. Le cardinal américain rempocha son milliard de lires. Il avait mieux à faire aux États-Unis et ne reparut pas dans l'*aula* conciliaire.

Son arrivée impromptue, en cette douce fin de septembre 1964, intrigue. Le plus naturellement du monde, le grand vieillard à la chevelure blanche tirée en arrière prend sa place. Il affiche l'assurance de l'homme qui vient défendre une cause juste: la liberté religieuse.

Le pied légèrement avancé, la longue silhouette penchée vers le micro, le cardinal Cushing baragouine l'une de ses phrases longuement répétées. Le résultat n'est pas très impressionnant malgré les prodiges d'acrobatie qu'il impose aux muscles de sa mâchoire:

> L'Église a toujours réclamé la liberté pour elle et dénié au pouvoir civil le droit d'intervenir en matière religieuse. Cette liberté, il faut la reconnaître et la réclamer pour les autres[13].

La noble cause du cardinal Cushing devient bientôt le cheval de bataille des évêques nord-américains, qui se succèdent au micro. L'archevêque de Montréal n'est pas en reste: «La liberté religieuse est la plus haute et la plus sacrée revendication de l'homme dans l'exercice de sa raison[14].»

Le premier octobre, les journaux du Québec rapportent ce qu'ils appellent la déclaration-choc du cardinal: «Il faudrait affirmer la liberté de ceux qui ne professent explicitement aucune religion[15].»

Quelques jours plus tard, le cardinal bostonnais, toujours aussi passionné, empoigne à nouveau le micro pour se porter à la défense des Juifs. Il ne ménage pas les reproches: «Le Christ est mort librement et les Juifs ne sont coupables de sa mort que de la manière dont le sont tous les hommes pécheurs.»

Le cardinal Cushing pense à l'holocauste de la Deuxième Guerre mondiale. Non, les chrétiens ne se sont pas toujours comportés d'une manière chrétienne à l'égard des Juifs.

> Il y eut dans les malheurs récents trop d'indifférence de la part des catholiques. Si trop peu de voix se sont élevées pour protester contre les persécutions, c'est le moment maintenant de le réparer et de parler très fort[16].

Une fois de plus le cardinal Léger fait tandem avec son collègue de la Nouvelle-Angleterre: «Il est regrettable qu'on ne rejette pas plus clairement l'accusation de déicide portée contre le peuple juif[17].»

Dans les pays arabes, c'est la panique. Leurs représentants multiplient les démarches pour empêcher l'adoption de la déclaration sur les Juifs. Leurs interventions portent fruit. Le secrétaire du concile, monseigneur Felici, réclame par écrit, au nom d'une autorité supérieure qu'il se garde bien de nommer, que la déclaration sur les Juifs soit transformée et qu'on refasse celle sur la liberté religieuse.

La basilique devient alors houleuse, comme les anciens forums, et il s'ensuit un indescriptible brouhaha. Le cardinal Albert Meyer de Chicago, habituellement d'un calme olympien, perd son sang-froid. Il frappe du poing sur la table[18]. Flanqué de ses collègues américains, il quitte les lieux à toute vapeur pour se rendre aux appartements du pape. En passant devant le cardinal Léger, il s'arrête: «*Are you coming with us?*»

Sans trop savoir ce qui sortira de cette démarche impromptue, le cardinal Léger acquiesce et suit la délégation américaine.

D'abord surpris, Paul VI consent néanmoins à recevoir ses impétueux visiteurs qui, après lui avoir exposé les buts de leur intrusion, lui remettent une pétition portant plus de mille noms et qui se lit comme suit:

> Avec respect mais avec insistance, nous réclamons qu'un vote soit pris sur le schéma de la liberté religieuse avant la fin de la présente session du concile, de sorte que l'élan du monde, des chrétiens et des non-chrétiens ne soit pas perdu[19].

Le pape écoute. son regard trahit sa sensibilité mais il a le menton volontaire. Sans frémir, il se retranche derrière le règlement et décide: la déclaration sur la liberté religieuse ne sera mise aux voix qu'à la prochaine session, en 1965, ce qui permettra aux pères qui en ont émis le désir de l'examiner à fond.

La décision du Saint-Père est sans appel. Elle sera communiquée à l'assemblée le lendemain.

Ainsi s'achève la troisième session de Vatican II. «La plus houleuse», disent les observateurs. Pendant que les acteurs regagnent leurs diocèses aux quatre coins du monde, Paul VI entreprend son plus long voyage. Celui que l'on appelle «le pape missionnaire» foule le sol de l'Inde le 2 décembre 1964. Près de cent mille Indiens assistent à l'atterrissage du Boeing 707 d'Air India. Lorsque l'avion du premier pape à visiter l'Orient se pose, une puissante clameur s'élève de la foule.

À Bombay, Paul VI assiste au trente-huitième Congrès eucharistique international. Il dit à ses hôtes indiens: «Puissent toutes les nations de l'Asie, toutes les nations du monde, ne jamais oublier que tous les hommes sont frères[20].»

Pendant ce temps, au Québec, Jean Lesage s'est rendu à Dorval pour accueillir le cardinal Léger, monseigneur Roy et les autres prélats qui rentrent de Rome. Près de quatre cents personnes sont au rendez-vous, ce 22 novembre 1964.

Le cardinal cache mal sa fatigue. Lorsque les journalistes lui font remarquer qu'il n'a pas l'air bien en forme, il sourit et invoque le manque de temps: «Depuis le 15 septembre, je ne suis sorti que deux fois dans Rome, et c'était pour me faire couper les cheveux.» Puis d'un geste théâtral dont lui seul a le secret, il retire son chapeau et montre sa nuque: «Vous voyez que la dernière fois remonte déjà à un certain temps[21].»

*   *   *   *   *   *   *

Le pape vient de corriger une injustice, répètent les Québecois de la vieille capitale en apprenant que Paul VI a décidé d'élever monseigneur Roy au rang de cardinal. L'élu apprend la nouvelle le jour de son soixantième anniversaire. Il devient le troisième cardinal canadien, après James McGuigan et Paul-Émile Léger. Ce dernier lui souhaite la bienvenue: «J'éprouve une grande joie à la pensée qu'une amitié vieille de vingt ans entre l'archevêque de Québec et celui de Montréal sera scellée par une union encore plus étroite au sein du Sacré Collège[22].»

Les vingt-sept nouveaux cardinaux, qui portent à cent trois le nombre des effectifs, seront intronisés le 22 février 1965 alors que Paul VI, après dix-neuf mois de règne, convoquera son premier consistoire. Il n'a pas choisi ce jour au hasard. En effet, c'est celui de la fête de son patron, saint Paul, et la date choisie par son prédécesseur, Jean XXIII, pour annoncer la tenue du concile oecuménique.

Le cardinal Léger retourne donc à Rome pour assister aux fêtes romaines entourant la nomination du nouveau cardinal Roy. Il fait le voyage en compagnie du ministre de l'Éducation, Paul Gérin-Lajoie. Les deux hommes se sont donné rendez-vous à Dorval, une heure avant le départ, afin d'annoncer officiellement à la population québécoise l'accord de réciprocité signé entre la France et le Québec. En vertu de l'entente, une centaine de professeurs français enseigneront au Québec tandis qu'autant d'enseignants québécois iront travailler en France. Un groupe d'étudiants de France et du Québec bénéficiera également de cet accord de réciprocité.

*   *   *   *   *   *   *

Il neige abondamment sur Montréal. Au lieu de rentrer au bercail et d'affronter comme ses ouailles les froids polaires de février, le cardinal Léger file vers des cieux plus cléments. Après les fêtes des chapeaux rouges, il part pour le Moyen-Orient. Il a besoin d'un temps d'arrêt et en profite pour réaliser un vieux rêve: voir la Terre Promise. Comme Paul VI un an plus tôt.

Deux mille ans après, il veut marcher dans les pas de Jésus. Le rencontrer à chaque détour des routes de Palestine.

261

À sa descente d'avion, à Tel-Aviv, il se fait conduire à Nazareth, et il se lie aussitôt à ce pays de lumière où les champs fertiles voisinent avec les terres arides, crevassées, à ces paysages qui ont échappé au temps, comme si les siècles s'étaient écoulés paisiblement sans laisser de trace.

Le délégué apostolique en Israël, monseigneur Zanini, a mis à sa disposition sa voiture personnelle et lui a assigné un compagnon de route d'origine palestinienne, monseigneur Kaldani. De cette petite ville de basse Galilée qui a vu grandir Jésus, il entreprend, comme lui, la montée vers Jérusalem.

Mont Carmel, Capharnaüm, Magdala, Bethsaïde. Chaque nom de lieu renferme son mystère, son histoire, ses prophètes.

Le cardinal admirant le lac Tibériade, en Terre Sainte, au début de 1965. Au loin, le mont des Béatitudes.

«Jamais je ne me suis senti en contact aussi étroit avec le passé, se dit-il. Deux mille ans, c'est peu dans l'histoire de l'humanité. Je comprends maintenant pourquoi Paul VI a voulu ouvrir le chemin du monde en reprenant la route de Jésus. Comme Pierre, qui a suivi le même itinéraire en sens inverse.»

Au lac de Tibériade, le cardinal s'assoit sur la grève pierreuse et pense au message tout simple que Jésus livrait à ses disciples. Un enseignement qui parlait des oiseaux du ciel, de la mer et des enfants. Pour ajouter au caractère irréel des lieux, il aperçoit les cimes neigeuses de l'Hermon, aux confins du Liban et de la Syrie.

À Cana, où Jésus changea l'eau en vin, le cardinal goûte à celui qui y est encore produit comme au temps du Seigneur. Puis, après la visite du kibboutz Mizra, l'approche de Jérusalem le replonge dans le passé.

La sécheresse des lieux est profonde jusqu'au gouffre de la mer Morte, frontière naturelle de la Terre Promise. Un paysage de pierre. Ici et là, des cèdres superbes et des figuiers délicats. Quelques plants de vigne rampent sur le sol rougeâtre. Aux abords de Jéricho, notre pèlerin croise des mules aux longs cils qu'accompagnent des paysans cuivrés, en djellaba. Béthanie se dresse au sommet de la colline qui borde le désert. Pas un souffle de vent. Le cardinal ne sursauterait même pas si Marie, Marthe ou Simon le lépreux lui apparaissait. Il descend les marches taillées à même le rocher qui mènent au caveau d'où est sorti Lazare ressuscité par Jésus.

Au détour de la route, surgit le mont des Oliviers, couronné par les murs et les tours grises des fortifications de Jérusalem, que le prophète Ezéchiel appelait «le nombril de la terre». Le nom hébreu de cette ville que les peuples s'arrachent signifie «la paix apparaîtra». Lorsque le cardinal s'y rend, Jérusalem l'ancienne, demeurée intacte, est administrée par la Jordanie.

*   *   *   *   *   *   *

263

Le cardinal et ses compagnons de voyage au pied du rocher qui mène au caveau d'où est sorti Lazare, ressuscité par Jésus.

Comme à chaque soir, le cardinal Léger se fait conduire à la délégation apostolique de Jérusalem, où il a sa chambre durant son séjour en Palestine. On l'a installé dans les appartements qu'occupa Paul VI l'année précédente. Par la fenêtre, il aperçoit le mont des Oliviers, qui baigne dans une demi obscurité. Malgré sa fatigue, il s'installe à sa table de travail pour noter ses impressions encore toutes fraîches.

Dans le tiroir qu'il ouvre pour prendre du papier, il trouve quelques fragments d'un message écrit de la main du Saint-Père. L'émotion le gagne en pensant à Paul VI, le premier pape à être venu en Terre Sainte depuis Pierre. Sa visite historique, en janvier 1963, a marqué un tournant. Il y rencontra le patriarche grec orthodoxe Athênagoras premier. Le monde entier a salué l'événement comme le prélude au rapprochement des deux plus grandes religions chrétiennes.

Sur le mont des Oliviers, Paul VI, qui représentait huit cent cinquante millions de catholiques, et Athênagoras de Constantinople, à la tête de cent cinquante millions d'orthodoxes, se sont tenu la main pendant l'entrevue qui dura une demi-heure. Ensuite, ils récitèrent ensemble le Notre-Père.

Au moment où l'avion papal décollait, la télévision a saisi le visage du patriarche orthodoxe grec. «La glace est maintenant rompue entre nos deux Églises», s'est-il écrié à la face du monde.

Le cardinal Léger reconstitue le papier déchiré comme s'il s'agissait d'un casse-tête chinois. Puis il lit les notes que le Saint-Père a certainement écrites à cette même table, à l'issue de son pèlerinage inoubliable. Il les a sans doute oubliées au fond du tiroir pour qu'il les retrouve au moment où il émerge lui-même d'un voyage mémorable dans le temps. L'écriture est fine:

> Nous sommes heureux que la rencontre que nous avons eue ici, dans ces jours bénis, avec le patriarche oecuménique de Constantinople, se soit réalisée de la façon la plus aimable et qu'il ouvre notre coeur aux meilleures espérances. Peut-être l'aube d'une nouvelle histoire des rapports entre l'Église catholique et l'Église orthodoxe de Constantinople est née.

Le cardinal est comblé. Il ne lui reste plus qu'à faire un saut en Samarie, où il tient à passer un moment au puits de Jacob. Et voir Bethléem.

Vendredi, 6 mars, le cardinal fait ses bagages. Mais il ne quittera pas la Terre Sainte sans dire une dernière messe, à l'aube du samedi, au Saint-Sépulcre. Puis c'est l'heure du départ. Premier arrêt, Beyrouth, que le cardinal affectionne et où il descend pour saluer le nonce apostolique. Il reprend l'avion, qui le dépose à Rome où il prend quelques heures pour aller serrer la main à ses étudiants du Collège canadien. Mais le temps presse. Le voilà de nouveau entre ciel et terre. Cette fois, il fera escale à Paris, le temps d'embrasser son frère Jules avant de se rembarquer pour Montréal. Il est deux heures du matin lorsqu'il atterrit enfin à Dorval. Ouf!...

Nous sommes heureux que la
rencontre, que nous avons eu ...
dans jours bénis, avec le Patriar...
oecuménique de Constantinople, se
soit réalisée de la façon la p...
aimable et ... notre ...
coeur aux meilleures espérance...
peut-être l'aube d'une nouvell...
histoire des rapports entre l'Égl...
Catholique et l'Église orthodoxe de
Constantinople est née.

Fragments du message écrit par Paul VI lors de son pélerinage en Terre Sainte et retrouvé par le cardinal Léger, un an plus tard, à Jérusalem.

Ce matin-là, un dimanche froid, il chante sa messe à l'Oratoire Saint-Joseph comme si de rien n'était. Les éducateurs catholiques sont au rendez-vous annuel. Malgré la fatigue et le décalage horaire, l'archevêque de Montréal inaugure tel que prévu la nouvelle liturgie qui vient d'être approuvée par le concile.

«Éminence, ce voyage en Terre Sainte?...»

Tout un chacun l'interroge. Il l'affirme sans embages: «Ce fut le plus fructueux de ma vie. Plus encore qu'à Lourdes, Ars, Fatima et même Rome.»

Le voilà qui se laisse aller aux confidences: «Renan a dit que la Palestine est le cinquième Évangile. Il est difficile de comprendre la parole si l'on ne vit pas là où les Évangiles ont été vécus, sans ce contact physique avec la nature qui est la même aujourd'hui. La Galilée, vous savez, n'a pas changé.

— Et votre souvenir le plus émouvant?»

Le cardinal hésite: «Peut-être est-ce la messe que j'ai célébrée dans la petite chapelle, très humble, de la Primauté de Pierre, érigée sur le rivage du lac de Tibériade. Là, Jésus a demandé à Pierre: «M'aimes-tu plus que les autres?»

Enfin seul dans sa chambre à l'archevêché, il revoit le fil de ce court mais si intense voyage. Il a, comme tant d'autres, cherché les pistes et les indices au hasard de ses visites. Il aurait tant aimé découvrir la roche sur laquelle le corps de Jésus a été déposé. Mais rien n'est sûr. Seule la salle du Cénacle a été authentifiée. Et encore là, peut-on être absolument certain? Et la grotte de Bethléem, comment savoir s'il s'agit de celle qui a vu naître le Christ?

Le cardinal sait, au fond de lui-même, que tout cela a bien peu d'importance. «Jésus n'a pas voulu laisser de preuves trop évidentes sur le plan humain de son passage sur la terre. Il a confié une mission à ses apôtres: «Allez enseigner toutes les nations...» Il n'a pas écrit. Il a lancé sa parole dans l'espace, sachant que, par une antenne mystérieuse, on pourrait la recueillir. Cette antenne, c'est l'Église.»

Références — Chapitre XIII

1. *Métro-Express*, 17 septembre 1964.
2. *Châtelaine*, septembre 1965.
3. *Maclean*, janvier 1965.
4. *Relations*, décembre 1964.
5. *Montréal-Matin*, 16 septembre 1964.
6. Beni est aujourd'hui Butembo au Zaïre.
7. *L'action catholique*, 30 octobre 1964.
8. Précision fournie par André Naud au cardinal Léger.
9. *L'Action catholique*, 30 octobre 1964.
10. *Le Figaro*, 31 octobre 1964.
11. *L'Action catholique*, 30 octobre 1964.
12. *Le Figaro*, 28 septembre 1964.
13. Wenger, Antoine, *Vatican II, op. cit.*, tome III, p. 319.
14. *Le Devoir*, 24 septembre 1964.
15. *La Presse libre*, 1er octobre 1964.
16. Wenger, Antoine, *Vatican II, op. cit.*, tome III, p. 329.
17. Léger, Paul-Émile, *Trente textes, op. cit.*, p. 175.
18. Wenger, Antoine, *Vatican II, op. cit.*, tome III, p. 343.
19. *Montréal-Matin*, 20 novembre 1964.
20. *L'Action catholique*, 2 décembre 1964.
21. *Le Devoir*, 23 novembre 1964.
22. *La Presse*, 6 janvier 1965.

Chapitre XIV
Paul-Émile, au poteau

Illustre inconnu hier, le frère Lahaie est propulsé au firmament des célébrités montréalaises en mars 1965. On jette l'anathème sur ce brave homme qui ne comprend rien à ce qui lui arrive.

Le scandale inonde les journaux au moment même où le cardinal Léger rentre d'Israël, reposé et épanoui. Une nouvelle épine au pied du clergé, qui se sent visé chaque fois qu'un religieux s'agite.

L'inconscience du frère Lahaie frôle le ridicule. Elle inquiète aussi les parents des écoliers dont il est le professeur. Empruntant au nazisme ses symboles, ce bon frère enseigne à sa classe comment faire le salut fasciste en criant «heil Christ». Au mur, la photo de Hitler est associée à l'image du Christ. Bien candidement, le bon frère explique que les deux hommes avaient beaucoup de qualités humaines en commun: «Hitler s'est laissé emporter par son orgueil. Il avait du courage mais le Christ en avait davantage[1].»

Dans sa classe, les enfants sont groupés selon des grades calqués sur les échelons hiérarchiques de l'armée canadienne. Il y a donc des lieutenants, des capitaines, mais aussi, ô surprise, des SS. Dans le langage du frère Lahaie, ce sont les supersoldats du Christ.

L'enquête de la Commission des écoles catholiques de Montréal est concluante: les faits rapportés avec éclat dans les journaux sont véridiques. Le frère Lahaie et son supérieur sont démis de leurs fonctions et quittent l'école La Mennais. Le châtiment crée un malaise: plusieurs croient que ni l'un ni l'autre n'ont mérité une punition aussi cruelle. Plus inconscients que malveillants, ces deux éducateurs, résidus d'une époque révolue, font donc les frais du changement.

L'incident et les réactions qu'il suscite illustrent bien le climat qui prévaut au milieu des années soixante. Ceux qui, hier, subissaient des procès internes et confidentiels sont désormais jugés au grand jour. Et c'est au grand jour que les têtes tombent.

Les choses ont bien changé depuis la célèbre affaire du frère Untel, il y a cinq ans. Il n'y a plus de secrets. Tout est public.

Tout est possible aussi, même l'engagement comme haut fonctionnaire au ministère de l'Éducation de celui qui le premier a osé contester notre système d'enseignement. En septembre 64, après avoir «purgé sa peine» — trois ans d'exil en Suisse et en Italie —, le frère Untel est entré au service du gouvernement, avec la bénédiction des supérieurs de sa communauté. Le mois suivant, il a recouvré son nom véritable: Jean-Paul Desbiens.

Bien vite, il retrouve son mordant pour réclamer la gratuité scolaire afin d'éliminer ce qu'il appelle «la fringale de l'argent qui obsède la jeunesse». Il en profite pour semoncer vertement les enseignants québécois qui, dit-il, exigent moins de leurs élèves que leurs homologues français[2]. Il secoue particulièrement les professeurs de philosophie, qui pèchent par manque d'influence.

On nous dit que les Canadiens français sont mêlés, leur dit-il, mais qui les aide à se peigner l'âme? Nos quatre ou cinq grands éditorialistes pour les pépères et *Parti pris* pour les jeunes ont fait plus en ce sens que nos quelques douzaines de philosophes patentés[3].

*   *   *   *   *   *   *

La réforme scolaire avance à grands pas. «Qui s'instruit s'enrichit», affirme le slogan du ministère de l'Éducation, tandis que le réseau des écoles régionales polyvalentes s'agrandit d'année en année, vidant les collèges privés au profit de ces gigantesques usines de béton où les jeunes apprennent à répondre lorsqu'on crie leur numéro.

Au niveau primaire, les changements sont moins draconiens mais néanmoins perceptibles. Ce sont surtout les manuels scolaires qui font peau neuve. En 1965, on les passe au peigne fin pour répondre au souhait de l'enquêteur Bouchard, qui a dénoncé un certain nombre d'irrégularités dans leur contenu, et surtout pour éliminer les bêtises dont regorgent les catéchismes, les livres d'histoire, de français, d'arithmétique, et qui ont été inventoriées dans un ouvrage intitulé *Comment on abrutit nos enfants*.

Depuis le rapport Parent, la pauvreté intellectuelle des manuels scolaires avait été déplorée souventes fois. Mais lorsque Solange et Michel Chalvin l'illustrèrent, page après page, d'exemples trop convaincants, l'affaire rebondit. Les Québécois se jetèrent sur le livre avec presque autant de frénésie que sur *Les Insolences du frère Untel* deux ans plus tôt.

Il y avait de tout: de quoi rire aux larmes comme de quoi pleurer d'indignation. Les auteurs dénonçaient surtout l'omniprésence de la religion. Ainsi, les élèves de quatrième année devaient solutionner le problème suivant:

> Papa me dit qu'il peut marcher environ deux milles et deux tiers en une heure. Lors du pèlerinage au Cap-de-la-Madeleine, à l'occasion de la fête de l'Assomption, il a marché durant deux heures et quart. Combien de milles a-t-il marché pour se rendre au Cap[4]?

Les Chalvin décelèrent une pointe de sadisme dans les catéchismes, en particulier celui destiné aux bouts de chou de première année:

Jésus est attaché à un poteau.
Lui, le Très-Haut!
On le bat avec des fouets.
Son corps est une grande plaie.
Il ne se plaint pas.
Il pense à nous.

Sous ces lignes, écrites en caractères gras, la gravure montrait Jésus tout dégoulinant de sang. De même, dans un questionnaire, on demandait aux écoliers de septième année de raconter les souffrances de René Goupil. Le saint martyr a été tué à coups de hache par un Iroquois; huit mois après, le père Jogues trouva ses ossements à demi rongés par les chiens, les loups et les corbeaux.

Après les histoires morbides, place au racisme avec cette conjugaison imposée aux élèves de quatrième année:

J'obéis comme un esclave nègre,
tu obéis comme un esclave nègre,
il obéit comme un esclave nègre...[5]

Les Iroquois étaient «des bourreaux dénaturés» et des «démons sortis de l'enfer». Guère plus attirants, les Esquimaux passaient pour des individus «pauvres, ignorants et souvent sournois». Les Africains? «Des nègres tout noirs, païens et superstitieux.»

Mais en 1965, on n'additionne plus, dans les manuels d'arithmétique, les médailles de saint Joseph, les étuis à chapelet et les petits crucifix achetés au magasin de l'Oratoire. Certains livres ont été carrément mis au rancart. Des autres, on a extrait le trop-plein de bondieuseries pendant que des spécialistes préparent des manuels appelés à remplacer ces spécimens d'une autre époque.

Parents et professeurs s'entendent sur un catéchisme à l'intention des enfants de six et sept ans. Il n'a plus le caractère doctrinal de l'ancien manuel et n'est plus présenté sous forme de questions et de réponses. Il est bientôt traduit en anglais et adopté par toutes les provinces canadiennes[6]. Cela ne s'était pas encore vu.

Le plus dur reste à venir: rédiger des manuels d'histoire qui proposent aux écoliers des deux langues la même version des faits, et repenser ceux du secteur catholique, trop enclin à faire de l'apologétique et du patriotisme. On s'applique donc à repenser le programme officiel qui, jusque-là, affirmait qu'il fallait révéler aux enfants «l'action de la Providence», montrer que «les nations n'ont de vrai bonheur que si elles sont fidèles à la loi de Dieu». Les manuels devaient en outre souligner «la pureté de nos origines canadiennes françaises, le caractère religieux, moral, héroïque et idéaliste de nos ancêtres... la protection visible de la Providence sur la survivance de notre nationalisme[7]».

Tandis que les enseignants et les éditeurs de la Révolution tranquille reprennent page par page les manuels destinés aux enfants des niveaux primaire et secondaire, un vent de panique souffle sur le monde des collèges classiques. Survivront-ils au grand bouleversement du système scolaire enclenché par la création du ministère de l'Éducation? En 1965, les fonctionnaires organisent un réseau d'établissements qui dispenseront deux années d'études préuniversitaires aux étudiants ayant complété les cinq années du cours secondaire: les CÉGEP.

Cinquante-trois mille élèves fréquentent les quatre-vingt-treize collèges classiques du Québec, dont certains ont été fondés il y a deux et trois siècles. Deux cent cinquante-cinq mille autres, soit cinq fois plus, sont inscrits dans les écoles secondaires publiques[8].

Le gouvernement Lesage veut démocratiser l'enseignement. Il a promis d'intégrer les collèges classiques au nouveau réseau. Les communautés religieuses qui en sont propriétaires n'ont guère le choix: leurs collèges masculins (subventionnés depuis 1924) et leurs couvents (depuis 1960) sont en proie à d'insurmontables problèmes financiers. Outre la difficulté de recruter des élèves plus attirés par les nouvelles écoles publiques, les pères, les frères et les sœurs trouvent extrêmement pénible cette situation qui les oblige à diriger un corps professoral composé, dans certains cas, de laïcs à quatre-vingts pour cent[9].

Les jésuites annoncent qu'ils sont obligés de se départir du collège Sainte-Marie. Le même jour, les Montréalais apprennent que le gouvernement du Québec est en voie d'acheter le collège Saint-Laurent des pères de Sainte-Croix[10].

Les collèges classiques ne sont pas au bout de leurs peines. Ceux qui résistent à la vague se demandent si, pour survivre, ils ne devraient pas instaurer l'enseignement mixte. Deux écoles de pensée s'affrontent. L'une croit que ce serait la catastrophe. L'autre ne voit aucune raison de séparer ces jeunes des deux sexes sauf pour certains cours comme l'art culinaire et les techniques du bois.

Pendant que le débat se poursuit, les nouvelles polyvalentes et les futurs cégeps ont déjà fait leur nid: garçons et filles partageront les mêmes bancs d'école.

* * * * * * *

«Ici, à l'Université de Montréal, on ne pourra jamais dire que l'Église a mis un veto à la liberté.»

C'est le cardinal Léger qui parle ainsi. Mille diplômés écoutent le chancelier de l'université, qui a enfin nommé un recteur laïc. Une première dans l'histoire du Québec.

Rome, qui a le dernier mot, a toujours confié le poste de recteur à un clerc. Ses pouvoirs, ajoutés à ceux de l'archevêque, confèrent à l'université un caractère rigoureusement confessionnel, ce qui déplaît de plus en plus. Puisque l'État finance l'université, allègue-t-on, il serait normal et juste que toutes les familles de pensée y soient traitées également.

Le cardinal reconnaît qu'il faut adapter la constitution de l'université aux temps nouveaux. Mais il faut se montrer prudent:

> Ce que nous admettons pour les autres, nous voulons que les autres nous le reconnaissent. Que nous devions graduellement nous soustraire à certaines fonctions, nous l'admettons. Mais, en retour, qu'il n'y ait pas possibilité de collaboration entre la hiérarchie et l'autorité laïque, ce serait un retour à des âges que nous ne voulons plus connaître[11].

L'université du mont Royal aura donc son recteur laïc. Mais qui sera-t-il? Tandis que le cardinal multiplie les consultations, les journaux tracent le profil du candidat idéal. Un humaniste mais

274

pas un intellectuel. Un homme averti des problèmes économiques, politiques, sociaux et culturels de notre temps. Un excellent administrateur qui ne risquera pas de devenir un pantin contrôlé par les comptables ou par le gouvernement[12].

La candidature de Roger Gaudry plaît à Rome, à l'université et au cardinal. Âgé de cinquante et un ans, il est membre du Conseil des gouverneurs de l'université depuis 1961. Docteur en sciences, il a enseigné à la faculté de médecine de l'université Laval avant de devenir vice-président de la maison de produits pharmaceutiques Ayers, Mckenna & Harrison, poste qu'il quitte pour occuper ses nouvelles fonctions le 1er juin 1965[13].

Le crédit de cette nomination revient au cardinal qui, se plaît-on à souligner, ne se contente pas de parler de la promotion du laïcat; il agit.

Malgré sa grande satisfaction, l'archevêque ressent un profond chagrin en voyant le dernier recteur clerc, monseigneur Irénée Lussier, son compagnon de route depuis les bancs du grand séminaire, quitter la colline universitaire. Sa tâche n'a pas été facile. Privée de ressources financières, l'université s'est développée lentement.

Si un vent de liberté souffle aujourd'hui sur l'université, se dit le chancelier, c'est bien à monseigneur Lussier qu'on le doit. Il a habilement contenu les eaux bouillonnantes de la Révolution tranquille en ouvrant les portes de l'université catholique aux chercheurs marxistes et socialistes, ce qui, selon lui, explique le développement fulgurant des sciences sociales depuis dix ans.

Devant les diplômés réunis à l'occasion de la fête soulignant le départ du recteur, le cardinal déborde le simple hommage à l'ami personnel et au recteur dévoué. C'est de liberté qu'il parle.

> Dans le combat pour la liberté de l'esprit, la hiérarchie est du côté de la liberté, dit-il en se tournant vers monseigneur Lussier pour souligner qu'il en est l'exemple vivant.

Ému jusqu'aux larmes, ce dernier se lève à son tour et dit:

> On a voulu me dénommer le recteur de la liberté. Il faut savoir qu'en certains milieux, ce n'est pas un honneur à revendiquer. Cette liberté, je l'ai voulue et Son Éminence l'a voulue avec moi[14].

*   *   *   *   *   *   *

275

«Paul-Émile, au poteau!» scandent la centaine d'étudiants qui protestent contre le banquet offert à l'occasion de l'intronisation de Roger Gaudry. «Le recteur, au régime!» reprennent-ils en choeur. Ils en ont contre le coût exorbitant d'une telle fête.

Le 13 décembre 1965, les étudiants sont bel et bien entrés dans l'ère de la contestation. Le nouveau recteur l'apprend bien malgré lui. Et le cardinal aussi. Les manifestants en colère s'agglutinent sur le trottoir de la rue Maplewood, en face du Centre social, tenant à bout de bras des pancartes sur lesquelles on peut lire: «Gratuité scolaire, oui, party bourgeois, non!» Les étudiants narguent les invités en criant: «Finie l'ère des castes!»

Presque aussi nombreuse que les manifestants, la police de Montréal, renforcée par le détachement de la RCMP qui accompagne toujours le gouverneur général Georges Vanier dans ses déplacements, procède à dix-huit arrestations dont celles de Jacques Elliot, directeur démissionnaire du *Quartier latin*, le journal étudiant, et de Jean-Claude Leclerc, l'une des têtes dirigeantes de l'Action catholique canadienne.

Parmi les manifestants, se trouvent Pierre Vallières, alors secrétaire du Mouvement de libération populaire et futur felquiste, et Richard Guay, rédacteur du journal socialiste *Campus libre*, qui sera un jour président de l'Assemblée nationale du Québec[15].

Pendant que les étudiants aiguisent leurs talents de contestataires dans les rues de la Côte-des-Neiges, les élus du peuple, unionistes et libéraux, tergiversent. Ils hésitent à adopter la nouvelle charte de l'Université, qui remplacera celle de 1950 et qui chambardera les structures. Il faudra patienter jusqu'en juin 1967 avant qu'elle soit finalement promulguée[16].

En attendant, le banquet en l'honneur du nouveau recteur continue de faire du bruit. Il scandalise un groupe de chrétiens qui blâment publiquement le cardinal Léger, qui aurait dû s'abstenir d'y participer. «Entre ce banquet de riches et l'évêque des pauvres, lui écrivent-ils, il y a un abîme.»

Le cardinal n'est pas d'accord et il proteste publiquement contre ce reproche qui lui a été adressé tout aussi publiquement.

«Je ne refuserai jamais une invitation, d'où qu'elle vienne, même si cela devait scandaliser quelques esprits timorés. Le Seigneur, lui, n'a jamais refusé d'invitation. Il est allé chez les riches comme chez les pauvres.»

Il cite en exemple Zachée, chef des publicains de Jéricho qui, après avoir reçu chez lui le Christ, donna la moitié de sa fortune aux pauvres. Puis il conclut: «Ma conduite, même si quelques-uns la critiquent, demeure profondément évangélique[17].»

Références — Chapitre XIV

1. *La Presse*, 13 mars 1965 — *Le Devoir*, 14 avril 1965.
2. *Le Devoir*, 9 octobre 1964.
3. *Le Devoir*, 30 septembre 1964.
4. Chalvin, Solange et Michel, *Comment on abrutit nos enfants*, Les Éditions du Jour, Montréal, 1962, p. 17.
5. *Ibid.*, p. 49.
6. *L'Action catholique*, 1er février 1966.
7. *Le Devoir*, 18 février 1964.
8. Lebel, Maurice in *L'enseignement secondaire*, mars-avril 1974.
9. *Le Devoir*, 15 décembre 1966.
10. *Ibid.*
11. *Le Devoir*, 10 mai 1965.
12. *Le Devoir*, 11 septembre 1964.
13. *Le Devoir*, 2 octobre 1964.
14. *Le Devoir*, 10 mai 1965.
15. *Le Devoir*, 13 décembre 1965 — *La Presse*, 13 décembre 1965.
16. *Le Devoir*, 23 juin 1967. En vertu de la nouvelle charte, l'archevêque n'est plus le chancelier mais simplement le modérateur des facultés ecclésiastiques. Rome ne désigne plus ni le recteur ni le chancelier. Ce rôle revient désormais aux membres du Conseil de l'université avec la participation de l'Assemblée universitaire, nouvel organisme composé des doyens, professeurs et étudiants. La charte proclame aussi que l'université «reconnaît à ses membres la liberté de conscience, d'enseignement et de recherche inhérente à une institution universitaire à caractère public et qu'elle désire faire participer à son administration ses professeurs et ses étudiants».
17. *Le Devoir*, 21 janvier 1966.

Chapitre XV
La muraille noire

Signe des temps, les milliers d'hommes tout de noir vêtus qui s'assemblent autour du Vatican sont en tenue de ville. À l'orée de la quatrième session du concile, il y a bien ici et là quelques soutanes mais c'est l'habit de clergyman qui domine.

En cette douce, grise et larmoyante fin de septembre 1965, une nouvelle directive vient déranger les bonnes vieilles habitudes de certains pères du concile: le bar Jonas et le bar Abas n'ouvrent plus leurs portes avant onze heures du matin. Finis les cappucini et brioches pris sans hâte tandis que les collègues plus consciencieux épluchent les schémas sans répit.

Tous ou à peu près sont au poste, le 14 septembre, lorsque Paul VI pénètre dans la basilique au son du *Tu es Petrus*.

Le pas rapide, la silhouette svelte, le souverain pontife s'avance, sans cortège. Son visage émacié est grave. Cette session, il l'a promis au printemps, sera la dernière. Il le répète. Il faudra donc faire vite et bien. Mais voici qu'il prend son auditoire par surprise en annonçant la création du synode des évêques tant de fois réclamé. La nouvelle étonne d'autant plus que personne ne croyait vraiment que le Saint-Père donnerait suite au projet aussi promptement.

Malgré le peu d'enthousiasme évident des participants, la session s'ouvre. Les travaux débutent par la lecture du télégramme adressé au pape par le patriarche Athênagoras, qui envoie ses «félicitations fraternelles» et ses «souhaits pour une clôture heureuse et grandiose».

L'agenda est chargé: il faudra étudier tour à tour la présence de l'Église dans le monde, la liberté religieuse, l'activité missionnaire, la vie des prêtres. Tout se déroule vite et bien. Le 21 septembre, les pères peuvent enfin clore le débat sur la liberté religieuse. Hantés par l'image biblique de la tour de Babel, qui symbolise la division des hommes, ils s'entendent sur une déclaration qui s'achève ainsi:

> Pour que s'instaurent dans le genre humain des relations pacifiques et la concorde, il s'impose qu'en tous lieux, la liberté religieuse soit garantie.

Il faut aussi en finir avec la question de la régulation des naissances, entamée à la session précédente. Le débat redevient houleux. Il s'achève le 30 octobre. Le cardinal Léger est désappointé. Certaines de ses suggestions sont retenues mais le schéma n'innove pas: «J'ai bien peur que cette doctrine ne soit pas d'un grand secours aux chrétiens de notre époque.» Il juge le texte timide, trop inspiré par les doctrines de Pie XI et Pie XII et ne tenant pas suffisamment compte de la réalité.

Une chose le console: sa proposition d'insérer l'amour mutuel dans la théologie du mariage a été acceptée.

Paul VI aussi est tiraillé: «La question de la régulation des naissances demeure entière. Rien n'est décidé[1].»

*   *   *   *   *   *   *

Comme un lion en cage, le cardinal Léger va et vient dans sa chambre du Collège canadien. Trois heures sonnent et il n'a pas encore fermé l'oeil. Il dort peu et mal ces temps-ci. Pour combler ses nuits d'insomnie, il dévore livre après livre et met à jour sa correspondance. Rarement trouve-t-il le sommeil avant l'aurore. Et quand il sombre enfin, il dort agité, se réveille en sursaut puis s'assoupit à nouveau. Au petit matin, il se lève avant tout le monde, les yeux bouffis de fatigue.

Son esprit ne trouve plus un moment de répit à l'heure où le concile se penche sur le problème de la paix. La souffrance humaine lui a toujours été intolérable. Or c'est là le coeur même du problème à l'étude: «L'Église doit-elle condamner toutes les armes nucléaires ou en accepter certaines comme défensives?[2]»

«Si nous ne détruisons pas la bombe atomique, c'est elle qui nous détruira.» Reprenant le célèbre mot de l'ex-président Kennedy, l'assemblée s'interroge sur les notions de guerre juste et de guerre injuste pour conclure que l'angoisse provoquée par les armes nucléaires, qui peuvent anéantir des peuples entiers, ne s'embarrasse pas de ces nuances.

Durant ses nuits d'insomnie, le cardinal revoit défiler les images télévisées de la monstrueuse guerre du Vietnam: les corps mutilés, brûlés au napalm, les hommes fusillés...

Non, se répète-t-il, il n'y a pas de guerre juste. Les armes nucléaires ne peuvent pas être considérées comme un instrument licite pour défendre le droit. Ce serait trop absurde. De toute urgence, les catholiques doivent s'unir aux fidèles des religions attachées à la non-violence et chercher la paix avec eux. Il faut appuyer les organismes internationaux, mettre les gouvernements en garde contre le nationalisme, l'égoïsme collectif[3].

«Nous devons condamner la guerre sous toutes ses formes», répète-t-il dans l'*aula*.

Il va encore plus loin: il est le seul à appuyer publiquement l'objection de conscience, qu'il considère comme l'expression de la charité et de l'esprit de paix[4].

Paul VI apporte sa contribution personnelle aux réflexions des pères sur la paix en reprenant la route. Après une rencontre religieuse à Bombay, un pèlerinage à Jérusalem, le pape voyageur entreprend un voyage politique à New York. Il effectue une visite éclair au siège de l'Organisation des Nations Unies, où l'accueille son secrétaire général, U Thant. Le premier souverain pontife à mettre pied en Amérique interroge les hommes de bonne volonté sur la plus impressionnante tribune du monde: «Que faire pour éviter la guerre et assurer la paix?[5]»

Une fois sa mission accomplie, et après dix-sept heures de vol, Paul VI entre en coup de vent dans Saint-Pierre. À l'issue de ce geste historique, qui a en quelque sorte redonné espoir, il s'adresse aux évêques et cardinaux réunis.

> L'heure est venue de passer des paroles aux actes. Désormais, nous devons être plus attentifs aux pauvres car c'est l'inégalité des biens qui cause les désordres et provoque les guerres[6].

Le cardinal est remué. Les paroles du pape l'atteignent au cœur. Elles résument ses tourments et rejoignent ce qu'il croit être la solution au drame du monde. Longtemps encore, il méditera le sens profond du message du Saint-Père. Un message qui semble lui être destiné, lui qui plus que tout autre croit venu le temps d'agir.

*   *   *   *   *   *   *

C'est la course contre la montre. Pressés de rentrer dans leurs diocèses qui ont souffert de leurs nombreuses absences, les évêques déploient leurs derniers efforts à réfléchir sur le rôle des prêtres.

Hélas! le débat tant attendu n'aura pas lieu. Le pape prend encore tout le monde par surprise en décidant qu'il n'y aura aucune discussion publique sur le célibat des prêtres. Il ajoute même que la loi sera non seulement maintenue mais renforcée.

La décision subite de Paul VI crée un malaise. Il aurait mieux valu vider la question. Même s'ils ne le crient pas sur les toits, plusieurs évêques croient que la pénurie actuelle de prêtres serait peut-être moins grande si le clergé était autorisé à se marier[7].

Le 8 décembre, dernier jour du concile, la place Saint-Pierre est noire de monde. Après la messe d'action de grâces, Paul VI regagne son trône. Il revêt la chape et la mitre et annonce que les messages de paix au monde seront lus par des cardinaux.

Le cardinal Liénart, de Lille, parle le premier. Il s'adresse aux gouvernants à qui il réaffirme que l'Église réclame pour tous la liberté de croire et de prêcher sa foi. Le second message est destiné aux intellectuels et hommes de science; il est lu par le cardinal Léger:

> Nous sommes les amis de votre vocation de chercheurs, les alliés de vos fatigues, les admirateurs de vos conquêtes et, s'il le faut, les consolateurs de vos découragements et de vos échecs... Nous venons vous offrir la lumière de notre lampe mystérieuse: la foi.

Suivent les messages aux artistes, aux femmes, aux pauvres, aux malades (lus en présence d'un mutilé, d'un aveugle et d'un vieillard) et aux travailleurs.

La cérémonie est impressionnante. Pour le cardinal, c'est l'apothéose.

Le lendemain, il rentre au bercail. Nul ne peut deviner, derrière son sourire, le tourment qui l'habite. En dépit des grandes réalisations du concile, le drame que vivent les prêtres ne lui laisse pas une seconde de répit.

Il ferme les yeux en pensant aux mois qui l'attendent. Il a soixante ans passés et ne possède plus l'assurance qui le caractérisait. Le concile a ouvert les vannes: tout est maintenant possible. Mais il a aussi ravivé des blessures sans fournir les remèdes pour les panser.

Devant les trois mille diocésains venus à l'oratoire Saint-Joseph entendre ses conclusions à l'issue de Vatican II, le cardinal cache ses angoisses, préférant pour l'instant se montrer optimiste.

Il parle d'abord d'unité. Entre chrétiens et non-chrétiens; entre riches et pauvres; blancs, jaunes et noirs; savants et ignorants; nations puissantes et petites nations. Il parle d'abondance en appuyant sur les mots clés: «Ce dont cette terre, rougie par le sang des hommes, manque le plus, c'est l'amour et la charité.»

La grande leçon du concile? La découverte des liens qui unissent les frères séparés. Vatican II a dissipé les préjugés et les suspicions. Paul VI et Athênagoras ont échangé le baiser de la paix devant le monde entier. Qui l'aurait cru il y a dix ans?

«C'est une pure perte de temps de prêcher et de prier si nous ne pouvons pas devenir plus proches les uns des autres, au point d'en venir à nous aimer.»

Tout compte fait, le cardinal se dit satisfait. Une ère nouvelle commence. Fini le temps où le pape et les évêques parlaient tandis que les laïcs se taisaient. Fini aussi le temps où le chemin de chacun était tracé d'avance, où pour être sauvé il suffisait de mourir à côté d'un prêtre.

L'archevêque ne dit mot de la déception des prêtres qui attendaient une réflexion approfondie sur leur rôle. Ni de leurs inquiétudes quotidiennes. Ce n'est ni la place, ni le moment. Il leur parlera seul à seul. Plus tard. Beaucoup plus tard.

En se séparant de ses diocésains, il leur dit simplement: «Je suis plus que jamais à votre service[8].»

* * * * * * *

Le printemps avance. Le feuillage des ormes se découpe sur le ciel d'un bleu intense. Mai 1966. Les chants d'oiseaux explosent dans une joyeuse discordance.

Les jours de beau temps se succèdent mais le cardinal n'y porte aucune attention. Tel un prisonnier derrière les barreaux, il se sent isolé, désemparé. Il est cloué au lit dans sa chambre à l'archevêché. «Repos complet, a ordonné son médecin. C'est la seule façon d'échapper aux troubles circulatoires qui vous ont forcé à passer quelque temps à l'Hôtel-Dieu il y a deux ans.»

Pour rien au monde, il ne veut reprendre le chemin de l'hôpital. Il risque pourtant d'être victime d'une nouvelle insuffisance coronarienne, peut-être moins bénigne que la première. Il croyait avoir fait ce qu'il faut pour récupérer au moins une partie de ses forces. À soixante et un ans, il a conscience de ne plus être un jeune homme. Son visage en dit long sur son état de santé. Sur son moral aussi. Il ressent une grande fatigue intellectuelle et attend l'été comme une délivrance. Il ignore ce que les prochains mois lui réservent comme déceptions, tristesse, angoisse.

Le 5 juin 1966, Daniel Johnson et l'Union nationale renversent l'équipe libérale de Jean Lesage.

À la mi-juin, un événement vient déjà troubler sa convalescence. La victoire de l'Union nationale, qui cause la déroute du parti libéral de Jean Lesage, met le clergé sur le qui-vive. Au lendemain de l'élection, la première à se tenir un dimanche, Jean Lesage et René Lévesque ont du mal à avaler la couleuvre. Ils n'arrivent pas à se mettre dans la tête que les Québécois ont bel et bien congédié leur équipe du tonnerre; qu'aux maîtres d'oeuvre de la Révolution tranquille, ils ont préféré les unionistes de Daniel Johnson.

Aussi accusent-ils le clergé d'être responsable de la défaite. Dans plusieurs paroisses, les curés auraient cultivé les craintes de leurs paroissiens en leur répétant que le système d'éducation mis en place par les libéraux était voué à la neutralité à plus ou moins brève échéance. Certains auraient même affirmé qu'avec le nouveau ministre de l'Éducation, il n'y aurait plus d'écoles confessionnelles.

(Trois semaines avant le vote, le ministre René Lévesque affirmait que des écrits à caractère politique avaient paru dans des bulletins paroissiaux de Montréal. Le cardinal ordonna une enquête. On lui rapporta quelques cas du genre, mais aucun ne concernait son archidiocèse.)

L'affaire n'a pas de quoi remettre d'aplomb l'archevêque épuisé. Ses collaborateurs, qui viennent dans sa chambre de convalescent discuter de la question, sont eux aussi convaincus que la réforme scolaire est au coeur de la défaite libérale, même si le clergé n'y est pour rien. L'abbé Gérard Dion, ce grand défenseur des moeurs électorales, n'hésite pas à écrire dans *Perspectives sociales* qu'on n'a pas du tout besoin de recourir à l'explication simpliste de l'intervention du clergé pour comprendre ce qui s'est passé.

> On n'a qu'à songer aux répercussions chez les parents du transport des enfants dû à la régionalisaton scolaire, à l'accroissement des impôts pour l'éducation, à la perspective de la disparition des commissions scolaires locales, à l'attitude parfois assez cavalière de certains fonctionnaires du ministère de l'Éducation dans leurs rapports avec les responsables des écoles[9].

Oui, les parents sont inquiets. Non pas tant parce que des croque-mitaines pourraient imposer l'école neutre mais parce que le nouveau régime impose toutes sortes de contraintes à leurs enfants. Ainsi, on leur avait dit le plus grand bien du système d'autobus scolaires qu'on allait instaurer. Aujourd'hui, ils déchantent. C'est «le nouveau péril jaune» qui sillonne les rangs du Québec pour cueillir les écoliers et les conduire en une heure quarante milles plus loin. Tant d'efforts demandés à des enfants qui sont de plus forcés de passer la journée dans de glaciales polyvalentes, ça ne leur dit rien qui vaille.

*   *   *   *   *   *   *

Un autobus scolaire entre en collision avec un train du Canadien National, à Dorion, en banlieue ouest de Montréal. Bilan: 19 adolescents tués.

Le gymnase de l'école secondaire régionale de Vaudreuil, la Cité des Jeunes, est bondé le jour des funérailles, le 11 octobre 1966. Il pleut à boire debout. Des pleurs et des cris traversent la salle. Monseigneur Percival Caza fixe du regard les cercueils des victimes, placés deux par deux dans l'allée centrale: «Dieu a donné la vie et peut la reprendre n'importe quand.»

Une femme s'évanouit. Assis à côté du député de Vaudreuil-Soulanges, Paul Gérin-Lajoie, le cardinal Léger se sent mal. Il est blanc comme un drap.

Les bourrasques de pluie fouettent le pare-brise de la voiture cardinalice, qui a repris la route de Montréal au milieu de l'après-midi. Mais rien ne distrait son passager. Les cris des mères et des pères, les sanglots des enfants résonnent encore à son oreille. Comment peut-il chasser de son esprit le profil de ces adolescents arrachés à la vie à l'heure où tout est possible?

Il les aime tant, ces enfants qu'il n'aura jamais mais dont il est le père. Il leur tend désespérément la main. Hélas! il est déjà, comme on dit, sur l'autre versant de la montagne.

Les jeunes ne l'écoutent pas. Ils croient qu'être chrétien, c'est aliéner un peu de sa pensée, c'est entraver sa liberté d'action. Alors ils se révoltent. Réaction normale et explicable. Baptisé à sa naissance, l'enfant reçoit à la maison comme à l'école une éducation chrétienne. À l'orée de l'âge adulte, il en vient à confondre l'Église avec tout ce qui le brime. Pour lui, la foi, c'est la

287

messe qu'on lui impose depuis trop longtemps, c'est le chapelet qui l'ennuie mortellement.

Pour le cardinal, qui a beaucoup réfléchi sur le problème, c'est le christianisme superficiel, extérieur, qui est responsable. Ces jeunes ne l'ont jamais vécu. Ils sont restés à la périphérie.

Le cardinal l'avoue: il se sent désemparé devant cette jeunesse qui vit dans un état d'insécurité. De choc. Elle dévore les oeuvres de Simone de Beauvoir, Jean-Paul Sartre, Marcel Camus et parle de l'absurdité. Elle a coupé les amarres avec le passé qu'elle ne voit plus comme le tremplin lui permettant de s'élancer vers l'avenir[10].

La pluie a cessé mais le vent balaie encore la route. Jamais son impuissance ne lui est apparue aussi criante. Les jeunes d'aujourd'hui tournent le dos à l'Église. Une récente enquête, effectuée auprès de trois mille cent étudiants du niveau collégial dans quarante établissements du Québec, démontre que cinquante pour cent des filles et quarante-cinq pour cent des garçons ont des doutes sérieux sur la religion. Ce qu'ils remettent en question? La prédestination, la liberté, la mort et l'au-delà; la justice de Dieu, sa providence, son existence.

Pour croire, les jeunes réclament des preuves. Celles qu'on leur propose défient trop souvent la raison. Ils reprochent aux adultes leur conformisme religieux, leur inconstance, leur tricherie. Ils pointent aussi du doigt les défauts de l'Église et le mauvais exemple de ses chefs[11].

Le cardinal n'est pas loin de penser que les jeunes considèrent le clergé québécois comme leurs geôliers. Combien de fois ne les a-t-il pas entendus parler de «la muraille noire»?

Il y a aussi un peu de reproches dans l'analyse du cardinal: «Quand on leur parle de bâtir un monde nouveau, quand on leur parle d'aller faire quelque chose pour ces pauvres qui attendent et sont deux milliards, ils ont des idées très généreuses mais ils disent: Tout ça n'est pas notre faute, c'est la conséquence du capitalisme; il faut commencer par changer le monde où nous sommes avant d'aller porter secours aux autres.»

Une grande nostalgie l'envahit tout à coup. Qu'il lui semble loin le temps où il lui suffisait de réveiller la conscience généreuse des collégiens pour qu'une cohorte le suive jusqu'au grand séminaire. La moisson n'est plus ce qu'elle était. Et les appelés font la sourde oreille!

Pendant ce temps, la délinquance juvénile s'érige en situation de fait. De six mille à sept mille nouveaux cas viennent chaque année, avec une régularité déconcertante, augmenter le nombre de filles et de garçons coupables de délits publics. Ce ne sont pas là des chiffres en l'air mais bien les résultats d'une enquête qu'il a lui-même commandée en 1963. Les enquêteurs ont découvert que plus de cent vingt adolescents purgent des peines de prison à Bordeaux aux côtés de criminels d'habitude. Il a réclamé à cor et à cri un tribunal pour jeunes adultes et créé deux centres de dépannage, dont le Relais, pour les jeunes filles, dans l'est de Montréal. Mais le problème demeure crucial[12].

La limousine s'arrête dans la cour arrière de l'archevêché. Le cardinal se redresse. Il a une dernière pensée pour cette jeunesse en désarroi qui abandonne sa pratique religieuse pour manifester sa conquête de liberté: «Elle cherche, elle cherche énormément; seulement, elle est défiante vis-à-vis de ceux qui pourraient lui donner les réponses[13].»

Son chauffeur ouvre la portière. Il descend de la voiture et marche lentement vers l'immeuble sombre que les fidèles appellent le palais cardinalice mais où il n'y a nulle trace de splendeur.

Références — Chapitre XV

1. Wenger, Antoine, *Vatican II: Chronique de la quatrième session*, Les Éditions du Centurion, 1966, p. 198.
2. *La Presse*, 7 octobre 1965.
3. *Le Devoir*, 7 octobre 1965.
4. Léger, Paul-Émile, *Trente textes du cardinal Léger*, Fides, 1968. pp. 202 et 203.
5. Wenger, Antoine, *op. cit.*, p. 47
6. *Ibid.*, p. 48
7. *La Presse*, 26 octobre 1965.
8. *La Presse*, 13 décembre 1965.
9. *La Presse*, 29 juillet 1966.
10. *Le Quartier Latin*, 3 mars 1964.
11. *La Presse*, 27 août 1967.
12. *La Patrie*, 2 mai 1963.
13. *Le Quartier latin*, *ibid.*

Le 31 octobre 1960, le cardinal Léger assermente Jean Drapeau comme maire de Montréal.

Chapitre XVI
«Je parle mais on ne m'entend plus»

Le cardinal rit de bon coeur. Il s'est permis une boutade aux dépens de son ami le maire Drapeau et la vivacité d'esprit de ce dernier a provoqué l'hilarité générale. Il n'est pourtant pas facile de dérider une salle d'universitaires.

Ils étaient tous absorbés par l'éloge qu'il leur faisait des réalisations du premier magistrat de la ville lorsqu'il déclara, comme pour conclure:

«Et je soupçonne monsieur le maire de faire actuellement des démarches pour obtenir la tenue du prochain concile à Montréal.

— Éminence, riposta le maire Drapeau du tac au tac, on ne peut rien vous cacher.»

Il n'a pas souvent l'occasion de s'amuser en cet automne 1966 dont les Québécois se souviendront puisqu'ils apprennent, à la mi-octobre, qu'ils peuvent désormais manger de la viande le vendredi. La Conférence des évêques du Canada, qui annonce la fin de l'abstinence obligatoire, a également décidé de fonder un of-

Au cours des dix-sept années de son épiscopat, le cardinal Léger accompagne le maire Drapeau dans diverses manifestations publiques de la Métropole.

fice de la famille, chargé d'étudier la législation concernant l'avortement et le divorce[1].

Quelle triste fin d'année. Les morts se suivent dans la vie du cardinal. Après la tragédie de Dorion, le décès de son vieil évêque, monseigneur Alfred Langlois, le chagrine. À quatre-vingt-dix ans, il s'éteint à Valleyfield, presque oublié de tous, dans un monde qu'il ne pouvait plus comprendre.

Moins d'un mois plus tard, son fidèle collaborateur, monseigneur Conrad Chaumont, rend l'âme à l'Hôtel-Dieu. Terrassé par une forte fièvre, l'archevêque de Montréal se traîne jusqu'à la cathédrale pour prononcer l'oraison funèbre de son auxiliaire. Immédiatement après, il est forcé de prendre la route d'Ottawa, où l'attend une nouvelle catastrophe. L'Action catholique est en crise et les évêques réunis dans la capitale fédérale décident de mettre la hache dans les structures du mouvement. Aux grands maux les grands moyens.

La guerre éclate mais l'archevêque, qui tient habituellement le gouvernail, reste en dehors de la mêlée. Ce conflit, il faudra le résoudre sans lui.

Le malaise est grand. Mais la solution des évêques met de l'huile sur le feu. En plus de congédier quatre dirigeants laïcs à

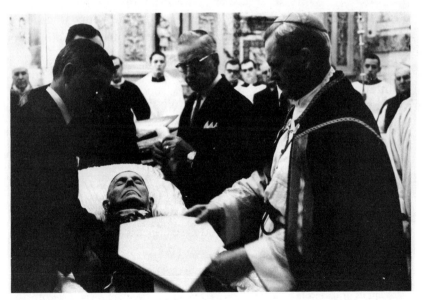

À l'automne 1966, le cardinal perd son précieux collaborateur, monseigneur Conrad Chaumont.

l'emploi du secrétariat, ils rappellent l'aumonier national de la Jeunesse étudiante catholique et refusent d'accorder au mouvement l'aide financière réclamée pour faire face à des difficultés pressantes.

Outrée par cette procédure unilatérale décidée sans l'ombre d'une consultation avec les laïcs responsables, l'ACC se pose de sérieuses questions sur la valeur, dans l'Église, du dialogue dont on prêche les vertus depuis Vatican II[2].

Deux cents personnes signent une pétition demandant aux évêques de réviser leur décision. Peu habitués au dialogue qu'ils prônent pourtant, les évêques ont choqué. La lettre qu'on leur remet souligne que leur façon d'agir va à l'encontre «des valeurs de justice et de démocratie déjà reconnues dans notre société» et qu'elle constitue «un accroc grave» à la responsabilité des laïcs dans l'Église.

Deux anciens dirigeants de l'Action catholique canadienne se prononcent. Gérard Pelletier, maintenant député fédéral d'Hochelaga, fustige les évêques et condamne leurs décisions: «Cela m'apparaît un procédé moyenâgeux, injustifiable dans toute société, à plus forte raison dans l'Église[3].»

Un autre ex-président de l'ACC, Claude Ryan, qui dirige maintenant les destinées du *Devoir*, reconnaît quant à lui la nécessité d'une restructuration de celle qu'il appelle «la collaboratrice la plus proche de la hiérarchie». Mais de là à liquider ces mêmes structures, qui ont été, à des moments difficiles, l'un des meilleurs, voire l'un des seuls foyers de véritable responsabilité laïque à l'intérieur de l'Église, il y a une marge[4].

L'épiscopat se défend. Les dirigeants n'ont pas été limogés, laisse-t-on entendre. Il s'agit d'un simple arrêt de travail. Cette pseudo-rectification fait sortir de ses gonds l'éditorialiste du *Devoir*:

Une fois mis en veilleuse l'organisme où ils travaillaient, aurait-on voulu qu'ils poussent le ridicule jusqu'à rester là en attendant qu'on les mette à la porte? Une certaine façon d'obliger les gens à s'humilier au delà de toute mesure a eu longtemps cours dans les milieux ecclésiastiques. Elle ne se justifie plus de nos jours[5].

La tempête s'apaise enfin. L'épiscopat annonce la création d'un comité de liaison chargé de faciliter les contacts et les échanges de vues avec les responsables et les aumôniers de l'ACC afin de dénouer l'impasse qui, soit dit en passant, perdurera jusqu'en 1970 et se soldera par la rupture de la Jeunesse étudiante catholique (JEC) avec l'Église.

*   *   *   *   *   *   *

À la mi-novembre, l'état de santé du cardinal l'oblige à annuler tous ses rendez-vous, y compris celui avec Lanza del Vasto. Il ne sort plus sauf pour aller chez ses médecins qui, aux dires de ses proches, bourrent de pilules un homme affaibli par le surmenage. Toujours aussi excessif, il lui arrive de forcer les doses prescrites, ce qui inquiète son entourage.

Tout le monde est d'accord sur un point: il faut le sortir au plus vite de l'archevêché. L'idée de déménager dans une maison bien à lui ne le rebute pas, au contraire. L'expérience vécue à Lachine quelques années plus tôt lui a été des plus profitables. Mais sa maison historique est trop éloignée du centre-ville et de son travail.

Le Père Legault, son compagnon de voyage aux beaux jours du concile, part à la recherche d'une maison «cardinalice». Celle qu'il déniche le ravit: «Éminence, je l'ai trouvée, votre maison. Elle n'a pas l'air trop bourgeoise; elle ressemble plutôt à un ancien couvent. Son propriétaire, un vieux rabbin à la retraite, serait tellement content de vous la vendre qu'il vous laisserait sa bibliothèque rabbinique[6].»

Mais le cardinal a déjà fait son choix: une maison de l'avenue Ramezay, à Westmount. L'idée ne plaît pas à son entourage. L'économe de l'archevêché, le chanoine Cadieux, essaie de le dissuader; il n'est pas du tout convaincu que le cardinal des pauvres doive s'installer chez les riches: «Vous devriez peut-être chercher dans un quartier plus défavorisé[7].»

Claude Ryan aussi est agacé par sa manie des grandeurs.

Lorsqu'il entend parler du projet, il lui dit: «Prenez plutôt un presbytère sur le boulevard Saint-Joseph, parmi les vôtres. N'allez pas chez les Anglais et les puissants.» S'il a réussi à le convaincre de ne pas louer une suite au Reine Elizabeth afin d'y recevoir les dignitaires du monde pendant l'Exposition universelle, il n'a pas de succès cette fois-ci.

L'archevêque s'entête. Grâce à un groupe de généreux donateurs, il peut acheter sa maison de briques blanches. Bâtie sur le flanc de la montagne à deux pas du grand séminaire, elle le rapprochera des nouveaux bureaux de l'archevêché au 2 000 ouest de la rue Sherbrooke. Il annonce son intention de déménager quelques mois plus tard, lorsque les travaux de réfection seront complétés.

* * * * * * *

Le 2 décembre, le Mouvement laïc de langue française organise un *teach-in* à l'Université de Montréal. Sur le thème: «Le catholicisme est-il devenu un obstacle au progrès du Québec?»

Ah! ces allusions qui sont en réalité des reproches, comme elles le font souffrir! La crise religieuse qui secoue le Québec est devenue pour le cardinal Léger un véritable drame de conscience. L'indifférence, le désengagement, la désaffection, voire l'agressivité face à la question religieuse le hantent.

Dans sa quête de vérité, l'homme moderne s'est trouvé un coupable: l'Église. Ce qu'il lui reproche? D'avoir transmis pendant des générations une doctrine figée et d'avoir fait preuve d'un autoritarisme étouffant. Il l'accuse d'avoir réduit la religion à un code essentiellement basé sur les notions de culpabilité et de châtiment.

Parce que l'Église s'est trop souvent immiscée dans les affaires temporelles, elle est, affirme-t-on de plus en plus ouvertement, responsable du retard de la société canadienne-française. Dans son enseignement, elle n'a retenu que la pensée thomiste, complètement inadaptée aux problèmes de l'âge industriel, elle a encouragé le mépris des affaires et le refus de suivre le courant nord-américain de développement scientifique et industriel[8].

Deux types de réactions se dessinent au sein de la population. Une certaine partie, qui a toujours ressenti la religion comme une contrainte, s'en libère en l'attaquant. Mais la majorité ne traverse pas cette phase d'anticléricalisme. Chez la plupart des fidèles, c'est la confusion. La pratique religieuse diminue. Les vêpres, les premiers vendredis du mois et les quarante heures sont relégués aux oubliettes, tout comme d'ailleurs les chemins de la croix et les neuvaines. Ce qui est plus grave, la fréquentation de la messe du dimanche baisse constamment. Parallèlement, les catholiques prennent sans scrupules leurs distances vis-à-vis de l'autorité. Le cardinal fait son *mea culpa*: «Nous nous sommes peut-être trop attardés à réciter des prières alors que nous aurions dû construire. Nous nous refermons trop souvent dans les forteresses où nous distribuons l'enseignement à une élite. Nous devrions redescendre dans la rue...[9]»

Le cardinal ne rejette pas d'emblée toutes les critiques. Homme d'une génération qui a auréolé l'autorité, surtout celle qui vient de Dieu, il mesure, à soixante-trois ans, toute la distance qui lui reste à parcourir pour accéder complètement au monde nouveau. Pourtant il essaie. Mieux que quiconque, il sait les prodiges d'énergie qu'il a consacrés à la création d'un nouvel homme en lui.

Mais, il doit bien l'admettre, la révolution en cours lui paraît parfois suspecte. Sous certains aspects, il est pessimiste face à l'avenir. Le progrès? Il en est mais à la condition que les efforts pour dominer l'espace et assurer le développement technique servent à nourrir les deux tiers de l'humanité qui manquent de l'essentiel[10]. Et non pour regarder se perdre les jeunes dans ce monde de cruauté et de violence qui a créé Marilyn Monroe et qui l'a tuée[11].

L'archevêque se désole lorsque les laïcs lui font remarquer qu'il se mêle d'affaires qui ne le concernent pas. Bien sûr, ce n'est pas à lui de dire où placer le trottoir. Mais il a le devoir d'intervenir s'il se rend compte «que les trottoirs ne servent que pour faire les cent pas à minuit et pour y exercer le commerce indigne et inhumain de la prostitution[12]». Et il doit sonner l'alarme lorsqu'il voit le marxisme et l'athéisme gagner du terrain.

Tout va trop vite. La société de consommation a tout chambardé. L'argent, le confort et les loisirs sont les nouvelles divinités. La révolution sexuelle gagne du terrain. Les relations hors mariage et les unions libres se multiplient. Et, naturellement, la famille en fait les frais. Les parents et les enfants ne se comprennent plus. Les hommes entre eux non plus. On ne se parle plus que par conventions collectives, constitutions, lois. Mais où est l'amour dans tout cela?

Il parle. Il parle mais on ne l'entend plus. Il prêche dans le désert. Il sent le danger mais on le traite d'alarmiste. Peut-être le temps est-il venu de battre en retraite? Et si la catastrophe n'était qu'apparente? Certains soirs, le doute s'installe. Il lui arrive de faire le pari que l'homme nouveau, le Québécois de la Révolution tranquille, se prendra en main, trouvera l'équilibre. Après tout, le progrès et la foi ne se contredisent pas.

Si l'on savait seulement combien il se sent concerné par les bouleversements sociaux. Comme ses fidèles, il plonge dans l'inconnu. Il le leur a déjà dit: «Je suis placé avec vous, homme comme vous, face à des réalités terribles que j'accepte volontiers comme j'accepte tous les moyens que vous mettrez à ma disposition, comme les avions supersoniques; je n'ai pas de temps à perdre...[13]»

À l'heure d'entrer dans la mêlée, d'évoluer malgré des pressions très fortes, il se sent terriblement seul. «Quand l'évêque s'arrête, dit-il, la colonne qui marche derrière lui n'est pas très longue[14].»

*   *   *   *   *   *   *

«Antonio, nous allons à Saint-Henri», annonce le cardinal tandis que son chauffeur met la voiture en marche.

L'archevêque de Montréal ne peut pas refuser l'invitation du premier prêtre-ouvrier de la ville. Il lui tarde de le voir à l'oeuvre. Même s'il n'est pas particulièrement emballé par ce genre d'apostolat, qui attire de plus en plus de jeunes prêtres.

300

Après avoir repéré sur sa carte routière le chemin le plus court, Antonio Plouffe file vers le sud-ouest de la ville. Il débouche bientôt dans la rue Saint-Philippe. Un véritable fond de cour! Le cardinal descend devant un logement on ne peut plus modeste. Même s'il souhaitait passer incognito, il ne manque pas de remarquer que tout le voisinage est aux fenêtres.

Le père Jacques Couture vient au-devant de lui. Un bien curieux jésuite, ce père Couture, qu'il a lui-même ordonné en 1964. Un marginal! À peine reçu prêtre, il a réclamé de l'archevêque de Montréal la permission de vivre comme un simple citoyen dans un quartier défavorisé. Sans beaucoup d'enthousiasme, le cardinal a fait le nécessaire pour que le premier prêtre-ouvrier de son diocèse soit rattaché à une paroisse de Saint-Henri.

Le père Couture a fait du chemin depuis deux ans. Après avoir fait sauter sa soutane avant l'heure, il est devenu animateur dans le quartier. Puis il s'est déniché un *job* de chauffeur-livreur chez *Steinberg* afin de vivre exactement comme les travailleurs.

Le jeune jésuite natif de Québec admire le cardinal depuis toujours et ne s'en cache pas. Étudiant, il a consacré ses jours de congé à l'hôpital Saint-Charles-Borromée; il se faisait un devoir de participer aux corvées organisées par le cardinal. Comme lui, il a le souci d'aider les plus démunis. N'est-il pas devenu jésuite précisément parce que le grand objectif de l'ordre est la justice sociale? Fortement attiré par le Tiers-Monde lui aussi, il a passé quelque temps à Formose en 1959 et n'est revenu au pays que parce que sa mauvaise santé l'a forcé.

Il a applaudi aux interventions du cardinal en faveur des pays défavorisés pendant le concile, mais ce qui le fascine surtout chez lui, c'est sa façon de mobiliser les gens pour le service de ses grandes oeuvres. Aussi, est-il fier d'être en relation avec lui. Fier aujourd'hui de l'accueillir chez lui, dans son taudis de la rue Saint-Philippe. Il a réuni pour l'occasion «les copains de Saint-Henri», tous des jeunes travailleurs à la langue bien pendue.

Le cardinal n'a pas la tâche facile, bien que le père Couture fasse tout en son pouvoir pour lui rendre la rencontre agréable. Les jeunes hommes ont décidé de régler leurs comptes.

«Vous le voyez, lui, lance l'un d'entre eux en désignant le père Couture, il a laissé les presbytères et la petite vie facile pour venir vivre avec nous. Mais vos prêtres à Montréal, qu'est-ce qu'ils font? Je vais vous le dire, moi. Ils vivent comme des bourgeois.

— Et l'Église est acoquinée avec les riches, enchaîne son camarade.»

Le débat s'anime. Le cardinal s'explique. Il pose des questions, réclame des explications logiques. Les jeunes ouvriers exposent leurs doléances. Il les écoute et, plus souvent qu'autrement, encaisse. Il est venu pour apprendre. Pour comprendre.

Au moment de les quitter, il les remercie de tout coeur. Sa soirée a été des plus profitables[15].

*   *   *   *   *   *   *

Décidément, la mode est aux prêtres-ouvriers. Jeunes et moins jeunes gagnent l'usine, la manufacture, le chantier de construction. Ils quittent les presbytères aux boiseries de chêne et aux parquets luisants pour emménager dans les taudis de Pointe-Saint-Charles et du bas de la ville. Les voisins les accueillent à bras ouverts. Ils les invitent à leur table. Ensemble, ils regardent la télévision et discutent de problèmes sérieux comme de choses anodines. Plus question de prendre rendez-vous pour régler les détails d'un baptême ou d'un mariage. Tout se décide à l'usine ou dans la rue.

Rien n'empêche que l'archevêque de Montréal a du mal à accepter ce changement d'orientation de certains prêtres. Il croit aussi que ceux d'entre eux qui deviennent psychologues, sociologues ou pédagogues, le font «au détriment de leur sacerdoce». Il l'a dit en toute franchise aux prêtres réunis à Pierrefonds pour une session de pastorale.

Oui, la tentation est grande de revaloriser son sacerdoce par l'exercice d'une autre profession, surtout depuis que le prêtre est devenu un «fonctionnaire peu considéré». Le cardinal se souvient

de l'image rassurante que présentaient les prêtres de sa génération. Ils étaient du côté de l'ordre établi et leur présence ne posait
aucun problème. Tandis qu'aujourd'hui...

«Le rôle du prêtre n'est pas d'être un brave homme ouvrier
ou attaché à la recherche scientifique... Il sera toujours un *séparé*
à cause de son métier[16].»

Le cardinal se montre sévère: «Tous attendent le dialogue
avec le prêtre, mais il faut avouer que nous sommes pusillanimes
et que nous évoquons mille prétextes pour ne pas aborder de front
le problème religieux.»

Il en veut pour preuve les curés qui passent le plus clair de
leur temps en «parlottes interminables» et en tâches administratives au grand détriment de leur apostolat véritable[17].

* * * * * * *

La porte du bureau se referme et le cardinal reste seul avec
ses pensées. L'un de ses prêtres est venu lui confier son intention
de quitter le sacerdoce. Une histoire d'amour banale. Étudiant à
l'université, il est tombé amoureux d'une consoeur. Religieuse
par-dessus le marché. Elle aussi songe à quitter sa communauté.
Ils veulent fonder une famille. Le cardinal se sent impuissant. Que
peut-il dire lorsqu'un prêtre a déjà contracté un engagement dans
l'amour humain?

L'archevêque marche de long en large. Ce jeune prêtre,
bouleversant de sincérité et de désespoir, n'est pas un cas isolé.
Une crise frappe le clergé. Une crise sans précédent qui épargne
peu de religieux.

Une cinquantaine de prêtres ont déjà quitté la maison du
Père. Ils ont l'impression de ne plus être utiles à rien dans ce
monde en devenir. La promotion du laïcat, il y ont souscrit. Mais
les laïcs ont tout pris: leur place à l'école, au centre des loisirs, à
l'hôpital, dans la vie. Personne n'a plus besoin d'eux. Au lieu de
frapper à la porte du presbytère, on va désormais chez le
psychiatre, le travailleur social ou l'orienteur. Ou alors on écrit au
courrier du coeur.

303

Hier encore, le prêtre soignait les âmes. Aujourd'hui, son absolution n'est plus requise. Elle ne soulage plus, elle choque. Comment en effet a-t-il pu tout confondre: reprocher au pénitent d'avoir mangé de la viande le vendredi avec autant de véhémence que d'avoir manqué à la charité?

Jadis respectés, sollicités, invités, les prêtres sont ignorés, ridiculisés. Il y a des jours où ils ne sont pas loin de donner raison à ceux qui les écartent. Oui, ils ont manqué de jugement. Trop souvent, leurs aînés ont exercé un ministère autoritaire et dirigiste qui n'était pas suffisamment axé sur les grandes valeurs de la foi et de la charité.

Voilà maintenant qu'ils s'épanchent dans les pages des journaux. Et faut-il qu'ils soient désespérés pour se cacher derrière l'anonymat.

Encore une fois, c'est le journaliste Marcel Adam qui a allumé la mèche. Il a reçu une lettre d'un prêtre qui reprochait à l'Église de faire de lui un homme malheureux, célibataire contre son gré. Il souhaitait que sa lettre soit publiée dans la rubrique des lecteurs sans que son nom paraisse. C'était contre la règle. Flairant un nouveau malaise social, Marcel Adam intercéda auprès de la direction de *La Presse*, qui consentit à faire exception. Il s'ensuivit une avalanche de lettres toutes aussi déchirantes les unes que les autres.

«Faites enquête, lui écrivait-on, vous verrez.» La tâche était délicate. Personne ne parlait librement. À l'archevêché, on refusait de reconnaître l'ampleur du problème. À peine réussit-il à apprendre que ce sont les jésuites qui subissaient la pire saignée. Les prêtres ne se montraient guère plus loquaces.

Au fur et à mesure que progressait l'enquête, Marcel Adam comprenait que le célibat obligatoire était la cause première des défections religieuses. Le sacerdoce, lui répétaient ses sources, n'est pas nécessairement lié au célibat. Ce n'est pas une loi de Dieu. L'Église l'a décidé pour sa convenance à une certaine époque, mais les temps ont changé. On peut très bien être appelé au sacerdoce et vouloir se marier[18].

Le cardinal a suivi l'affaire. Il est d'accord: le célibat est

Le journaliste Marcel Adam a suivi la carrière du cardinal, de Montréal à Rome en passant par l'Afrique. C'est lui qui a dévoilé l'ampleur des défections religieuses dans le diocèse.

devenu un fardeau que plusieurs ont du mal à supporter. Le concile a fait naître l'espoir d'une remise en question, mais le pape est intervenu et la porte s'est refermée. La libération n'aura pas lieu.

Jeune prêtre, le cardinal a vu grandir et s'épanouir de belles jeunes filles. Combien d'entre elles a-t-il guidé jusqu'à la vie religieuse? Lorsqu'il y pense, il ne peut s'empêcher de revoir le père Larieux, qui était missionnaire avec lui au Japon. Il était tellement beau avec sa longue barbe noire! «Le Seigneur devait lui ressembler», se disait-il. Tous les jours, de jeunes Japonaises en kimono défilaient dans son bureau. Intrigué, le père Léger finit par lui demander: «Père Larieux, toutes ces jeunes filles des écoles de Tokyo qui viennent vous voir, est-ce pour vous ou pour le bon Dieu?»

Le missionnaire français répondit, non sans malice: «Tous les jours, je termine ma prière en disant au bon Dieu: Excusez-moi lorsque je passe avant vous.»

Mais tout cela est bien loin. Aujourd'hui, l'édifice s'écroule. Au célibat obligatoire s'ajoutent l'oisiveté, l'insécurité et le sentiment d'inutilité. «Des notables déclassés, voilà ce que deviennent les prêtres. Après avoir été un personnage rassurant, une sorte d'homme-refuge, le prêtre d'aujourd'hui n'est plus tellement fixé, il se pose des questions sur sa place dans la société, il ne voit plus clairement ce qu'il est parce qu'il n'a plus de fonction sociale reconnue.»

Le cardinal croit aussi que la monotonie du ministère pastoral, exercé d'une manière stéréotypée depuis dix ou vingt ans, contribue à susciter l'envie de tout changer, d'autant plus que la transformation de la société ouvre des avenues nouvelles.

Hélas! ce n'est pas le plus grave. Le problème de la foi qui obsède certains prêtres compte pour beaucoup. Il pense en particulier aux grands garçons qu'il a envoyés à Rome, Louvain et Paris pour y étudier dans les facultés ecclésiastiques. Sous prétexte de mettre à jour leur enseignement, celles-ci ont introduit dans leurs programmes des crédits alloués à des cours en archéologie, histoire, exégèse... Les étudiants restent forcément à la surface des choses. Ils reviennent avec un bagage apparemment plus complet mais, au fond, ils rapportent des causes de doute profond.

En juillet 1966, le cardinal ordonne un prêtre. Mais la moisson n'est plus ce qu'elle était. Les séminaristes se font de moins en moins nombreux.

Ils n'ont pas pu intégrer leurs nouvelles connaissances dans un acte de foi.

Lorsqu'il songe à certains prêtres, en qui il avait mis toute sa confiance et qui s'en sont allés, le cardinal éprouve une grande déception. Pour lui, la fidélité a toujours été sacrée. S'il donne sa confiance à quelqu'un, il ne la lui retire jamais, à moins de raisons graves. Ça fait trente-cinq ans qu'il est prêtre. Sa propre fidélité, il l'a manifestée tant et plus.

Au début, l'archevêque a cru à de simples escapades d'adolescents. Des décisions prises à la hâte, sans réflexion. Ils rêvaient de jeter leur froc aux orties, croyant ainsi trouver la liberté totale. Mais lorsque ceux à qui il avait confié des postes de commande sont venus lui annoncer leur départ, il a compris la gravité de la situation.

Il observe de loin en loin ceux qui sont déjà partis. Certains vivent difficilement le plongeon dans l'inconnu. Après des années de pensionnat et une vie en vase clos à l'ombre du grand séminaire, ils ne connaissent rien de ce qui se passe dans les villes. On les a peut-être trop tenus à l'écart, à l'abri des intempéries. Des bonheurs aussi. Maintenant, ils veulent aimer, s'amuser, rire et pleurer comme tout le monde. Il lui arrive d'accorder son aide financière à ceux qui en ont besoin. De consoler les parents en pleurs qui frappent à sa porte.

Le cardinal songe encore aux fidèles qu'il faut rassurer. Ils se sentent trahis par ces hommes qui étaient leurs directeurs de conscience, qui les confessaient, les bénissaient, leur donnaient la communion. Ils frissonnent en pensant qu'ils ont confié leurs faiblesses, non pas au représentant de Dieu sur terre, mais à un homme qui ne croyait plus à son rôle.

*   *   *   *   *   *   *

Il y a ceux qui partent mais aussi ceux qui ne sont plus aptes à exercer leur ministère dans les conditions actuelles. Combien de curés acceptent mal les changements liturgiques qu'il a opérés? Combien ont enlevé à contrecoeur les grotesques statues de plâtre qui défiguraient leurs églises? Il leur a en outre fallu consentir à éliminer un certain nombre de génuflexions et de signes de la croix pour que ces gestes reprennent leur sens.

Le cardinal n'encouragent pas les messes à gogo, loin de là. Il tolère ces initiatives, qui émanent du milieu et qui, croit-il, disparaîtront d'elles-mêmes. En revanche, il insiste pour que la messe soit dite en français et que les prêtres prêchent dans l'esprit de Vatican II. Bon nombre en sont incapables. Leurs homélies sont dépassées.

Devant tous ces changements, ils vivent repliés sur eux-mêmes, amers et nostalgiques. Le cardinal les a mis en garde: «Chassez l'inquiétude, c'est un défaut de vieux qui ont peur de la nouveauté.»

Mais ce n'est pas tout. En corrigeant les inégalités dans le traitement des prêtres, il n'a pas fait que des heureux. Avait-il le choix? Il fallait bien prévoir une échelle de salaires adaptée aux fonctions inexistantes il y a dix ans. Et donner à chacun sa juste part. Les prêtres réclament à bon droit des revenus qui leur permettent de subvenir à leurs besoins. Il a fait en sorte qu'ils accèdent au niveau de vie moyen de ses diocésains. Les vicaires ont obtenu de deux mille cent à deux mille quatre cents dollars par année selon leurs années de sacerdoce, et les curés, trois mille deux cents dollars[19]. Certains, surtout parmi ces derniers, perdaient ainsi des privilèges et ont eu du mal à avaler la couleuvre. Et ils ne se gênent pas pour le blâmer.

On lui reproche aussi de ne pas épauler ceux à qui il confie des responsabilités. Mais il manque de temps pour épauler tout un chacun. Cela, il aimerait bien qu'on le comprenne.

Oui, le temps court et c'est pourquoi ses décisions paraissent expédiées. Et ses congédiements brusques. Il lui faut parfois trancher. Il l'a fait tout récemment lorsqu'un paroissien lui a téléphoné pour lui dire qu'il n'y avait pas eu de messe dans la paroisse depuis quelque temps, le curé étant en vacances. Le lendemain, il s'est lui-même rendu sur les lieux pour dire la messe. Lorsque le curé est rentré de voyage, il a trouvé sur sa table sa lettre de congédiement[20].

Lorsqu'on le critique, ça lui va droit au coeur. Comme il aime être aimé. Heureusement, les jeunes prêtres emboîtent le pas. Un certain nombre d'entre eux a troqué la prédication abstraite contre l'action. Le cardinal est fier des vicaires des paroisses défavorisées qui ont retroussé leurs manches et mènent une lutte sans merci à la pauvreté.

Mais, dans cette guerre, on manque de combattants. Si au moins la relève existait. Hélas! le sacerdoce n'attire plus. Des onze cent quatre-vingt-sept finissants des collèges du diocèse de Montréal, soixante-six seulement optent cette année pour la prêtrise. Une baisse de dix pour cent, soit exactement ce que le cardinal avait prédit en 1957[21].

* * * * * * *

Trève d'atermoiements. C'est décidé: le cardinal Léger parlera à ses prêtres. Simplement mais clairement. Il doit réaffirmer la nécessité du célibat. Il sait que sa position risque d'occasionner de nouveaux départs, mais a-t-il le choix? «Je trouve difficile de pratiquer la polygamie, se dit-il. Lorsque l'on donne son amour à une personne, il faut lui être fidèle.»

Assis devant sa table de travail, il laisse courir sa plume sur le papier: «Nous avons renoncé à l'amour humain propre à la vie conjugale, mais nous ne sommes pas sans amour. Nous aimons l'Église. Celle-ci est faite de personnes humaines vivantes qui ont besoin du prêtre pour qu'il les rassemble, les guide...»

Ce message, il faut qu'il porte. Chacun doit ressentir ses paroles comme si elles avaient été écrites pour lui seul: «Nous le savons, ce monde neuf qui se bâtit chaque jour autour de nous et avec nous doit être confronté d'une manière neuve aussi au message de Jésus.»

Le ton est rassurant: «Il ne faut pas s'alarmer outre mesure... Certes, il en résulte parfois une certaine insécurité. Mais on doit voir aussi dans le bouillonnement actuel des idées un signe de vitalité...[22]»

Puis il aborde de front la question du célibat et de sa nécessité, parfaitement conscient de ramer à contre-courant. Il le

Dans une lettre troublante, le cardinal Léger rappelle à ses prêtres l'importance du célibat.

fait sans recours d'autorité. Il se sent impliqué dans ce débat. Il est leur pasteur mais aussi un prêtre. Comme eux, il vit le célibat ecclésiastique.

> Il faut admettre que devant cette redécouverte de la grandeur humaine et chrétienne de l'amour propre au mariage, un danger nous guette: celui de trouver pâle, dans son austérité et ses renoncements, notre célibat...

Il est normal de s'interroger, de creuser la question jusqu'au fond de soi-même.

Nous sommes d'une certaine manière tous faits pour le mariage. Mais c'est précisément le sens de notre engagement à la virginité que nous avons renoncé à un bien qui nous eût été accessible.

Tout au long de son message, le cardinal parle de «nous» et non de «vous». Il est solidaire de ses prêtres jusque dans son appel à la fidélité.

Notre temps connaît une crise de la fidélité. Je crois qu'il nous est demandé, dans l'amour même que nous avons choisi, de témoigner de la grandeur et de la nécessité de cette grande vertu.
Ces paroles ne sont pas un blâme à ceux qui sont retournés en arrière. Ils demeurent nos frères...[23]

*   *   *   *   *   *   *

Cette allusion aux frères qui ont quitté l'Église intrigue et l'archevêque de Montréal est invité à expliciter sa pensée à l'écran de Radio-Canada dans les jours qui suivent:

«Oui, répète-t-il, les autorités ecclésiastiques sont plus disposées que par le passé à corriger «des choix erronés». Sous l'éclairage des sciences humaines, de la psychologie, notamment, on se rend compte que certains engagements ont pu être pris dans le passé sans que le sujet de ces engagements connaisse toutes les responsabilités futures.»

L'opinion publique se passionne pour les défections. On questionne le cardinal, on interviewe les prêtres, on sonde les religieux. Il ne se passe pas une journée sans que les journaux rapportent les conclusions d'une enquête américaine. Selon la dernière, soixante-trois pour cent des prêtres des États-Unis croient que l'Église catholique devrait leur laisser le choix entre le mariage et le célibat. S'il en était ainsi, trente et un pour cent se marieraient probablement. La moitié pense qu'un clergé marié serait moins efficace.

Les Québécois commentent. Certains rendent hommage à celui qui a le courage de repenser sa vie, d'autres dénoncent le défroqué appelé aux pires châtiments de Dieu. Pendant quelques jours, on ne parle que de cette triste histoire d'un ex-dominicain et de sa nouvelle épouse, une ex-religieuse, qui ont péri dans l'accident d'avion qui a fait des centaines de morts à Sainte-Thérèse. On laisse entendre qu'ils ont été bien punis.

Le cardinal donnerait cher pour un débat plus discret. Il invite les prêtres à lui faire part personnellement de leurs angoisses. Selon lui, cette mise à nu sur la place publique n'est pas propice au renouvellement. Le prêtre, pense-t-il, a le droit de critiquer l'Église. Mais à certaines conditions seulement.

Et avant de critiquer publiquement l'Église, il doit se poser des questions. Sa critique part-elle d'un amour réel de l'Église? A-t-il la compétence nécessaire pour savoir si sa démarche est opportune? Une rencontre avec ses supérieurs hiérarchiques ne serait-elle pas plus profitable? Enfin, agit-il dans le respect de l'Église et des hommes?

Le cardinal profite de chaque tribune pour rejoindre son monde. Aux prêtres de l'Action catholique, à qui il recommande d'être des critiques prudents, il dit: «Brûlez vos vieux livres de théologie. La bibliothèque d'un prêtre devrait passer au feu au moins tous les dix ans[24].»

Références — Chapitre XVI

1. *L'action nationale*, 15 octobre 1966.
2. *La Presse*, 24 octobre 1966.
3. *Le Devoir*, 31 octobre 1966.
4. *Le Devoir*, 3 novembre 1966.
5. *Ibid.*
6. Émile Legault.
7. Laurent Cadieux.
8. *La Croix*, 10 août 1967.
9. Robillard, Denise, *Le cardinal Paul-Émile Léger*, thèse présentée à la faculté de théologie, Université d'Ottawa, p. 463.
10. *Ibid.*, p. 462.
11. *Ibid.*, p. 515.
12. *Ibid.*, p. 461.
13. *Le Devoir*, 18 mars 1964.
14. Robillard, Denise, *op. cit.*, p. 500.
15. Jacques Couture.
16. *La Presse*, 1er octobre 1966.
17. *Ibid.*
18. Marcel Adam.
19. *Le Devoir*, 7 janvier 1966.
20. Claude Ryan.
21. *Le Prêtre*, revue d'information de l'Oeuvre des vocations du diocèse de Montréal, décembre 1967, no. 76.
22. *La Presse*, 13 décembre 1966.
23. *Le Devoir*, 17 décembre 1966.
24. *Le Devoir*, 9 janvier 1967.

Chapitre XVII
Les frères séparés

B. Zébodée reprend du service. Chaque fois que la santé du cardinal flanche, sa fidèle infirmière accourt. Depuis qu'il fréquente assidûment le cabinet du docteur Morissette, pour qui elle travaille, elle l'a vu sous toutes ses coutures, l'archevêque de Montréal. Garde Aubin, qui a assisté papa et maman Léger jusqu'à leur dernier souffle, n'est pas rassurée de voir le cardinal à ce point démoralisé; il n'a plus une once d'énergie.

Il ne sort pratiquement plus. Il a participé à contrecoeur à la fête des anciens du collège Sainte-Thérèse; il a béni le métro de Montréal, mais il a laissé à monsieur le maire le soin de prendre la parole. Seule la rencontre avec le nouveau conseil de *Fame Pereo* a suscité chez lui quelque intérêt. Il aura aussi des moments de bonheur en revoyant *Le Soulier de satin*, produit par le Théâtre du Nouveau-Monde en janvier 1967. À l'issue de la représentation, il monta sur la scène pour serrer la main de Monique Miller et féliciter les autres comédiens. Le reste de son temps, il l'a passé à travailler seul dans ses appartements.

315

Le métro de Montréal est inauguré en août 1965. Le cardinal Léger consent à le bénir, mais il laisse au maire Drapeau le soin de faire le discours.

Garde Aubin sait que le cardinal a les vacances en sainte horreur. Elle se souvient de lui avoir envoyé un acte notarié, estampillé comme il se doit avec le sceau cardinalice, et signé de son surnom: «B. Zébodée». Le document commençait ainsi: «Attendu que les vacances sont précieuses, urgentes, indispensables, obligatoires...» Mais cela se passait en 1958 et sa supplique n'avait pas eu grand effet.

«Décidément, il ne change pas», pense-t-elle en se rendant aux appartements du cardinal pour lui administrer les injections prescrites par le docteur Morissette. Tel un leitmotiv, elle répète à son intraitable patient: «Vous devriez prendre des vacances loin d'ici[1].»

Le cardinal Léger à la barre d'un bateau de pêche, en Floride.

L'économe de l'archevêché, le chanoine Laurent Cadieux, se fait aussi pressant. Le prêtre de trente-huit ans a suivi les péripéties de la fulgurante carrière de l'archevêque. Il sait qu'il n'est pas homme à se ménager. Il a encore en mémoire l'essoufflant voyage au Massachusetts qu'ils ont effectué ensemble il y a quelques années.

La complicité qui existait déjà entre eux à l'époque ne s'est jamais démentie. Aussi, quand le cardinal rend les armes, de bien mauvaise grâce d'ailleurs, et qu'il consent à aller en Floride, à la mi-janvier 1967, c'est au jeune chanoine qu'il demande de l'accompagner. Pour compléter le trio, il réclame la présence de son ancien secrétaire, l'abbé Jacques Jobin, qui avait été, lui aussi, du voyage-éclair en Nouvelle-Angleterre.

«Pouvez-vous vous libérer pour une dizaine de jours», lui demande le cardinal?[2]

Dix jours pour aller et revenir. Tout un programme.

«C'est un rapt», maugrée le cardinal en bouclant sa valise.

Le chanoine Cadieux s'ennuie déjà en pensant aux innombrables rosaires qu'il a dû réciter en allant au Massachusetts. Pince-sans-rire, il glisse à l'oreille de l'archevêque au moment où il s'installe dans la voiture: «Je vais être obligé de m'acheter un chapelet neuf.»

Peine perdue. À peine les voyageurs sont-ils en route, avant même qu'ils aient traversé le pont, le cardinal sort de sa poche le gros chapelet alourdi de médailles qui a appartenu à sa mère et il entame le *Je crois en Dieu*.

Toute une révolution, ce voyage qu'il entreprend à contrecoeur. «Oui, c'est un enlèvement!» répète-t-il encore et encore. Bon gré mal gré, il consent à coucher dans les motels qui longent les autoroutes et à manger au restaurant. Les deux jeunes prêtres observent à la dérobée cet homme dans la soixantaine qui n'a décidément pas l'habitude de voyager comme tout le monde.

Après la Virginie, une Caroline, puis l'autre. Le chanoine Cadieux meurt d'envie de se délier les jambes:

«Éminence, risque-t-il, si l'on s'arrêtait chez *Pedro*...

— Il n'en est pas question!» répond le cardinal sur un ton sans réplique.

Il y a toujours des limites. Il ne va tout de même pas perdre son temps dans cette espèce de parc Belmont aux manèges multicolores et à la musique mi-mexicaine mi-rock'n roll.

Tant pis, se disent ses compagnons de route. Ils filent vers la Georgie. Au moins le patron consent à éviter les églises et à dire sa messe privément, de façon à passer incognito. Une seule fois, en Floride, il rend visite à un curé. Ça vaut la peine. Le prêtre américain leur procure un bateau de pêche et ils peuvent passer la journée en mer.

«Ce qu'il a l'air bien!» se dit le chanoine Cadieux en regardant le cardinal tenir la barre.

Il fait 83°F et le soleil plombe. Le cardinal tire la fumée de sa pipe en épis de blé d'inde, un cadeau qu'il lui a offert en arrivant à

Après les repas, le cardinal avance sa chaise et fait son action de grâce en regardant la mer.

Le cardinal nourrit les oiseaux sur la plage. Il tend un morceau de pain et attend qu'ils viennent le picorer.

Tampa. Les jours coulent. Après sa messe, l'archevêque vacancier avance sa chaise dans le sable, au bord de l'eau, et fait son action de grâce. Puis il nourrit les oiseaux sur la plage: il pose un morceau de pain sur sa tête et attend qu'ils viennent le picorer. Le reste du temps, il lit l'histoire des États-Unis.

La semaine passe trop vite. Il faut bientôt prendre le chemin du retour. À la frontière de la Caroline, les deux jeunes prêtres se jettent un regard complice. L'un d'eux ose: «Éminence, si l'on s'arrêtait chez *Pedro*...»

Silence. L'archevêque considère avec dédain l'animation bruyante du parc d'attractions: «Bon, d'accord[3].»

Aussi bien faire contre mauvaise fortune bon coeur. C'est le moins qu'on puisse dire. Lorsque le trio quitte le site, le cardinal a les poches bourrées de souvenirs. Après un premier arrêt pour voir le spectacle des dauphins, la veille, à Jacksonville, les manèges chez *Pedro*, le voilà promu voyageur nord-américain.

Incapable de faire le vide complètement, il a trouvé moyen de téléphoner à Montréal tous les trois jours.

«Alors, Mario, demande-t-il à son secrétaire, comment ça se passe à Montréal?

— Tout va très bien, répond l'abbé Paquette.»

Une fois rassuré, convaincu que le monde continue de tourner même en son absence, il pense à autre chose. Au dernier jour, il a de plus en plus de mal à se concentrer sur ses vacances. On sent qu'il a déjà repris le collier. Après un dernier repas à Plattsburg, il arrive à Montréal au milieu de l'après-midi, ravi d'être de retour à temps pour ce qu'il appelle «le souper des retrouvailles».

Sur sa table, une lettre de sa belle-soeur Gaby l'attend. Au nom de son frère Jules, elle s'enquiert de sa santé: «Quand je lui ai dit que vous aviez pris quelques jours de vacances, il m'a dit: Ça ne doit pas aller du tout pour que Paul-Émile fasse cela[4].»

* * * * * * *

Février 1967. À deux mois de l'ouverture officielle de l'exposition universelle, qui se tiendra à Montréal sous le thème «Terre des Hommes», emprunté à Antoine de Saint-Exupéry, c'est la course contre la montre. Tandis que les ouvriers et les ingénieurs s'activent sur les chantiers de l'Expo, qui à faire jaillir de nulle part l'île Notre-Dame, qui à construire l'un ou l'autre des multiples pavillons, le cardinal Léger songe à la menace qui guette sa ville.

Tout le monde se prépare à la fête sans se soucier des dangers que cette manifestation grandiose risque d'engendrer, et dont l'immoralité publique n'est pas la moindre. Il a fait une première mise en garde à la population dans son message du Jour de l'An. Ses propos ont suscité quelques commentaires mais sans plus. Encore une fois, on l'a soupçonné de faire le croque-mitaine. Pourtant, les faits lui donnent raison. On vient de lui apprendre que quatre-vingt-dix pour cent des cabarets visités en décembre par l'escouade de la moralité de la police de Montréal donnaient des spectacles immoraux, indécents et indignes. La prostitution fait rage comme jamais. Depuis 1960, la rue Saint-Laurent fait l'objet de contrôles policiers sévères mais les maisons de débauche se déplacent vers l'ouest. Un réseau de call-girls fonctionne maintenant à Westmount, Outremont et Côte-Saint-Luc.

L'archevêque comprend mal qu'aucune mesure n'ait été prise pour enrayer ce fléau. Montréal montre sur sa face des taches lépreuses. Sa ville est devenue le centre d'attractions érotiques le mieux organisé des grandes villes nord-américaines.

«Belle propagande pour la ville aux cent clochers, se dit-il. Les débits de boisson y sont plus nombreux que les églises. La première institution qui s'élève sur le territoire des nouvelles paroisses que j'ai fondées, ce n'est ni l'église ni l'école, mais la taverne[5].»

Profitant de chaque tribune, il répète son inquiétude. Le 9 mars, la Ville de Montréal adopte un règlement contre la prostitution dans les boîtes de nuit et les établissements qui vendent des boissons alcoolisées. Désormais, il est interdit à ceux qui participent à un spectacle de venir ensuite s'asseoir et prendre un verre avec les clients[6].

*   *   *   *   *   *   *

Au risque de scandaliser les bonnes âmes, le cardinal Léger décide de tendre la main aux prostituées. Son rôle n'est pas de s'attaquer aux magnats de la pègre, ni de s'immiscer dans les affaires relevant de la police ou de la justice. Mais il peut et doit aider ces femmes qui sont en fait les victimes de la traite des blanches. Des êtres humains qui souffrent de problèmes psychologiques et affectifs.

En parlant du plus vieux métier du monde, Dieu a dit: «Les prostituées entreront avant vous dans le Royaume.» L'archevêque décide donc de fonder une maison qui accueillera ces femmes, la plupart prisonnières d'un réseau infâme, et les aidera à retrouver leur équilibre.

En mars, il lance son appel aux membres du club Richelieu, qui l'ont invité à prendre la parole. N'ont-ils pas aidé à la création d'une chaire de criminologie à l'Université de Montréal? Ne leur doit-on pas aussi Le Relais, qui accueille les jeunes filles en difficulté.

«Je veux fonder un nid pour les prostituées», dit-il simplement.

Au nom des membres du club, le président accepte de collaborer au projet du cardinal, qui s'inspirera d'un nid semblable qui existe déjà en France. En contre-partie, il demande à l'archevêque s'il veut bien devenir membre du club. Le cardinal acquiesce avec joie.

«Nous nous en réjouissons, Éminence, dit le président, nous comptons désormais un cardinal Richelieu![7]»

* * * * * * *

L'archevêque de Montréal s'est toujours farouchement opposé à l'élargissement des méthodes anticonceptionnelles. «Tous les moyens ne sont pas bons et acceptables, répète-t-il.»

L'enquête effectuée en 1963 auprès des travailleurs par la Ligue ouvrière catholique de Montréal l'a laissé perplexe: soixante pour cent des couples interrogés employaient des méthodes anticonceptionnelles. Dans soixante-cinq pour cent des cas, le problème de la limitation des naissances était responsable de la perte de la foi et de l'abandon progressif de la pratique religieuse.

Quatre-vingts pour cent des personnes consultées trouvaient tellement normal d'empêcher la famille qu'elles n'en parlaient même plus au confessionnal. Elles l'affirmaient sans ambages: L'Église n'a rien à voir là-dedans.

Les hommes étaient catégoriques: la continence est une chose impossible. Il faut être un saint pour la pratiquer. Ils blâmaient aussi l'Église parce qu'elle permet l'emploi de méthodes difficiles à pratiquer et peu efficaces.

Les couples d'alors espéraient que le concile apporte des

changements radicaux à la question de la limitation des naissances, comme ce fut le cas pour le jeûne eucharistique.

À la demande de Paul VI, l'archevêque de Montréal doit préparer son opinion écrite sur le sujet. Aussi met-il ses conseillers et collaborateurs à contribution. De partout lui vient le même son de cloche: l'infidélité et la dénatalité menacent la famille. Les causes de la détérioration du climat familial? Le travail à l'extérieur qui favorise la promiscuité, le roman, le théâtre et le cinéma qui glorifient l'amour à trois au détriment de la fidélité conjugale. «Tout cela ne peut qu'engendrer le déclin d'une société», se dit-il.

Pendant ce temps, on ne fait plus d'enfants. Certes, les arguments en faveur du contrôle des naissances qu'on lui fait valoir méritent réflexion: danger pour la santé physique ou psychique de la mère, déséquilibre du budget familial, risque d'être incapable d'offrir aux enfants l'éducation adéquate. Tout cela est bien angoissant, mais l'Église ne peut pas échapper à ses responsabilités. D'ailleurs, elle ne prêche pas un natalisme à tout prix. Elle rappelle aux époux que leur propre bien est orienté vers la procréation mais laisse à leur conscience le soin de déterminer, dans le respect de la moralité des moyens, le nombre d'enfants qu'ils sont en mesure d'avoir.

Voilà pourquoi il recommande la continence périodique. L'amour humain n'est pas l'asservissement d'un être par l'autre, au détriment de la dignité humaine, explique-t-il.

Il est catégorique: les techniques contraceptives s'attaquent toutes à des valeurs essentielles que la loi naturelle elle-même et, à plus forte raison la morale chrétienne, nous recommandent de respecter. Il dénonce les méthodes chirurgicales ou médicales de stérilisation permanente ou temporaire, les procédés mécaniques et chimiques et l'avortement qui n'est «rien moins qu'un meurtre[8]».

L'archevêque consent à élargir le débat à l'échelle de la planète. L'accroissement de la population en Amérique latine et dans la plupart des pays de l'Extrême-Orient se déroule à un rythme effarant. Chaque seconde, un homme de plus; chaque fin de journée, cent mille nouveaux individus; chaque année, quarante millions d'habitants excédentaires sur le globe[9].

Selon lui, il y a des moyens pour affronter le problème de la faim dans le monde et l'accroissement démographique: l'augmentation des superficies cultivées, le développement rapide de l'industrialisation, les efforts pour mieux diriger les économies nationales et internationales, l'entraide des peuples... «Tout cela n'est plus une utopie et déjà nous pouvons entrevoir quels immenses profits l'homme pourra en tirer.»

«Si, dans certaines régions et pour des circonstances déterminées, une diminution des naissances s'impose, c'est à la raison et à la maîtrise de soi qu'il faudra faire appel, selon les normes morales de la régulation des naissances[10].»

*   *   *   *   *   *   *

Dans le ciel de la Métropole, un gigantesque feu d'artifice annonce le début d'une grande fête. Les cloches de toutes les églises carillonnent en choeur. Les sirènes des bateaux amarrés au port se font entendre tandis que le Deuxième Régiment de l'artillerie canadienne tire une salve de vingt et un coups de canon.

«Je proclame l'Exposition universelle officiellement ouverte», déclare Roland Michener, nouvellement promu gouverneur-général du Canada.

Malgré une température plutôt froide pour un 27 avril, six mille personnes se sont rendues à Terre des Hommes. Le père de l'Expo, le maire Drapeau, qui n'est jamais à court d'idées, profite de l'occasion pour dévoiler son nouveau projet: transformer les îles en cité internationale permanente. Il passe ensuite le micro au premier ministre Daniel Johnson: «Jeunes de tous les pays, vous êtes conviés à organiser sur la terre du Québec la ronde de la fraternité et de la paix[11].»

Le cardinal Léger passe la majeure partie de la journée sur le site, en compagnie des dignitaires. Devant le pavillon des États-Unis, de jeunes Américains effectuent un *sit-in* pour protester contre la guerre du Vietnam. L'archevêque le parcourt rapidement. Avec celui de l'URSS, c'est celui qui attire le plus de visiteurs.

Inutile d'espérer tout voir en un seul jour, d'autant plus qu'il doit déjeuner au restaurant Hélène-de-Champlain et qu'il est attendu au pavillon du Québec pour le dîner. Il lui faudra revenir encore et encore. Mais il lui tarde de visiter le pavillon chrétien, qui est en soi une première dans l'histoire.

Quelle aventure! L'idée de réunir les sept Églises qui représentent quatre-vingt-quinze pour cent de la chrétienté en un seul pavillon a jailli comme une étincelle au moment où l'on a appris la tenue de l'Exposition universelle à Montréal. Elle est née dans un groupe de Québécois francophones qui n'ont pas eu de mal à convaincre les Canadiens anglais des autres provinces.

Mais il fallait d'abord l'autorisation du pape, qui devait par la même occasion renoncer à ériger le traditionnel pavillon du Vatican. Flanqué de l'abbé Jean Martucci, l'archevêque de Montréal se présenta chez le Saint-Père. Lorsqu'il pénétra dans les appartements pontificaux, le pasteur Martin Luther King en sortait. Il eut à peine le temps d'échanger les salutations d'usage; déjà le secrétaire l'invitait à passer dans le bureau du pape.

Lorsqu'il en ressortit, il était radieux: Paul VI lui accordait sans réserve la permission de réaliser le projet. Il y voyait l'occasion de promouvoir l'oecuménisme, tel que préconisé par le concile.

L'intérêt du cardinal pour le rapprochement des Églises remonte précisément à 1961. Il créa alors une commission chargée de soutenir les initiatives dans ce sens. Il aida à la mise sur pied d'un centre multiconfessionnel où l'on pouvait consulter à volonté la documentation universelle et discuter d'oecuménisme. Le cardinal avait prévenu les catholiques: il n'était pas question de chercher à se convertir mutuellement, ni de faire du prosélytisme, mais de se connaître davantage et de savoir ce que pensaient les «frères séparés».

«Éminence, lui dit un jour l'abbé Martucci, je n'aime pas cette expression. Elle exclut au lieu de réunir.»

Le cardinal acquiesça. Le 25 janvier 1966, il s'adressa au

À la fin du mois de janvier 1965, le cardinal célèbre la messe selon le rite melchite, en l'église Saint-Sauveur. Il porte des vêtements prêtés par l'Église orthodoxe russe de Montréal.

clergé des sept Églises réuni dans la Saint James United Cathedral, en disant, «Chers frères dans le Christ...»

Paraphrasant l'ex-président Kennedy, il poursuivit: «Ne nous demandons pas ce que les autres Églises devraient faire pour favoriser l'unité chrétienne, demandons-nous plutôt ce que Dieu attend que nous fassions nous-mêmes[12].»

Il lui arriva aussi d'intégrer des éléments visuels à son enseignement. Ainsi, pour la première fois à Montréal il a célébré, en 1965, à l'église Notre-Dame, la messe selon le rite catholique byzantin. Il avait obtenu l'assentiment du pape, qui l'avait en outre autorisé à revêtir les ornements sacerdotaux prêtés par l'Église orthodoxe russe de Montréal.

Le cardinal mit donc beaucoup d'espoir dans le pavillon chrétien. Lorsque l'abbé Martucci fut nommé commissaire général, il s'en réjouit. La tâche n'était pas facile. De son bureau, niché au haut de la Place Ville-Marie, il lui fallait recueillir un million trois cent mille dollars pour la réalisation du projet. À ceux qui sursautaient, il répliquait: «Le pavillon du Vatican, à la foire universelle de New York, a coûté sept millions!» L'abbé Martucci devait aussi penser à l'architecture du pavillon, prévoir son contenu, engager les entrepreneurs, le tout en obtenant au préalable l'accord du conseil d'administration.

«Comment ça va chez vous, lui demandait régulièrement le cardinal.

— Bien avec les orthodoxes, l'Église unie et les anglicans. Rien à dire sur les luthériens. C'est plus dur avec les presbytériens et les baptistes sont méfiants.»

Il avait été établi que lors des réunions chacun parlerait sa langue. Infailliblement, c'est l'anglais qui s'imposait. Puis l'on décida de publier un feuillet explicatif. Les anglophones voulaient qu'il soit bilingue au Québec et unilingue dans le reste du Canada. Jean Martucci s'objecta: «Pourquoi ne serait-il pas publié en français et en anglais partout au Canada?

— Vous n'y pensez pas? Vous allez choquer les gens de l'Ouest?

— Dans ces conditions, trancha le commissaire excédé, il sera unilingue français au Québec.»

Ces discussions étaient interminables et compliquaient son travail. Pour tout dire, ça grinçait dans les rouages. Le conseil d'administration piétinait. Il se préoccupait davantage du coût des poignées de portes que de ce qu'on allait proposer aux visiteurs à l'intérieur du pavillon. L'abbé Martucci avait élaboré un projet de spectacle global intégrant les arts et le message. On ne devait pas construire un lieu de culte mais un lieu de rencontre. Il ne voulait pas en faire le pavillon des Églises mais celui de l'unité.

Ses idées avant-gardistes ont-elles effrayé le conseil d'administration? Un an avant l'Expo, mystérieusement, il fut limogé. Pour ne pas créer d'incident, on lui suggéra fortement de démissionner «pour des raisons personnelles», et on lui offrit une bourse de quinze cents dollars.

«Je n'en veux pas, dit-il. Ce que je veux, c'est une explication.»

Ce fut peine perdue. Il alla même frapper à la porte du cardinal Léger, qui ne jugea pas à propos d'intervenir.

«Pourquoi n'allez-vous pas passer quelques mois en Europe?»

L'abbé Martucci acquiesça. Il y était encore lorsque s'ouvrit l'Expo[13].

Le cardinal pénètre maintenant dans le pavillon chrétien où une puissante sono, martelant tout l'espace, reproduit les battements d'un coeur. Le message est essentiellement un appel à l'espoir et à la conscience. Mais il y a quelque chose de maladroit dans la présentation. Les images qui expriment le contraste entre le mal (les atrocités de la guerre, des adolescents en train de brutaliser un enfant, des graffiti obscènes) et le bien (des familles évoluant dans la joie et l'amour sur des écrans géants) créent un malaise chez la plupart des visiteurs. Est-ce bien là l'histoire de l'humanité? Le cardinal ressort déçu.

Références — Chapitre XVII

1. Yvette Aubin.
2. Jacques Jobin.
3. Laurent Cadieux.
4. Correspondance du cardinal Paul-Émile Léger.
5. Texte de l'allocution du cardinal P.-É. Léger au club Richelieu de Montréal, le 9 janvier 1967, reproduit dans *La Renaissance nationale du Québec*, doc. 23-67.
6. *La Presse*, 10 mars 1967.
7. *Ibid.*
8. *La Presse*, 8 mai 1963.
9. Robillard, Denise, *op. cit.*, p. 476.
10. *La Presse*, 18 avril 1962.
11. *La Presse*, 28 avril 1967.
12. *La Presse*, 25 janvier 1966.
13. Jean Martucci.

Chapitre XVIII
La semonce du chanoine Groulx

Ça ne s'est jamais vu de mémoire d'homme. Une longue haie de drapeaux fleurdelisés se forme dans l'historique église Notre-Dame. Jeunes et vieux nationalistes rendent un dernier hommage au chanoine Lionel Groulx. Celui qui a éveillé et maintenu la flamme patriotique chez les Québécois pendant une cinquantaine d'années est mort le 23 mai, au beau milieu des festivités du centenaire du Canada et à l'heure même où les dignitaires du monde entier se sont donné rendez-vous à Terre des Hommes, qui bourdonne d'activité depuis le 27 avril.

Aux premiers rangs dans la nef, le maire Jean Drapeau songe avec tristesse à son vieil ami, qui ne verra pas Montréal devenir pour un moment la capitale du globe. Heureusement qu'il a eu la bonne idée de lui faire visiter les îles de l'Expo au mois de mars. Malgré le froid perçant, les ouvriers s'affairaient sur le site. Pendant deux heures, le maire a promené le vieillard de quatre-vingt-neuf ans dans sa Lincoln Continental, qui circulait parmi les grues mécaniques et les camions, s'arrêtant devant le pavillon des États-Unis, celui de la Russie, de l'Allemagne et, bien sûr, du Québec.

Monsieur Drapeau lui a parlé des cinquante millions de visiteurs attendus:

«J'espère que vous serez des nôtres.

— J'attendrai les belles journées chaudes de l'été avant de m'aventurer sur les îles[1].»

Le chanoine Groulx ne sera pas au rendez-vous, pense encore le maire. Non loin de lui, le premier ministre du Québec, Daniel Johnson, se recueille aussi. Comme la moitié de son cabinet, qui l'accompagne ce matin, il a subi l'influence de l'auteur de *L'Appel de la race* qui, depuis 1921, répandait son *credo*, tant à l'Université de Montréal, où il était professeur d'histoire, que sur les tribunes où on l'invitait comme conférencier:

> Nous n'avons pas le choix; il nous faut soit redevenir maîtres de notre patrie, soit nous résigner pour toujours au destin d'un peuple d'esclaves[2].

Celui qui a fait sien le «Maître chez nous» du chanoine Groulx, Jean Lesage, assiste aussi aux funérailles. Comme il admire cet homme dont le patriotisme incandescent n'a jamais ébloui l'objectivité[3]. Le chanoine, quant à lui, aimait bien répéter cette déclaration de l'ancien premier ministre, maintenant chef de l'opposition: «Le temps est passé, dans l'État du Québec, où un ouvrier sera obligé de gagner sa vie en anglais[4].»

Dans le sanctuaire, le cardinal Léger préside à la cérémonie funèbre d'un homme fort différent de lui sur le plan idéologique mais à qui il a toujours voué un immense respect. Un certain attachement même qui n'est pas étranger à l'amitié de son oncle Émile pour le jeune abbé Groulx, aux temps lointains de leurs premières années de sacerdoce à Valleyfield.

Le cardinal a souvent entendu raconter l'histoire de ce mouvement quasi clandestin dont son oncle Émile était l'initiateur et dont l'objectif était d'atteindre la perfection. L'abbé Groulx, qui étudiait alors la théologie et enseignait les belles-lettres au collège de Valleyfield, s'occupait activement du recrutement. Il invitait les étudiants qui le choisissaient comme guide spirituel à joindre son groupe composé d'amis d'élite qui, comme lui, acceptaient d'être des apôtres dans leur milieu. Mais ce mouvement ne plaisait pas aux autorités du collège et l'abbé Groulx dût quitter Valleyfield.

Toute sa vie, le chanoine est demeuré fidèle à sa promesse. Dans son testament, il a écrit: «Jeune séminariste étudiant la page de théologie qui y a trait, j'ai fait le «voeu héroïque». Je l'ai émis en bonne et due forme. Je ne l'ai jamais répudié. On verra peut-être là une raison de ne pas m'oublier trop vite[5].»

La famille Léger n'a jamais été très nationaliste. Père et fils ont néanmoins admiré très tôt ce prêtre qui n'avait pas la langue dans sa poche. Aussi loin que l'archevêque se souvienne, l'abbé Groulx, qui était l'ami du curé de Saint-Anicet, venait prêcher dans la paroisse une fois chaque été durant les vacances. Cela impressionnait grandement le petit Paul-Émile.

Ils se sont revus souvent par la suite, surtout à l'occasion de manifestions publiques telles les traditionnels défilés de la Saint-Jean-Baptiste, où l'un et l'autre prenaient place à l'estrade. Ils ne parlaient jamais politique. Une fois, le cardinal, qui le considérait comme l'un des piliers de notre Action catholique, osa lui confier son pessimisme face à notre peuple. Le chanoine lui répondit: «Éminence, l'Action catholique, chez nous, telle que présentée à notre jeunesse, n'a formé ni des hommes, ni des Canadiens français, pas même des catholiques[6].»

Mais ce qui a le plus contribué à les rapprocher, c'est certainement l'amour que l'un et l'autre vouaient à la vie missionnaire. Le cardinal y a consacré sept ans de sa vie, au Japon, et le chanoine a passé trois ans de la sienne à écrire *Le Canada français missionnaire*, ouvrage imposant qui raconte la vie de six cents prêtres d'ici qui ont oeuvré partout dans le monde.

Lorsque le livre est paru, en 1962, le cardinal Léger a été invité à prendre la parole au dîner-bénéfice organisé par les amis du chanoine. Il s'est enflammé en racontant sa vie de missionnaire à Fukuoka, mais l'essentiel de son propos portait sur la famine dans le monde, scandale qui l'obsède et qu'il dénonce tant et plus.

Le chanoine aussi était disert ce jour-là. S'il a tenu à écrire ce livre, expliquait-il, c'est pour clouer le bec à ceux qui reprochent aux Canadiens français leur recroquevillement, leur goût du vase clos pour ne pas dire du ghetto[7].

Après cette envolée, le vieux chanoine s'est laissé aller aux confidences. Il a d'abord fait l'éloge de ce petit peuple, le sien, fait de «héros et de saints». Puis il a annoncé la fin de sa carrière d'écrivain: «Les ans m'obligent à me rappeler que le crépuscule s'en vient. Souffrez que je quitte la scène avant qu'on tire le rideau[8].»

* * * * * * *

En ce qui concerne la question nationale, le cardinal Léger et le chanoine Groulx n'ont jamais été sur la même longueur d'onde. Le premier est contre la séparation du Québec du reste du Canada. Dès 1962, dans un message au premier ministre Lesage, il affiche ses couleurs:

> Je ne connais pas les subtilités du droit constitutionnel, mais il y a une chose que nous avons comprise, c'est qu'au Canada, dans un pays neuf où nous devons faire triompher les valeurs spirituelles, il ne devrait pas y avoir de frontières[9].

L'archevêque de Montréal en a surtout contre la violence qui sévit au Québec depuis le début de la Révolution tranquille. Vols d'armes et de munitions, hold-up dans les caisses populaires, incendies criminels, bombe désamorcée au pied du mât de l'Union Jack sur les plaines d'Abraham: l'année 1964, particulièrement marquée par le terrorisme, le bouleverse profondément.

À Ottawa, le premier ministre Pearson, l'ami Mike, comme l'appelle affectueusement son frère Jules, est coincé entre les députés anglophones, qui lui reprochent de faire les caprices du Québec, et ceux d'ici, qui en veulent toujours plus. Le cardinal évite le sujet dans la mesure du possible. Mais ce n'est pas facile car la tension monte aux Communes, surtout lorsqu'un député néo-démocrate ose réclamer l'expulsion pure et simple du Québec de la confédération[10].

Les menaces volent. Il s'en trouve parmi les députés anglophones, pour rappeler aux Canadiens de langue française que ce sont eux qui ont gagné la bataille des Plaines d'Abraham et qu'ils sont prêts à répéter l'exploit si nécessaire[11].

Le cardinal s'en inquiète. Ce genre de guerre verbale ne peut qu'engendrer une nouvelle flambée de violence. Mais il préfère rester en dehors de la mêlée. En revanche, le chanoine Groulx, alors âgé de quatre-vingt-six ans, y plonge résolument en commentant la création de la Commission royale d'enquête sur le bilinguisme et le biculturalisme en laquelle le premier ministre Pearson a mis beaucoup d'espoir:

> Le biculturalisme? Chimère! Le mariage de deux cultures ne peut qu'ajouter à l'écrasement du conjoint le plus économiquement faible[12].

Bien en verve, le chanoine fait flèche de tout bois. Il reproche aux anglophones leur racisme, puisqu'ils «pratiquent le génocide culturel envers leurs minorités». Il brasse la cage des Canadiens français, qui ne sont pas assez nationalistes pour acheter dans les magasins leur appartenant. Et il termine en s'adressant aux religieux, dont il veut secouer la léthargie:

> Certains éléments essaient de nous isoler dans nos sacristies. Nous ferons leur jeu tant que nous négligerons l'économique dans l'enseignement[13].

En mai 1964, le cardinal est hospitalisé pour complications rénales à la suite d'une grippe. De son lit à l'Hôtel-Dieu, il apprend la déclaration-choc du ministre René Lévesque qui rejette le fédéralisme et préconise pour le Québec le statut d'État associé. Sans égalité réelle entre deux nations, dit-il, l'indépendance totale deviendra inévitable. Et d'ajouter: «Autant que possible sans fusils ni dynamite[14]. »

On craint le pire. Il se produit le 24 mai, fête de la reine Victoria et le lendemain du mariage de sa nièce Francine, qui avait quitté le noviciat quelque temps avant. Une bombe placée sous le pont Victoria est désamorcée. Mais la police est nerveuse et réprime brutalement la manifestation indépendantiste qui se tient le soir même. Bilan: quatre-vingt-cinq arrestations.

L'archevêque profite des jours qui suivent pour travailler au discours qu'il doit prononcer le 24 juin, dans le cadre de la fête des Canadiens français. Il a décidé de formuler une sérieuse mise en garde contre l'emploi de la force et de la violence pour faire valoir ses droits.

Le moment est particulièrement bien choisi car on a prévu des changements au défilé traditionnel. Le petit saint Jean-Baptiste frisé tenant son mouton sous le bras est remplacé par une statue de onze pieds portée par quarante hommes escortés par quarante porte-flambeaux.

«Depuis quelques années, le Canada français prend une place toujours grandissante dans le concert des nations modernes. De nouvelles responsabilités s'imposent à notre peuple; il lui faut cultiver la sagesse de donner sans irriter les autres et de recevoir sans renoncer à lui-même.»

Les formules du cardinal sont simples: «Personne ne se transforme vraiment s'il ne pense qu'à soi.» Il cite l'exemple de Jean-Baptiste, notre patron, qui a su détourner les soldats de la violence en leur disant ceci:

Ne molestez personne; ne dénoncez pas faussement et contentez-vous de votre solde[15]. (Luc 3:14)

Les actes terroristes continuent de plus belle en 1965 et 1966. À l'orée de l'année du centenaire du Canada, la nervosité est grande. Il faut dire que, le premier de l'an, une bombe a éclaté dans le quartier des affaires de Montréal.

Au printemps, les évêques canadiens se prononcent à leur tour. Ils reconnaissent à la communauté canadienne-française un droit inaliénable et indiscutable à l'existence et à l'épanouissement. Ils affirment que la sauvegarde et le progrès de la paix au Canada reposent sur la reconnaissance effective de la réalité sociologique que constitue la communauté canadienne-française et sur la reconnaissance des droits de cette dernière.

Cependant, pour les Canadiens-français du Québec, cette recherche de leur avancement et de leur épanouissement «ne saurait être légitimement poursuivie que dans le respect du bien général plus grand, dont il faudra toujours tenir compte en toute hypothèse et dans le respect des droits inviolables des autres».

Suit un appel à la paix: «Il est clair que le premier devoir des Canadiens, dans les difficultés qu'ils rencontrent, est de renoncer d'une façon absolue à la violence, même à la violence limitée et calculée, même à la violence tactique[16].»

336

À quelques jours de sa mort, le chanoine Groulx suit le fil des événements et critique les déclarations des uns et des autres. À propos des positions prises par les évêques dans les grands dossiers de l'heure, il note dans ses mémoires:

Mais que penser de notre épiscopat «muet» — je ne suis pas le seul à le dire — plutôt pauvre en grandes personnalités, au surplus en triste déperdition d'influence, qui se décide à parler, fort bien du reste, à l'occasion du centenaire de la Confédération, mais qui n'a pas pu se mettre d'accord, selon toute apparence, pour défendre efficacement la confessionnalité scolaire, freiner la débâcle morale, et qui, sans protester, s'est laissé prendre ses séminaires ou collèges, seuls foyers de recrutement du clergé?

Le jugement du chanoine est sévère:

Je trouve à m'affliger sans doute des défections de trop de prêtres et de religieux, qui cèdent eux aussi, pour un grand nombre, à la tourmente de la sexualité. Je m'afflige autant de la disparition du prêtre et du religieux de l'enseignement et de l'éducation. Nous descendons petit à petit mais irrévocablement, vers la médiocrité intellectuelle[17].

Avant de ranger sa plume, il risque quelques prédictions:

Je demeure persuadé que, dans quarante ans, peut-être trente ou même vingt-cinq ans — l'histoire va si vite —, l'indépendance deviendra l'inévitable solution. Le drame des Canadiens français relève du tragique: pourrons-nous rester dans la Confédération sans y laisser notre vie? L'indépendance, je l'ai toujours pensé... viendra de nos dirigeants politiques acculés à de fatales impasses.

Et comme pour s'excuser:

J'entreprends ma quatre-vingt-neuvième année. La fin approche. Je le sens en mon hésitation à prendre certaines attitudes... J'ai trop conscience de ne plus être de ce temps... Le silence, la discrétion, je me plais à le répéter, doivent être la vertu des vieillards[18].

«Et pourtant la mort ne m'effraie pas», écrit-il en guise de conclusion. Elle lui est venue doucement, comme il l'avait souhaitée. Devant cinq cents personnes réunies à l'église Notre-Dame, le 26 mars 1967, l'archevêque de Montréal prononce l'ultime éloge:

La voix du chanoine Groulx a réveillé une génération endormie et frappé de plein fouet les hésitants, les indécis, les incrédules. Pour lui, la naissance de notre peuple, sa croissance, sa vocation étaient des faits inexplicables sans une référence à l'Évangile[19].

* * * * * * *

Deux mois jour pour jour après les funérailles du chanoine Groulx, le général de Gaulle lancera son célèbre «Vive le Québec libre».

Deux mois extrêmement chargés, si l'on en juge d'après l'agenda de l'archevêque de Montréal. D'abord il emménage dans sa nouvelle résidence de Westmount. Ensuite, il fait un saut à Rome, où il présente ses prêtres à Paul VI. Puis il rentre à Montréal pour assister au dîner offert au roi et à la reine de Thaïlande et participer aux fêtes de la Saint-Jean (l'un des chars du défilé est dédié au chanoine Groulx.)

Le lendemain, il s'envole vers Paris, où il déjeune avec son frère Jules et rencontre le cardinal Feltin, puis il prend la route de Lisieux. Le 3 juillet, son avion atterrit à Montréal quelques heures à peine avant son rendez-vous à bord du yatch Britannia; il est l'invité de la reine Élizabeth.

Il n'est pas facile de suivre l'archevêque de Montréal pendant l'Expo. On le retrouve tantôt dînant avec le prince héritier du Japon, tantôt serrant la main au prince Rainier et à la princesse Grace, ou encore assistant à un concert en l'honneur de la reine Juliana quand il n'est pas en grande conversation avec le vice-président de l'URSS, avec l'aide, bien sûr, d'un interprète.

Aussi, dans sa confortable résidence de l'avenue Ramezay, il reçoit les Drapeau, son frère Jules et sa femme Gaby, arrivés de Paris le 17 juillet et qui passent l'été dans sa maison historique de la rue Saint-Joseph à Lachine.

* * * * * * *

Jules Léger se devait d'être à Montréal pour la visite du général de Gaulle. L'ambassadeur du Canada en France doit en effet voir personnellement au bon déroulement du voyage.

338

Le général de Gaulle et le cardinal Léger à Montréal, en 1960.

Jules Léger et la reine Elizabeth II.

Si le cardinal Léger entretient des rapports plus que cordiaux avec le président français (le général a déjà exprimé le souhait que l'archevêque de Montréal devienne pape), il n'en est pas de même pour son frère Jules.

Entre eux, le malaise est né le 1er juin 1964. Ce jour-là, le nouvel ambassadeur du Canada remettait ses lettres de créances au président, qui l'accueillait à l'Élysée avec les honneurs militaires. Il profita de l'occasion pour exprimer clairement ses convictions. Rappelant que le Canada et la France avaient combattu côte à côte dans deux guerres mondiales et soulignant le progrès économique rapide du Canada depuis 1960, il ajouta:

> Les développements ne peuvent se faire contre la France. Nos origines et notre famille s'y opposent. Il s'agit de savoir s'ils auront lieu sans la France ou avec la France. En laissant les choses suivre leur cours, cette évolution pourrait se faire sans la France. Le Canada peut trouver ailleurs ce qu'il lui faut pour son épanouissement économique, pour son confort matériel.

Le président comprit le message. Mais après cet incident, l'ambassadeur fut considéré *persona non grata* à l'Élysée.

* * * * * * *

24 juillet 1967. Le cardinal se rend à l'hôtel de ville de Montréal pour accueillir le général de Gaulle, qui a triomphé tout au long du jour sur le «chemin du Roy». Les invités du maire l'attendent déjà depuis une heure lorsque la Lincoln décapotable s'avance enfin. La chaleur est intense. Et la foule nombreuse.

«Éminence, venez», dit le maire Drapeau, qui entraîne l'archevêque avec lui lorsque son prestigieux invité arrive, flanqué du premier ministre du Québec, Daniel Johnson. D'un geste de la main, le maire fait signe au général de l'accompagner jusqu'à la terrasse, où l'attendent les dignitaires. Mais au son des cris de la foule de près de dix mille personnes, ce dernier bifurque et s'élance plutôt vers le balcon qui donne sur la place Jacques-Cartier. Le cardinal et monsieur Drapeau sont alors forcés de le suivre tandis que le premier ministre reste en retrait. À peine l'ont-ils rejoint que le général empoigne le micro et, se laissant emporter, improvise:

> C'est une immense émotion qui remplit mon coeur en voyant devant moi la ville de Montréal française... Ce soir, ici, et tout au long de la route, je me trouvais dans une atmosphère du même genre que celle de la Libération.

«Ma parole, pense le cardinal, les émotions de la journée l'ont troublé. Toute cette foule qui l'a acclamé, et la route pavoisée de fleurdelisés: il se croit dans un département français.»

Le général est intarissable: «La France entière sait, voit, entend ce qui se passe ici et je puis vous dire qu'elle en vaudra mieux.»

La foule applaudit et crie alors qu'il enchaîne, tel un libérateur: «Vive Montréal! Vive le Québec! Vive le Québec libre![20]»

Jules Léger est fort mal à l'aise et s'en ouvre à son frère dans les heures qui suivent. De par ses fonctions diplomatiques, il est le trait d'union entre le gouvernement canadien et la France. Il préférerait cent fois qu'Ottawa n'intervienne pas et laisse le président se rendre dans la capitale nationale comme prévu. Mais les ministres du cabinet Pearson ne l'entendent pas ainsi. Réunis d'urgence, ils décident d'adresser au général une note cinglante par l'entremise de l'ambassadeur Léger:

> Les Canadiens n'ont pas besoin d'être libérés. Le Canada restera uni et rejettera toute tentative visant à détruire son unité[21].

Après avoir lu la note, le général, qui n'a nullement l'intention de présenter des excuses, dit à son aide de camp: «Faites préparer l'avion, nous rentrons chez nous[22].»

Le lendemain, dernier jour de son séjour en sol montréalais, le général se rend à l'Université de Montréal où le cardinal l'accueille au son de *La Marseillaise*. En compagnie du recteur Gaudry, les deux hommes visitent les lieux tandis qu'à l'extérieur, les étudiants manifestent en faveur du Québec libre.

Ils se retrouvent ensuite à la table du maire Drapeau, qui reçoit au restaurant Hélène-de-Champlain. Le déjeuner officiel est offert en l'honneur du président de la République française. Fin diplomate, le cardinal Léger n'aborde pas le sujet brûlant d'actualité. D'ailleurs, il est convaincu que le général s'est laissé emporter par l'enthousiasme du moment, que ses propos n'étaient pas prémédités.

Au milieu du repas, le général le regarde dans les yeux et lui dit: «Monsieur le cardinal, je vous remercie beaucoup pour cet accueil chaleureux et bienveillant que vous avez bien voulu me faire dans nos entrevues à l'université, au pavillon de la France et ici même.»

L'archevêque sourit. Un courant de sympathie passe entre les deux hommes. Il comprend que ce message touchant, le général l'adresse aussi à son frère Jules qui, malgré son embarras, s'est montré d'une extrême gentillesse. Le cardinal lui est fort reconnaissant de cette attention particulière.

C'est la dernière apparition publique du président français au Canada. Et il ne rentre pas chez lui avant d'avoir entendu «les quatre vérités» du maire Drapeau, qui n'a pas particulièrement apprécié sa sortie intempestive et rappelle au général que soixante mille Québécois ont été abandonnés par la France, «que l'existence du Canada français n'a jamais fait, jusqu'à vous, monsieur le Président, l'objet d'un intérêt particulier[23]».

Le maire pèse bien ses mots:

Nous avons été jusqu'à présent les gardiens de cette civilisation, seuls, jusqu'au président de Gaulle... Pouvons-nous espérer que ceux qui viendront nous aider à accentuer ce renouveau du Canada français seront animés du même esprit (des pionniers) afin que le Canada français serve mieux le Canada tout entier?...

Le cardinal Léger observe à la dérobée le général de Gaulle. La main dans la poche de son veston, il dit au maire Drapeau:

Ensemble, nous avons été au fond des choses, et nous en recueillons les uns et les autres des leçons capitales. Nous les emportons pour agir. Et quant au reste, tout ce qui grouille, grenouille et scribouille n'a pas de conséquence historique...

Après le repas historique, les invités quittent l'île Sainte-Hélène en emportant dans leurs souvenirs les paroles du chanoine Groulx que le maire Drapeau a cru bon de révéler au général:

Nous appartenons à ce petit groupe de peuples — combien sont-ils sur la terre? quatre, cinq? — au destin d'une espèce particulière: l'espèce tragique. Pour eux, l'anxiété n'est pas de savoir s'ils seront riches ou

343

malheureux, grands ou petits, mais si demain ils se lèveront pour voir le jour ou pour rentrer dans le néant[24].

Huit jours plus tard, le cardinal Léger reçoit à la maison le maire Drapeau et son épouse de même que son frère Jules et sa femme Gaby. Tard en soirée, ils bavarderont sur la terrasse. Le mois d'août, cette année-là, est particulièrement beau. Le maire de Montréal ignore alors l'important événement qui va bientôt le priver de son inséparable ami[25].

Références — Chapitre XVIII

1. Purcell, Susan et McKenna, Brian, *Jean Drapeau*, Stanké, Montréal, 1981, p. 167. Jean Drapeau.
2. *La Presse*, 12 mars 1965.
3. Groulx, Lionel, *Mes mémoires IV*, Fides, Montréal, 1974, p. 341.
4. *Ibid.*
5. Groulx, Lionel, *op. cit.*, p. 321.
6. *Ibid.*, p. 15.
7. *Ibid.*, p. 291.
8. *Ibid.*, p. 294.
9. Pierre De Bané, 13 août 1962.
10. *La Presse*, 14 avril 1964.
11. *Ibid.*
12. *La Presse*, 14 avril 1964.
13. *Ibid.*
14. Fournier, Louis, *F.L.Q.: Histoire d'un mouvement clandestin*, Québec/Amérique, Montréal, 1982, p. 76.
15. C.C.C. (Conférence catholique canadienne) Bulletin international 24.
16. *La Presse*, 8 avril 1967.
17. Groulx, Lionel, *op. cit.*, p. 359.
18. *Ibid.*, p. 351.
19. *La Presse*, 26 mai 1967.
20. Lescop, Renée, *Le Pari du général de Gaulle*, Boréal Express, Montréal, 1981, p. 166.
21. Godin, Pierre, *Daniel Johnson (1964-1968): La difficile recherche de l'égalité*, Les Éditions de l'Homme, Montréal, 1980, p. 235.
22. *Ibid.*
23. Purcell, Susan et McKenna, Brian, *op. cit.*, p. 176.
24. *Ibid.*, p. 177.
25. Jean Drapeau.

Le cardinal Léger regarde sa ville, du haut du quarantième étage de la Place
Ville-Marie.

Chapitre XIX
Un coup de tonnerre prophétique

L'éternel retour de l'automne. À Montréal, les feuilles tournent déjà au jaune puis au rouge en cette fin d'octobre 1967. Rien de tel à Rome, qui étale ses splendeurs comme si l'été devait s'étirer indéfiniment.

Le cardinal rentre au Collège canadien, où il habite pendant le synode. La voiture stoppe à un carrefour. À côté, un chauffeur italien morigène un cycliste imprudent. Celui-ci riposte avec véhémence et force gestes. À l'italienne.

Le brouhaha l'indiffère. Il a l'habitude du bruit des klaxons dans la circulation dense. Encore heureux que la chaleur soit supportable. Il jette un regard nonchalent sur la foule qui sort des édifices à bureaux et s'engouffre dans le métro. Tout à l'heure, il dînera en compagnie de ses amis romains. Il devrait se sentir comblé. Il est entouré, son travail progresse, il fait beau, doux. Et pourtant...

Jamais le temps ne lui a paru aussi long. Jamais il n'a ressenti une telle impatience. Dix jours déjà. Oui dix jours se sont écoulés depuis la rencontre avec le Saint-Père au cours de laquelle il lui a

347

demandé la permission de devenir missionnaire en Afrique. Paul VI a réclamé quelque temps de réflexion et l'attente lui semble interminable.

La voiture emprunte l'avenue Quattro Fontane et s'arrête devant le collège. L'archevêque franchit le seuil de l'immeuble et monte en silence dans ses appartements. Combien de temps devra-t-il encore attendre la réponse du pape?

Il a parlé de son projet avec monseigneur Pignedoli, un ami fiable. Et aussi à l'évêque de Yaoundé, au Cameroun, monseigneur Jean Zoa. L'un et l'autre l'ont exhorté à la patience.

L'archevêque de Montréal n'ignore pas les soucis de Paul VI. Certes, il a du pain sur la planche. Les travaux synodaux avancent

Le synode des évêques s'est tenu à Rome à l'automne 1967. Le cardinal Léger prend place à côté du cardinal Garcias de Bombay et d'un évêque espagnol. Derrière eux, le cardinal Suenens de Malines.

à grands pas avec le débat sur les mariages mixtes qui tire à sa fin, mais sa détermination à ne pas discuter de la limitation des naissances avec l'assemblée des évêques dérange. Son indécision aussi. On l'attaque en sourdine mais les critiques parviennent néanmoins jusqu'à lui, et il est accablé.

Le pape s'en est ouvert, voici quelques jours, au cardinal Léger. Fidèle défenseur de l'orthodoxie, il croit que la tradition en la matière doit être respectée. Tous les évêques ne sont pas d'accord. Lorsqu'on tente de le convaincre d'assouplir sa position, il se referme et s'éloigne. Certains estiment qu'il faut à tout prix le sortir de cette psychose de solitude et d'angoisse. Les plus intransigeants vont jusqu'à suggérer qu'il devrait se retirer, affirmant que ses hésitations sont néfastes pour l'Église, qui traverse une crise profonde.

Même *la Madre*, à qui le cardinal rend visite à son couvent retiré, est d'humeur chagrine. Depuis la mort de Pie XII, qu'elle a servi avec dévouement pendant des années, elle vit dans le passé. Le cardinal ne s'étonne pas de l'entendre lui dire qu'il ne s'est rien produit dans l'Église depuis 1958. «Papa Montini, ajoute-t-elle, est un être énigmatique. Au temps où il était à la secrétairerie d'État, il déroutait par ses hésitations de dernière heure. Tout allait bien jusqu'au moment de la décision.»

À Rome comme au Vatican, il ne se passe pas une journée sans que l'on compare Paul VI à son prédécesseur Jean XXIII qui, répète-t-on, fait des miracles.

À ces tourments s'ajoutent des problèmes de santé. Il n'est pas facile de démêler le vrai du faux dans les rumeurs qui circulent à ce propos. D'aucuns affirment que le pape subira sous peu une intervention chirurgicale. Que les médecins ne quittent plus le Vatican, où l'on prépare la salle d'opération. Dimanche dernier, il a ressenti des vertiges.

Lors de leur dernière rencontre, le cardinal l'a, lui aussi, trouvé défait. Mais il ne s'en est pas inquiété outre mesure. Après tout, le pape a toujours manifesté des symptômes d'angoisse et de tension.

Nul doute que le pape lui fera signe bientôt. Le synode se termine le lendemain. Il compte faire un saut à Paris pour embrasser son frère, mais il lui tarde de rentrer à Montréal.

Avant de quitter la Ville éternelle, il décide d'envoyer un mot au Saint-Père pour le mettre au courant des derniers développements dans son affaire. Il lui raconte d'abord sa conversation avec monseigneur Zoa. Ce dernier a paru étonné de sa décision. Il pense que l'intégration sera difficile mais il serait néanmoins heureux de l'accueillir dans son diocèse. La léproserie de Yaoundé n'est pas encore en opération mais, justement, il pourrait s'occuper d'organiser les soins aux lépreux en plus de rendre des services dans le domaine spirituel. Ainsi, il serait invité à prêcher des retraites aux prêtres et aux religieuses.

Après avoir redit au Saint-Père que l'Église est missionnaire et qu'il souhaite changer sa vie, il ajoute: «Je crois que dans le contexte ecclésial actuel, je dois poser ce geste. Il y a aussi mon problème personnel. Je sens comme une obligation de répondre à cet appel.» Enfin, il lui annonce qu'il partira le lendemain pour Montréal, où il attendra sa décision «dans la paix et la confiance».

*   *   *   *   *   *   *

«Éminence, le cardinal Cicogniani vous demande au téléphone.»

L'horloge indique 1 heure. Le synode vient de terminer ses travaux et le cardinal boucle ses malles. L'appel est inattendu et il ne cache pas sa surprise. Il décroche. Après les politesses d'usage, le collaborateur du pape lui annonce: «Sa Sainteté accepte votre démission. La nouvelle sera divulguée le 9 novembre.»

Le cardinal reste bouche bée. Son interlocuteur enchaîne:

«Le Saint-Père vous permet de vous installer en Afrique pour rendre tout service qui vous sera demandé et surtout pour assister les lépreux. Vous irez à Yaoundé auprès de monseigneur Zoa.»

Avant de raccrocher, le cardinal Cicogniani lui dit son émotion et aussi sa tristesse de ne plus pouvoir le rencontrer à Rome.

Puis le cardinal Léger prend sa plume et note dans son

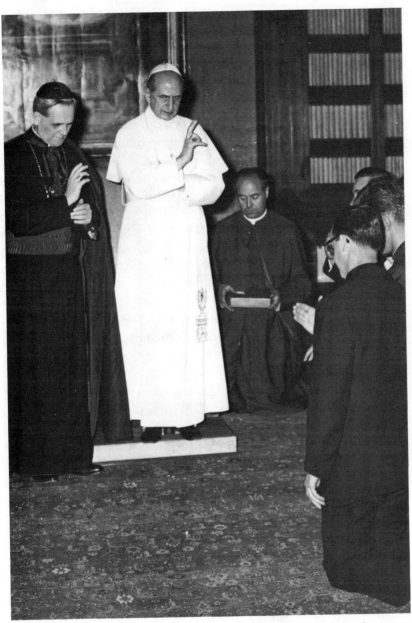

Avant de quitter Rome, à l'automne 1967, le cardinal conduit les prêtres canadiens auprès du Saint-Père qui les reçoit en audience.

carnet: «Il y a neuf ans aujourd'hui, en la fête du Christ-Roi, Jean XXIII était élu pape. Que sa main si fraternelle me guide en ce nouvel itinéraire déjà si mystérieux.»

*   *   *   *   *   *   *

Silence. Le cardinal connaît trop bien les usages pour divulguer son secret avant le 9 novembre, date choisie par le pape.

Quand la nouvelle de son prochain départ pour l'Afrique éclate, c'est la course folle. Entre deux coups de fil d'amis sidérés et deux entrevues télévisées ou radiodiffusées, il file à l'hôpital pour se faire vacciner; il va dîner chez le recteur Gaudry, qui a réuni les anciens gouverneurs de l'université, qui souhaitent lui faire leurs adieux; il invite un «gang» composé d'amis et d'anciens secrétaires à passer la soirée rue Ramezay; il reçoit à son bureau Claude Ryan et sa femme (dont il a béni le mariage) et leurs cinq enfants.

Il n'est pas question de quitter le Québec sans faire un dernier pèlerinage à Valleyfield pour prier sur la tombe de son père et de sa mère. Le reste du temps, il met sa correspondance à jour en compagnie de soeur Donalda.

La veille de son départ, garde Aubin prépare son bagage. Elle le sent un peu nerveux. Il a perdu la clé de sa malle; heureusement, elle en trouve une, dans son propre trousseau, qui actionne la serrure. En bonne infirmière, *B. Zébodée* s'assure qu'il emporte une bonne provision de médicaments[1].

Le jour du départ arrive. Il lui faut déployer une énergie inimaginable. Que d'amis en larmes, que de témoignages émouvants. Le dernier lui vient de l'écrivain Claude-Henri Grignon, rendu célèbre par le roman *Un homme et son péché*. Il a signé dans le *Journal des Pays d'en haut* un article intitulé L'éclair dans la nuit:

> Jamais les riches n'ont autant méprisé les pauvres, et les pauvres, de leur côté, n'ont autant maudit leur existence.
> Depuis bientôt trente ans, c'est une lutte harassante vingt-quatre heures par jour à la recherche de l'argent, l'argent maudit, ce véhicule du mal, «cet excrément du démon»… Cette tragédie épouvantable, cette nuit que

352

Le cardinal est en pèlerinage au cimetière de Saint-Anicet, en prière, où reposent son parrain et sa marraine, monsieur et madame Napoléon Masson, oncle et tante de sa mère, mais qu'il a toujours considérés comme ses grands-parents.

Dante lui-même n'eût point imaginée, nous torture.
Soudain un éclair foudroyant ébranle cette nuit: la démission du cardinal
Paul-Émile Léger.

Derrière cette écriture colorée, le père de Séraphin tire quelques flèches, notamment à ceux qui mettent en doute les qualités d'administrateur de l'archevêque démissionnaire, laissant entendre qu'il abandonne son archidiocèse dans un piteux état:

> J'en sais qui se réjouiraient à la nouvelle que les finances (quel mot diabolique!) sont en mauvais état à l'archevêché de Montréal. Au contraire, le cardinal laisse les finances en excellent état, ce qui fait blasphémer de rage les anticléricaux. Le cardinal, disciple de Jésus, a toujours méprisé l'argent. Si on lui en a donné, cet argent a toujours servi à soulager les pauvres, à apaiser la colère des malheureux...

Mais à l'heure de s'arracher à sa ville, l'archevêque s'arrête bien peu aux soupçons qui planent sur lui. Les témoignages de sympathie et d'encouragement sont trop nombreux pour qu'il s'inquiète. S'il ressent quelque crainte, c'est plutôt de ses proches lendemains: «Je ne sais pas où je m'en vais, je n'ai pas une pierre où reposer ma tête.»

La séparation à Dorval lui apparaît comme une véritable mort. «J'ai l'impression que Montréal me retient et m'arrache le coeur.» Oublier. Vite s'engouffrer dans l'appareil et pleurer à chaudes larmes, sans retenue, jusqu'à New York. Mario Paquette, son dernier secrétaire, presque son fils, est là tout près pour le réconforter.

Dernier arrêt: l'aéroport John-F.-Kennedy, où une meute de journalistes assaille un homme fourbu. Pourquoi? demandent-ils encore et encore. Toujours la même question, soupire-t-il. Il voudrait bien les convaincre, mais il se sent si fatigué. «À quoi bon! Ils ne comprennent rien. Je ne leur en veux pas car seuls ceux qui ont vu mon âme depuis le 7 octobre auront compris. Sont-ils nombreux?»

Au micro, une voix annonce le départ du vol à destination de Dakar. Soulagement. Enfin seul. Épuisé par les émotions, broyé par la douleur, il s'évanouit dans un sommeil profond. Lorsqu'il se réveille, l'avion vole au-dessus du Sénégal. Il est huit heures, heure de l'Afrique.

*   *   *   *   *   *   *

En soutane blanche et ceinturon rouge, le cardinal se promène dans Dakar en compagnie d'un vieux missionnaire pour qui le pays n'a plus de secret. Après un accueil chaleureux à son arrivée, il fait bon de circuler en simple pèlerin. «J'entre en Afrique par la porte du coeur», se dit-il.

Dakar, la plus belle ville du continent. Une longue presqu'île qui s'avance dans l'océan. Et un temps paradisiaque. Le cardinal imagine Montréal enneigée. Sa peine l'envahit de nouveau. La plaie peut se rouvrir à tout moment sans qu'il y puisse rien. Il faudra du temps.

L'évêque de la ville, monseigneur Thiamdoun, lui a fait une place dans sa résidence près de la mer. Le premier soir, il s'endort bercé par le roulement de la vague dans le calme de la nuit.

Au petit matin, il est fin prêt à l'heure dite. Son hôte l'a prévenu qu'il faut partir de bonne heure si l'on veut visiter les postes reculés de la brousse. Après avoir traversé la ville d'un demi-million d'habitants, les voyageurs gagnent une campagne luxuriante dont hélas! les habitants sont d'une pauvreté pitoyable.

Son coeur va de l'enchantement à la désolation. L'on s'arrête sur le coup de midi à l'heure où le soleil darde le plus fort ses rayons. Selon la coutume, il fait la sieste; il se dit qu'il doit s'ajuster à son nouveau rythme de vie.

Le soleil plombe encore lorsqu'il reprend la route en direction d'une léproserie. Tout son être se serre en apercevant ces grands malades entassés dans des cabanes sales. L'odeur nauséabonde se répand tout autour. Comment supporter le regard de ces êtres humains qui gisent sur des grabats maculés?

Une vieille démente couverte de plaies, mangée par les mouches, drapée dans des guenilles crasseuses crie dans son vide total. «Ici, se dit-il, il n'y a vraiment rien à faire.»

La nourriture distribuée aux lépreux est fournie par le Secours catholique américain. Et ailleurs? Il interroge. On l'assure que les oeuvres américaines nourrissent partout les lépreux. Il y a là selon lui de quoi réfléchir: «On peut critiquer les

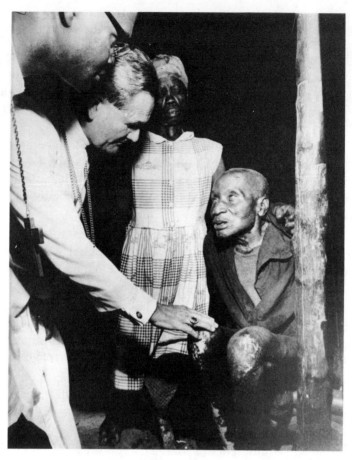

La vue des malades l'accable. La lèpre, cette maladie «biblique», frappe partout.

Américains, mais qui les imite dans leur générosité? Leur politique au Vietnam est sotte et dangereuse mais eux, au moins, ils apportent aux affaires du Tiers-Monde un plat de lentilles.»

Ah! les enfants. La vue des enfants l'accable. Leurs mères les
conduisent bien trop tardivement au dispensaire. Il s'avance,

prend un petit dans ses bras, lui sourit, baragouine quelques mots. L'enfant ne comprend pas mais lui adresse un large sourire. Un sourire «communicatif» puisque les autres s'approchent. Les mères se mettent à genoux devant lui et lui baisent la main[2]. La glace est rompue, comme on dirait chez nous.

Rien n'empêche que cette visite est parfois difficilement supportable. Il écrit aux amis de Montréal: «Partout, je rencontre des lépreux. Je commence ma mission... J'ai laissé partout une aumône (cinq cents dollars U.S.).» Il note dans son journal intime: «Je suis gêné de n'avoir que mes dollars.»

$$* \quad * \quad * \quad * \quad * \quad * \quad *$$

À tout seigneur tout honneur. Le président du Sénégal, Léopold Senghor, reçoit le cardinal Léger à sa résidence.

Des lieux dignes mais sans aucun faste. Le nouveau missionnaire écoute, impressionné par la culture de l'homme d'État et du poète de la négritude. Sa langue est imagée mais ses propos revêtent un caractère de modération qui séduit son invité.

Les deux hommes parlent de la situation économique du pays. Le président Senghor déplore le jeu du marché qui a fait tomber le prix de l'huile d'arachide, qui est la base de l'infrastructure du Sénégal, uniquement pour protéger l'huile Mazola, dont la qualité est pourtant inférieure.

Après l'économie, la langue. Léopold Senghor enfourche son cheval de bataille: le rayonnement de la francophonie qui, à ses yeux, constitue l'objectif à atteindre au XXe siècle.

«J'espère que le Canada deviendra une nation vraiment biculturelle», conclut-il, après avoir affirmé qu'il approuve, avec certaines nuances, la politique du général de Gaulle.

Le cardinal veut ensuite savoir comment il perçoit l'Église. Le président lui dit sa satisfaction de la voir accepter le monde contemporain et prêcher un sain optimisme.

«Je suis heureux de vous accueillir en Afrique, lui assure-t-il finalement et je vous encourage dans votre résolution de servir les lépreux.»

Le périple se poursuit. Cette fois, la destination est le petit séminaire de Dakar, dont monseigneur Thiamdiou n'est pas peu fier.

«Que ferez-vous plus tard? demande-t-il à un des jeunes gens.

— Un évêque, pour aller évangéliser le Canada.»

Enfin, un jour de repos. Il profite des heures passées à l'archevêché pour discuter avec le père Courrier, un spiritain qui connaît tout de l'Afrique et de son histoire.

«Comme tout blanc, lui dit-il, vous portez le poids du péché originel de l'esclavage.»

Oui, l'esclavage, ce fait voulu, organisé par les nations occidentales, constitue, selon le spiritain, l'une des violations les plus patentes du droit des gens. «La page la plus sombre de l'histoire de l'Église.»

Le père Courrier poursuit: «L'Église se trouve à la croisée des chemins et doit faire des options graves.»

Pendant deux heures, il signale au cardinal les erreurs des anciens missionnaires et la courte vue de plusieurs évêques:

«Les missionnaires auront été le fumier qui fertilisera le sol chrétien d'Afrique nouvelle. Leur sincérité ne peut pas être mise en doute et, devant Dieu, leur mérite est immense.»

Sa solution? Une prise en charge du Tiers-Monde par les grandes puissances dans le respect des jeunes nations et dans l'esprit des derniers documents pontificaux.

*   *   *   *   *   *   *

Avant qu'il ne quitte Dakar, le 17 décembre, la télévision de Radio-Canada l'interroge sur son lieu de destination finale.

«Je suis un nomade. Je ne sais pas où je pourrai dresser ma tente.

— Comment voyez-vous Montréal de Dakar?

— Ô Jérusalem, si je t'oublie, que mon palais et ma langue se

358

dessèchent, dirais-je comme le prophète. Je vois encore Montréal à travers les larmes du départ.»

Ensuite, c'est la messe dans la cathédrale. Après, il se prête volontiers au baisement de l'anneau pastoral que réclament les fidèles avec empressement et spontanément. «Plus que chez nous», se dit-il.

Le cortège se rend à l'aéroport. En costume gris et col romain, le cardinal serre la main à ses hôtes et monte à bord de l'appareil qui après des escales au Libéria et en Côte-d'Ivoire, le conduira au Dahomey.

Le soleil tape dur à Cotonou. Un reporter court-circuite les personnalités venues lui souhaiter la bienvenue: «Éminence, pourquoi?»

L'éternelle question. «Ça leur prendra donc bien du temps pour comprendre!»

Monseigneur Bernardin Gantin lui ouvre grand les bras. Leur dernière rencontre remonte au printemps passé, à l'Expo de Montréal. L'archevêque avait invité vingt évêques africains à venir dans la Métropole confirmer les enfants. L'évêque de Cotonou était du groupe. Il a toujours eu un faible pour le cardinal Léger, dont il a tant admiré le coeur missionnaire pendant le concile. Son geste? Un coup de tonnerre prophétique. Mais aussi bonne soit l'idée, elle ne sera pas facile à réaliser.

L'évêque africain observe son invité à la dérobée. Il remarque ses nombreux bagages: «Il arrive en force. Il a beau venir en simple missionnaire, il est cardinal. Sa position, son pays le suit. Heureusement que j'ai expliqué son geste au peuple[3].»

Les Africains qui assistent à l'arrivée du cardinal sont fortement impressionnés, ce que constate monseigneur Gantin. Non, ce ne sera pas facile. Pourtant, l'évêque a vu plus d'un missionnaire fouler le sol africain. Habituellement, ils arrivent simplement et passent inaperçus. Ils s'insèrent lentement dans le milieu, font des faux pas, se corrigent, tandis que le cardinal a le loisir de choisir lui-même sa mission[4].

Assez d'anticipation. Pour l'instant, monseigneur Gantin est tout à la joie d'accueillir son ami. Il compte bien le traiter aux

Monseigneur Jean Zoa et monseigneur Nsubuga sont venus à Montréal en avril 1967 afin de confirmer les enfants. Ils sont ici au pensionnat d'Hochelaga.

petits soins. Il lui remet le programme de son séjour au Dahomey.

«Je ne serai pas en chômage», laisse échapper le cardinal.

Et comment donc! On a organisé un banquet en son honneur. Au menu: petite chèvre rôtie et pâte de maïs.

«Éminence, je suis de Montréal.

— Et moi de Québec. J'enseigne ici.»

Le cardinal s'étonne de rencontrer autant d'enseignants du Canada. Ils sont trois cents au Sénégal, en Côte-d'Ivoire, au Togo, au Dahomey et au Cameroun. Cela le porte à réfléchir: «La présence de ces Canadiens dans la francophonie africaine est pour moi une révélation. Le gouvernement d'Ottawa assume tous les frais: plus de six millions de dollars par année en salaires et déplacements. Qu'adviendrait-il de ce projet dans l'hypothèse de l'indépendance du Québec? L'Afrique aura besoin de cette aide extérieure fournie par la France et le Canada durant vingt-cinq ans pour atteindre le stade d'évolution et de stabilité qui permettra à tous ces pays de jouer un rôle déterminant dans le concert des nations.»

Partout en Afrique, le cardinal visite les léproseries: «Je suis gêné de n'avoir que mes dollars.»

Au Dahomey, comme au Sénégal, il veut visiter les léproseries. Elles ressemblent aux autres villages avec leurs cases en bambou recouvertes de terre glaise. La différence, c'est que leurs habitants traînent une jambe, marchent avec des béquilles ou glissent par terre comme des reptiles. Dans son message de Noël à l'organisme *Fame Pereo*, oeuvre qu'il a fondée cinq ans plus tôt, il s'efforce de décrire le drame qui se joue dans le continent africain:

> Les installations sont dans un état aussi déplorable que les malades. Je n'ai jamais vu des êtres humains tombés dans une telle dégradation. Ce spectacle m'a bouleversé au point de me rendre malade[5].

Noël approche mais il n'a pas le coeur à la fête. Obsédé par le travail à abattre et les besoins essentiels à combler, il répète dans toutes ses lettres aux amis: «Il faudrait des millions. Notre aide? Une goutte d'eau dans l'océan.»

Le courrier qu'il reçoit lui fait chaud au coeur. La lettre de son ami et médecin, Léopold Morissette, le touche autant qu'elle l'amuse:

> J'espère que l'adaptation à tous ces changements ne sera pas trop pénible et que vous essaierez de rapprocher votre tempo de vie de celui des Africains, qui n'ont pas la réputation de patiner trop vite en général[6].

Le cardinal aime ce pays pauvre qu'est le Dahomey. Les villes de Cotonou et de Porto-Novo ne sont ni belles ni propres mais les habitants sont si attachants. «Je m'enfonce dans le continent noir, note-t-il, j'apprends ma difficile leçon.»

Il reviendra souvent au Dahomey pour confier ses états d'âme à monseigneur Gantin, qu'il aime beaucoup. Il viendra aussi pour se reposer et méditer. Il dira alors à son hôte: «Je vais à la plage pour dialoguer avec l'océan[7].»

*   *   *   *   *   *   *

Missionnaire de soixante-trois ans en quête d'un évêque qui veuille bien de lui. Voilà comment le cardinal se définit en foulant le sol du Cameroun. Il l'a dit à Dakar, il le répète: «Je ne viens pas ici faire des enquêtes ou pour apprendre aux autres ce qu'ils doivent faire... Ma seule ambition est d'être un serviteur aussi disponible que possible[8].»

Il est là, l'évêque recherché. C'est lui qui l'attend à l'aéroport de Yaoundé, ce 27 décembre, et ce n'est pas n'importe qui. Il s'agit de monseigneur Jean Zoa, le chef de file de l'Église africaine et l'archevêque de la capitale du Cameroun. «L'accueil du coeur!» écrit le cardinal dans son journal intime.

«Je vous emmène avec moi à l'archevêché.» Le ton de monseigneur Zoa est paternel. Il lui explique que l'initiation à sa nouvelle vie doit se faire prudemment: «Je pense que la solution la plus rationnelle serait que vous viviez à mes côtés pendant quelques mois.»

Le cardinal est gêné par tant de sollicitude.

— Je me sens comme un meuble encombrant.

— Mais non, mais non, rassure monseigneur Zoa.

Il se laisse conduire au coeur de la ville, où se trouve l'archevêché: une maison toute simple d'un étage. L'archevêque de Yaoundé l'installe dans les appartements qu'il avait fait préparer pour son auxiliaire (que le Saint-Siège n'a pas encore jugé bon de nommer). Les deux pièces bien éclairées sont pourvues d'électricité et d'eau courante. Quatre soeurs Servantes immaculées de Marie rangent ses vêtements dans la penderie et les tiroirs de la commode. «Ces chères soeurs, songe-t-il, que ferions-nous sans elles?»

*   *   *   *   *   *   *

Monseigneur Zoa n'en revient pas. Le cardinal ne s'arrête donc jamais? «On jurerait qu'il a quarante ans», se dit-il en le regardant aller et venir malgré la température qui frôle les 90°F à l'ombre.

Le cardinal, il est vrai, n'a pas l'habitude de vivre en climat tropical. Mais Yaoundé, une ville de deux cent quarante mille habitants, est située sur un plateau de trois mille pieds d'altitude. Le climat y est moins étouffant que sur la côte. Il lui arrive néanmoins d'éprouver une certaine lassitude, dont il se plaint qu'elle le rend «inepte et inapte» à un travail sérieux.

L'horaire est chargé et il faut faire beaucoup de route pour aller d'un poste à l'autre. Mais le paysage est agréable avec ses collines et ses chemins en serpentins qui sillonnent les vallons. Il lui faudra raconter ses découvertes aux amis, avec qui il entretient une correspondance assidue. Leur parler des palmiers, des bananiers et surtout des fromagers, qui sont les géants de l'Afrique.

Partout, il est attendu. À la léproserie de Madjré, un petit garçon lit le mot de bienvenue: «Vous ne nous avez pas oubliés... Vous venez nous soulager quand on se croyait déjà méprisés par le monde.» Une petite fille lui offre un bouquet de fleurs fanées par le soleil brûlant du midi. À son départ, on lui remet un régime de bananes et un gros panier d'oranges. À Ouidah, après la messe chantée et dansée par les lépreux, l'un d'entre eux n'en revient pas: «Il nous a donné la communion et il ne s'est pas lavé les mains[9].»

Toute cette pauvreté l'émeut. À M'Fou, traversant une paroisse à l'état lamentable, il pénètre dans une vieille baraque dans laquelle il se dit que personne chez nous ne mettrait sa voiture.

«Est-ce bien l'église?» demande-t-il incrédule.

Au hasard des arrêts, des journalistes le surveillent. Certains le suivent. «Ils ressemblent à tous leurs confrères, observe-t-il. Ils cherchent ce qui n'existe pas. La sensationnelle prime sur l'objectivité.»

À dix kilomètres de Yaoundé, monseigneur Zoa lui fait voir une léproserie particulièrement négligée. Le dispensaire est sale et sans aucun équipement.

«Je dois commencer des négociations avec les autorités du ministère de la Santé, explique-t-il. J'aimerais qu'on me cède ce terrain.

— Ce serait l'endroit idéal pour tenter une expérience d'installations plus adéquates pour les lépreux», acquiesce le cardinal.

Tandis qu'il visite les lieux, il pense: «Ça va plus vite que je ne l'avais prévu.»

La voiture traverse maintenant la capitale, passant du quartier élégant où vivent les ambassadeurs, fonctionnaires et commerçants, au quartier délabré où s'entassent les pauvres. Monseigneur Zoa fait un détour pour lui montrer la paroisse où il fut jadis vicaire. Des cases en ruine, des chemins ravinés par les pluies, des fontaines d'eau muettes...

«Après avoir pris contact avec cette misère et cette déchéance, lui confie-t-il, je ne me sentais pas le courage de prêcher la morale chrétienne. Comment observer certains commandements dans une telle promiscuité?»

Ces jours-ci, le sommeil est lent à venir au cardinal Léger. Le choc de ses découvertes est grand. Tous ces hommes qu'il côtoie et dont les projets humanitaires sont paralysés par la pénurie de moyens, par l'inertie des populations, tous ces élans brisés le troublent: «L'Église pourra-t-elle porter ce continent à bout de bras?»

*   *   *   *   *   *   *

Minuit. C'est le premier de l'An. La cathédrale de Yaoundé est bondée. Le cardinal Léger vient de terminer l'homélie. Monseigneur Zoa prend le micro: «Son Éminence le cardinal Paul-Émile Léger a élu domicile à Yaoundé.»

Des cris fusent de partout, des applaudissements aussi, destinés à ce missionnaire que les journaux camerounais appellent «l'aumônier des lépreux».

Monseigneur Zoa explique à la population que le prince de l'Église s'est mis à la disposition de l'Église d'Afrique. Au lieu de donner lui-même les directives, il accueillera celles que l'évêque émettra à l'intention de l'ensemble des prêtres du diocèse.

9 heures pile. Le cardinal a rejoint les membres du parlement, les ambassadeurs et les autres dignitaires sur l'estrade d'honneur. C'est jour de fête nationale. Le premier de l'an, on fête l'Indépendance au Cameroun.

365

L'Impérial 1968 décapotable du président de la République s'avance lentement tandis que Ahidjo Ahmadou salue la foule. Le défilé commence bientôt. Il met en vedette l'armée et la jeunesse. «Deux réalités de l'Afrique nouvelle, pense le cardinal. L'armée, qui représente la force mais qui peut en abuser, comme cela s'est produit dans tant de ces jeunes pays où les institutions démocratiques ne sont pas encore solidement implantées. Et la jeunesse, l'Afrique de demain. Dans quel monde vivra-t-elle?»

Midi. Le Tout-Yaoundé assiste à la réception grandiose offerte au palais présidentiel. La salle de réception, tout marbre et tout lustres, est somptueuse. L'archevêque en ressent une gêne. Dire qu'à deux kilomètres, c'est la brousse et la lèpre: «Le pouvoir est un vin capiteux qui grise l'homme et l'empêche souvent d'apercevoir les réalités brutales de la vie. Et cela se perçoit partout où il y a des hommes.»

Les ministres lui disent leur joie qu'il ait choisi leur pays pour y dresser sa tente. L'un après l'autre, les ambassadeurs viennent lui offrir leurs hommages. Celui de France lui fait partager son expérience africaine en lui racontant ses premiers mois en Guinée. Puis il ne peut s'empêcher de lui parler du récent passage du général de Gaulle à Montréal. Sans approuver sa politique, surtout au sujet du Québec libre, il admet que la vision du président est inspirée par un certain génie qu'il qualifie de «machiavélique».

Le jour baisse. Après le souper, monseigneur Zoa l'ayant quitté pour aller chez sa mère, le cardinal gagne ses appartements. Il actionne le petit magnétophone sur sa table de chevet. Des voix connues, aimées, lui parlent comme si les personnes étaient là. Elles lui disent leur attachement, leur tristesse de le savoir si loin d'eux. Du fond du coeur, elles lui offrent leurs voeux de succès dans sa nouvelle vie. Il presse le bouton de marche arrière et écoute de nouveau la cassette que lui a envoyée sa fidèle amie Marie-Thérèse Léger.

Quelle bonne idée l'*impératrice* a eue de lui offrir ce cadeau de Noël. Tiens il va lui écrire pour le lui dire. «Ma chère Marie-Thérèse...» Il s'arrête, dépose sa plume, remonte dans ses souvenirs lointains. Au temps où il était curé à Valleyfield, la petite Marie-Thérèse Léger avait déjà onze ans. Une enfant déterminée. Une «tête de Léger», comme il se plaisait à dire, même s'il n'y avait aucun lien de parenté entre eux. Il entend encore sa voix de couventine au téléphone: «Le Père, venez donc dans la classe. Les filles s'ennuient. Le cours est tellement platte.» Il quittait alors son bureau et se rendait au couvent voir «ses filles»[10].

Jamais il n'a perdu de vue «ses filles». L'*impératrice* rêvait de devenir soeur blanche d'Afrique. Elle s'est plutôt faite religieuse de la congrégation des Saints Noms de Jésus et de Marie et enseigne.

Il l'a revue l'été dernier. Les soeurs l'avaient invité à leur maison du cap Saint-Jacques, à Pierrefonds, où elles prenaient leurs vacances. Arrivé plus tôt que prévu, il les a trouvées en maillot de bain. Tout le monde a bien ri. Marie-Thérèse était à Dorval au moment de son départ. Elle avait glissé une lettre dans la main de son secrétaire Mario en lui disant: «Tu la lui donneras dans l'avion.»

Le cardinal reprend sa plume et écrit: «Je me sens seul ce soir. Monseigneur Zoa est parti voir sa mère. J'espère que la mienne, qui me voit, est avec moi...» Il raconte un peu ses dernières journées puis il signe sous ces mots: «La distance qui nous sépare me permet de vous embrasser[11].»

*   *   *   *   *   *   *

On frappe. C'est monseigneur Zoa qui vient faire un brin de causette. Son arrivée impromptue ramène le cardinal à sa réalité africaine. Les liens qui se tissent entre les deux hommes au jour le jour les invitent aux confidences. L'archevêque de Yaoundé n'a pas eu la vie facile aux premiers temps de son épiscopat. Il succédait à un évêque dit «colonialiste». Malgré cette réputation, Jean Zoa lui était demeuré fidèle, par devoir. Lors de sa nomination, qu'il a tout fait pour empêcher, le clergé local l'a perçu comme «l'homme des blancs». Il lui a fallu du temps et de la patience pour gagner la confiance de ses prêtres.

Lorsqu'il se lève pour prendre congé, le cardinal a l'impres-

Monseigneur Zoa, archevêque de Yaounde au Cameroun, passe de longues heures à expliquer au cardinal Léger les moeurs camerounaises et les besoins de l'Église africaine.

sion de le connaître un peu mieux. Il lui doit aussi de comprendre davantage les moeurs camerounaises et les besoins de l'Église africaine.

Tant de choses se sont passées en vingt jours. Tant d'images le hantent jusque dans son sommeil. Il n'a plus de répit. Le choc ne se dissipe pas. Il se perçoit comme un homme aux moyens limités — ô combien limités! — et sa mission lui semble tout à coup incommensurable. Il y a des signes qui ne trompent pas. Et les embûches se présentent comme autant de pièges.

Il songe à la difficulté d'être blanc dans l'Afrique noire des années soixante. D'être cardinal malgré son désir le plus cher de se fondre en un simple missionnaire. D'être perçu comme riche alors qu'il n'a pas un sou vaillant. Les dollars qu'il distribue lui ont été confiés par des femmes et des hommes généreux qui lui ont demandé d'en faire le meilleur usage pour soulager la misère des lépreux. Il y a là aussi une responsabilité qu'il est seul à porter. Seul et si éloigné.

Mais surtout, il y a la lèpre, maladie biblique qu'il faut vaincre car c'est la cristallisation atroce du mal. Il reprend son carnet et note: «J'essaie de créer en moi des dispositions de liberté et de disponibilité.»

Une peur le hante. Sera-t-il à la hauteur de l'espoir qu'il a créé, le 11 décembre 1967, en accomplissant son geste foudroyant.

À Radio-Canada, l'animateur d'une émission spéciale consacrée au départ du cardinal a résumé les réactions des uns et des autres: L'agnostique a affirmé que c'était «l'éclatement d'un long processus d'inadaptation... le suicide dont tout le monde rêve, celui auquel on survit.» Le croyant a dit: «Il part pour mieux rester. Il consent à la folie pour nous redonner la sagesse... La misère des autres nous dérange... Il veut nous rappeler jusqu'à quel point elle nous engage[12].»

Mais au delà des hypothèses individuelles, il y a des réactions qui sont autant de témoignages. Les cris et les applaudissements qui ont explosé ce matin même dans la cathédrale de Yaoundé, lorsque les fidèles ont su qu'il restait parmi eux, résonnent encore dans sa tête. Ils lui rappellent d'autres cris, d'autres applaudissements: ceux qui ont rempli la cathédrale Marie-Reine-du-Monde, à Montréal, le jour de son départ.

Non, le peuple ne se trompe pas; cela, il en est certain. Ses réactions en de telles occasions sont spontanées. Il écrit: «Autant de signes qui me prouvent que ma décision est fondée sur des motifs valables.»

Cette nouvelle assurance lui fait l'effet d'un baume sur sa blessure mal cicatrisée. La séparation, cette déchirure inhumaine, il n'est pas prêt de l'oublier. Il faudra du temps.

Mais c'était hier. Il doit maintenant penser à demain. Sa mission l'attend. Il ne faillira pas à la tâche. Avant de refermer son cahier brun, il note encore: «Ainsi s'achève ce premier jour d'une année qui pour moi s'ouvre sur le mystère.»

Le cardinal Léger dépose sa plume et glisse dans un sommeil profond.

Le cardinal presse sur son coeur un petit enfant.

Références — Chapitre XIX

1. Yvette Aubin.
2. *La Presse*, 18 décembre 1967.
3. Bernardin Gantin.
4. *Ibid.*
5. *Fame Pereo*, numéro 3, hiver 1968.
6. Correspondance du docteur Léopold Morissette.
7. Bernardin Gantin.
8. *Montréal-Matin*, 13 décembre 1967.
9. Roger Tessier, *Le Devoir*, 17 janvier 1968.
10. Marie-Thérèse Léger.
11. *Ibid.*
12. *Dossiers*, série télévisée, Radio-Canada, 1er janvier 1968.

Table des matières

Ouvrages parus chez les éditeurs du groupe Sogides

ANIMAUX

- * **Art du dressage, L',** Chartier Gilles
- **Bien nourrir son chat,** D'Orangeville Christian
- **Cheval, Le,** Leblanc Michel
- **Chien dans votre vie, Le,** Margolis Matthew et Swan Marguerite
- * **Éducation du chien de 0 à 6 mois, L',** DeBuyser Dr Colette et Dr Dehasse Joël
- **Encyclopédie des oiseaux,** Godfrey W. Earl
- **Guide de l'oiseau de compagnie, Le,** Dr R. Dean Axelson
- **Mammifères de mon pays,** Duchesnay St-Denis J. et Dumais Rolland
- * **Mon chat, le soigner, le guérir,** D'Orangeville Christian
- **Observations sur les mammifères,** Provencher Paul
- **Papillons du Québec,** Veilleux Christian et Prévost Bernard
- **Petite ferme, T.1, Les animaux,** Trait Jean-Claude
- **Vous et vos poissons d'aquarium,** Ganiel Sonia
- **Vous et votre berger allemand,** Eylat Martin
- **Vous et votre boxer,** Herriot Sylvain
- **Vous et votre caniche,** Shira Sav
- **Vous et votre chat de gouttière,** Gadi Sol
- **Vous et votre chow-chow,** Pierre Boistel
- **Vous et votre collie,** Ethier Léon
- **Vous et votre doberman,** Denis Paula
- **Vous et votre fox-terrier,** Eylat Martin
- **Vous et votre husky,** Eylat Martin
- **Vous et vos oiseaux de compagnie,** Huard-Viau Jacqueline
- **Vous et votre schnauzer,** Eylat Martin
- **Vous et votre setter anglais,** Eylat Martin
- **Vous et votre siamois,** Eylat Odette
- **Vous et votre yorkshire,** Larochelle Sandra

ARTISANAT/ARTS MÉNAGERS

- **Appareils électro-ménagers,** Prentice-Hall of Canada
- * **Art du pliage du papier,** Harbin Robert
- **Artisanat québécois, T.1,** Simard Cyril
- **Artisanat québécois, T.2,** Simard Cyril
- **Artisanat québécois, T.3,** Simard Cyril
- **Artisanat québécois, T.4,** Simard Cyril, Bouchard Jean-Louis
- **Bon Fignolage, Le,** Arvisais Dolorès A.
- **Coffret artisanal,** Simard Cyril
- * **Construire des cabanes d'oiseaux,** Dion André
- **Construire sa maison en bois rustique,** Mann D. et Skinulis R.
- **Crochet Jacquard, Le,** Thérien Brigitte
- **Cuir, Le,** Saint-Hilaire Louis et Vogt Walter
- **Dentelle, T. 1, La,** De Seve Andrée-Anne
- **Dentelle, T.2, La,** De Seve Andrée-Anne
- **Dessiner et aménager son terrain,** Prentice-hall of Canada
- **Encyclopédie de la maison québécoise,** Lessard Michel
- **Encyclopédie des antiquités,** Lessard Michel
- **Entretien et réparation de la maison,** Prentice-Hall of Canada
- **Guide du chauffage au bois,** Flager Gordon
- **J'apprends à dessiner,** Nassh Joanna
- **Je décore avec des fleurs,** Bassili Mimi
- **J'isole mieux,** Eakes Jon
- **Mécanique de mon auto, La,** Time-Life Book
- **Outils manuels, Les,** Prentice-Hall of Canada
- **Petits appareils électriques,** Prentice-Hall of Canada
- **Piscines, barbecues et patio**
- **Taxidermie, La,** Labrie Jean
- **Terre cuite,** Fortier Robert
- **Tissage, Le,** Grisé-Allard Jeanne et Galarneau Germaine
- **Tout sur le macramé,** Harvey Virginia L.
- **Trucs ménagers,** Godin Lucille
- **Vitrail, Le,** Bettinger Claude

ART CULINAIRE

À table avec soeur Angèle, Soeur Angèle
Art d'apprêter les restes, L', Lapointe Suzanne
Art de la cuisine chinoise, L', Chan Stella
Art de la table, L', Du Coffre Marguerite
Barbecue, Le, Dard Patrice
Bien manger à bon compte, Gauvin Jocelyne
Boîte à lunch, La, Lambert-Lagacé Louise
Brunches & petits déjeuners en fête,
    Bergeron Yolande
100 recettes de pain faciles à réaliser, Saint-
    Pierre Angéline
Cheddar, Le, Clubb Angela
Cocktails & punchs au vin, Poister John
Cocktails de Jacques Normand, Normand
    Jacques
Coffret la cuisine
Confitures, Les, Godard Misette
Congélation de A à Z, La, Hood Joan
Congélation des aliments, Lapointe Suzanne
Conserves, Les, Sansregret Berthe
Cornichons, Ketchups et Marinades, Chesman
    Andrea
Cuisine au wok, Solomon Charmaine
Cuisine chinoise, La, Gervais Lizette
* Cuisine chinoise traditionnelle, La, Chen Jean
* Cuisine créative Campbell, La, Cie Campbell
Cuisine de Pol Martin, Martin Pol
Cuisine facile aux micro-ondes, Saint-Amour
    Pauline
Cuisine joyeuse de soeur Angèle, La, Soeur
    Angèle
Cuisine micro-ondes, La, Benoit Jehane
Cuisine santé pour les aînés, Hunter Denyse

Cuisiner avec le four à convection, Benoit
    Jehane
Cuisinez selon le régime Scarsdale, Corlin
    Judith
Cuisinier chasseur, Le, Hugueney Gérard
Entrées chaudes et froides, Dard Patrice
Faire son pain soi-même, Murray Gill Janice
Faire son vin soi-même, Beaucage André
Fondues & flambées de maman Lapointe,
    Lapointe Suzanne
Fondues, Les, Dard Patrice
Muffins, Les, Clubb Angela
Nouvelle cuisine micro-ondes, La, Marchand
    Marie-Paul et Grenier Nicole
Nouvelle cuisine micro-ondes II, La,
    Marchand Marie-Paul, Grenier Nicole
Pâtes à toutes les sauces, Les, Lapointe
    Lucette
Pâtés et galantines, Dard Patrice
Pâtisserie, La, Bellot Maurice-Marie
Poissons et fruits de mer, Sansregret Berthe
Recettes au blender, Huot Juliette
Recettes canadiennes de Laura Secord,
    Canadian Home Economics Association
Recettes de gibier, Lapointe Suzanne
Recettes de maman Lapointe, Les, Lapointe
    Suzanne
Recettes Molson, Beaulieu Marcel
Robot culinaire, Le, Martin Pol
Salades des 4 saisons et leurs vinaigrettes,
    Dard Patrice
Salades, sandwichs, hors-d'oeuvre, Martin
    Pol

BIOGRAPHIES POPULAIRES

Daniel Johnson, T.1, Godin Pierre
Daniel Johnson, T. 2, Godin Pierre
Daniel Johnson — Coffret, Godin Pierre
Dans la fosse aux lions, Chrétien Jean
Duplessis, T. 1 — L'ascension, Black Conrad
Duplessis, T. 2 — Le pouvoir, Black Conrad
Duplessis — Coffret, Black Conrad

Dynastie des Bronfman, La, Newman Peter C.
Establishment canadien, L', Newman Peter C.
Maurice Richard, Pellerin Jean
Mulroney, Macdonald L.I.
Nouveaux Riches, Les, Newman Peter C.
Prince de l'Eglise, Le, Lachance Micheline.
Saga des Molson, La, Woods Shirley

DIÉTÉTIQUE

Contrôlez votre poids, Ostiguy Dr Jean-Paul
* Cuisine sage, Lambert-Lagacé Louise
Diététique dans la vie quotidienne, Lambert-
    Lagacé Louise
Livre des vitamines, Le, Mervyn Leonard
* Maigrir en santé, Hunter Denyse
* Menu de santé, Lambert-Lagacé Louise
Oubliez vos allergies, et... bon appétit,
    Association de l'information sur les allergies
Petite & grande cuisine végétarienne, Bédard
    Manon
* Plan d'attaque Weight Watchers,Le, Nidetch
    Jean

Plan d'attaque plus Weight Watchers, Le,
    Nidetch Jean
Recettes pour aider à maigrir, Ostiguy Dr
    Jean-Paul
* Régimes pour maigrir, Beaudoin Marie-Josée
Sage Bouffe de 2 à 6 ans, La, Lambert-Lagacé
    Louise
Weight Watchers — cuisine rapide et
    savoureuse, Weight Watchers
Weight Watchers-Agenda 85 — Français,
    Weight Watchers
Weight Watchers-Agenda 85 — Anglais,
    Weight Watchers

DIVERS

* Acheter ou vendre sa maison, Brisebois Lucille
* Acheter et vendre sa maison ou son condominium, Brisebois Lucille
* Bourse, La, Brown Mark
* Chaînes stéréophoniques, Les, Poirier Gilles
* Choix de carrières, T.1, Milot Guy
* Choix de carrières, T.2, Milot Guy
* Choix de carrières, T.3, Milot Guy
* Comment rédiger son curriculum vitae, Brazeau Julie
  Conseils aux inventeurs, Robic Raymond
* Dictionnaire économique et financier, Lafond Eugène
* Faire son testament soi-même, Me Poirier Gérald, Lescault Nadeau Martine (notaire)
* Faites fructifier votre argent, Zimmer Henri B.
  Finances, Les, Hutzler Laurie H.
* Gestionnaire, Le, Colwell Marian
* Guide de la haute-fidélité, Le, Prin Michel
* Je cherche un emploi, Brazeau Julie
  Leadership, Le, Cribbin, James J.
  Livre de l'étiquette, Le, Du Coffre Marguerite
  Meeting, Le, Holland Gary

  Mémo, Le, Reimold Cheryl
  Patron, Le, Reimold Cheryl
  Relations publiques, Les, Doin Richard, Lamarre Daniel
* Règles d'or de la vente, Les, Kahn George N.
* Roulez sans vous faire rouler, T.3, Edmonston Philippe
  Savoir vivre aujourd'hui, Fortin Jacques Marcelle
  Séjour dans les auberges du Québec, Cazelais Normand, Coulon Jacques
  Stratégies de placements, Nadeau Nicole
  Temps des fêtes au Québec, Le, Montpetit Raymond
  Tenir maison, Gaudet-Smet Françoise
* Tout ce que vous devez savoir sur le condominium, Dubois Robert
  Univers de l'astronomie, L', Tocquet Robert
  Vente, La, Hopkins Tom
* Votre Argent, Dubois Robert
  Votre système vidéo, Boisvert Michel. Lafrance André A.
* Week-end à New York, Tavernier-Cartier Lise

ENFANCE

* Aider son enfant en maternelle, Pedneault-Pontbriand Louise
* Aider votre enfant à lire et à écrire, Doyon-Richard Louise
  Alimentation futures mamans, Gougeon Réjeanne et Sekely Trude
  Années clés de mon enfant, Les, Caplan Frank et Theresa
  Art de l'allaitement maternel, L', Ligue internationale La Leche
* Autorité des parents dans la famille, Rosemond John K.
  Avoir des enfants après 35 ans, Robert Isabelle
  Comment amuser nos enfants, Stanké Louis
* Comment nourrir son enfant, Lambert-Lagacé Louise
  Deuxième année de mon enfant, La, Caplan Frank et Theresa
* Développement psychomoteur du bébé, Calvet Didier
  Douze premiers mois de mon enfant, Les, Caplan Frank
* En attendant notre enfant, Pratte-Marchessault Yvette
* Encyclopédie de la santé de l'enfant, Feinbloom Richard 1.
  Enfant stressé, L', Elkind David
  Enfant unique, L', Peck Ellen
  Évoluer avec ses enfants, Gagné Pierre Paul
  Femme enceinte, La, Bradley Robert A.
  Fille ou garçon, Langendoen Sally, Proctor William

* Frères-soeurs, Mcdermott Dr John F. Jr.
  Futur père, Pratte-Marchessault Yvette
* Jouons avec les lettres, Doyon-Richard Louise
* Langage de votre enfant, Le, Langevin Claude
  Maman et son nouveau-né, La, Sekely Trude
  Manuel Johnson et Johnson des premiers soins. Le, Dr Rosenberg Stephen N.
* Massage des bébés, Le, Auckette Amélia D.
  Merveilleuse histoire de la naissance, La, Gendron Dr Lionel
  Mon enfant naîtra-t-il en bonne santé? Scher Jonathan, Dix Carol
  Pour bébé, le sein ou le biberon? Pratte-Marchessault Yvette
  Pour vous future maman, Sekely Trude
  Préparez votre enfant à l'école, Doyon-Richard Louise
* Psychologie de l'enfant, Cholette-Pérusse Françoise
* Respirations et positions d'accouchement, Dussault Joanne
  Soins de la première année de bébé, Kelly Paula
* Tout se joue avant la maternelle, Ibuka Masaru
  Un enfant naît dans la chambre de naissance, Fortin Nolin Louise
  Viens jouer, Villeneuve Michel José
  Vivez sereinement votre maternité, Vellay Dr Pierre
  Vivre une grossesse sans risque, Fried, Dr Peter A.

ÉSOTÉRISME

Coffret — Passé — Présent — Avenir
Graphologie, La, Santoy Claude
Hypnotisme, L', Manolesco Jean
Lire dans les lignes de la main, Morin Michel

Prévisions astrologiques 1985, Hirsig Huguette
Vos rêves sont des miroirs, Cayla Henri
* **Votre avenir par les cartes,** Stanké Louis

HISTOIRE

Arrivants, Les, Collectif
* **Civilisation chinoise, La,** Guay Michel

INFORMATIQUE

* **Découvrir son ordinateur personnel,** Faguy
Francois

Guide d'achat des micro-ordinateurs. Le
Blanc Pierre
Informatique, L', Cone E.Paul

JARDINAGE

Culture des fleurs, des fruits, Prentice-Hall of
Canada
Encyclopédie du jardinier, Perron W.H.
Guide complet du jardinage, Wilson Charles

Petite ferme, T. 2 — Jardin potager, Trait
Jean-Claude
Plantes d'intérieur, Les, Pouliot Paul
Techniques du jardinage, Les, Pouliot Paul
* **Terrariums, Les,** Kayatta Ken

JEUX/DIVERTISSEMENTS

Améliorons notre bridge, Durand Charles
* **Bridge, Le,** Beaulieu Viviane
Clés du scrabble, Les, Sigal Pierre A.
Collectionner les timbres, Taschereau Yves
* **Dictionnaire des mots croisés, noms
communs,** Lasnier Paul
* **Dictionnaire des mots croisés, noms
propres,** Piquette Robert

* **Dictionnaire raisonné des mots croisés,**
Charron Jacqueline
Finales aux échecs, Les, Santoy Claude
Jeux de société, Stanké Louis
* **Jouons ensemble,** Provost Pierre
* **Ouverture aux échecs,** Coudari Camille
Scrabble, Le, Gallez Daniel
Techniques du billard, Morin Pierre

LINGUISTIQUE

Améliorez votre français, Laurin Jacques
* **Anglais par la méthode choc, L',** Morgan
Jean-Louis
Corrigeons nos anglicismes, Laurin Jacques

* **J'apprends l'anglais,** Silicani Gino
Petit dictionnaire du joual, Turenne Auguste
Secrétaire bilingue, La, Lebel Wilfrid
Verbes, Les, Laurin Jacques

LIVRES PRATIQUES

Bonnes idées de maman Lapointe, Les,
Lapointe Lucette
Chasse-taches, Le, Cassimatis Jack

* **Maîtriser son doigté sur un clavier,** Lemire
Jean-Paul
Temps c'est de l'argent, Le, Davenport Rita

MUSIQUE ET CINÉMA

* **Guitare, La,** Collins Peter

**Wolfgang Amadeus Mozart raconté en
50 chefs-d'oeuvre,** Roussel Paul

NOTRE TRADITION

Coffret notre tradition
Écoles de rang au Québec, Les Dorion Jacques
Encyclopédie du Québec, T. 1, Landry Louis
Encyclopédie du Québec, T. 2, Landry Louis
Histoire de la chanson québécoise, L'Herbier Benoît

Maison traditionnelle, La, Lessard Micheline
Moulins à eau de la vallée du Saint-Laurent, Adam Villeneuve
Objets familiers de nos ancêtres, Genet Nicole
Vive la compagnie, Daigneault Pierre

PHOTOGRAPHIE (ÉQUIPEMENT ET TECHNIQUE)

* Apprenez la photographie avec Antoine Desilets, Desilets Antoine
Chasse photographique, Coiteux Louis
8/Super 8/16, Lafrance André
Initiation à la Photographie, London Barbara
Initiation à la Photographie-Canon, London Barbara
Initiation à la Photographie-Minolta, London Barbara
Initiation à la Photographie-Nikon, London Barbara

Initiation à la Photographie-Olympus, London Barbara
Initiation à la Photographie-Pentax, London Barbara
* Je développe mes photos, Desilets Antoine
* Je prends des photos, Desilets Antoine
* Photo à la portée de tous, Desilets Antoine
Photo guide, Desilets Antoine

PSYCHOLOGIE

Âge démasqué, L', De Ravinel Hubert
* Aider mon patron à m'aider, Houde Eugène
* Amour de l'exigence à la préférence, Auger Lucien
Au-delà de l'intelligence humaine, Pouliot Élise
Auto-développement, L', Garneau Jean
Bonheur au travail, Le, Houde Eugène
Bonheur possible, Le, Blondin Robert
Chimie de l'amour, La, Liebowitz Michael
Coeur à l'ouvrage, Le, Lefebvre Gérald
Coffret psychologie moderne
Colère, La, Tavris Carol
* Comment animer un groupe, Office Catéchèse
* Comment avoir des enfants heureux, Azerrad Jacob
* Comment déborder d'énergie, Simard Jean-Paul
Comment vaincre la gêne, Catta Rene-Salvator
* Communication dans le couple, La, Granger Luc
* Communication et épanouissement personnel, Auger Lucien
Comprendre la névrose et aider les névro—sés, Ellis Albert
* Contact, Zunin Nathalie
* Courage de vivre, Le, Kiev Docteur A.
Courage et discipline au travail, Houde Eugène
Dynamique des groupes, Aubry J.-M. et Saint-Arnaud Y.
Élever des enfants sans perdre la boule, Auger Lucien
* Émotivité et efficacité au travail, Houde Eugène
Enfant paraît... et le couple demeure, L', Dorman Marsha et Klein Diane
Enfants de l'autre, Les, Paris Erna
* Être soi-même, Corkille Briggs, D.
* Facteur chance, Le, Gunther Max

* Fantasmes créateurs, Les, Singer Jérôme
Infidélité, L', Leigh Wendy
Intuition, L', Goldberg Philip
* J'aime, Saint-Arnaud Yves
Journal intime intensif, Progoff Ira
Miracle de l'amour, Un, Kaufman Barry Neil
* Mise en forme psychologique, Corrière Richard
* Parle-moi... J'ai des choses à te dire, Salome Jacques
Penser heureux, Auger Lucien
* Personne humaine, La, Saint-Arnaud Yves
* Première impression, La, Kleinke Chris, L.
Prévenir et surmonter la déprime, Auger Lucien
* Prévoir les belles années de la retraite, D. Gordon Michael
* Psychologie dans la vie quotidienne, Blank Dr Léonard
* Psychologie de l'amour romantique, Braden Docteur N.
* Qui es-tu grand-mère? Et toi grand-père?, Eylat Odette
* S'affirmer et communiquer, Beaudry Madeleine
* S'aider soi-même, Auger Lucien
* S'aider soi-même davantage, Auger Lucien
* S'aimer pour la vie, Wanderer Dr Zev
* Savoir organiser, savoir décider, Lefebvre Gérald
* Savoir relaxer et combattre le stress, Jacobson Dr Edmund
* Se changer, Mahoney Michael
* Se comprendre soi-même par des tests, Collectif
* Se concentrer pour être heureux, Simard Jean-Paul
Se connaître soi-même, Artaud Gérard
* Se contrôler par le biofeedback, Ligonde Paultre
* Se créer par la Gestalt, Zinker Joseph
* S'entraider, Limoges Jacques

* Se guérir de la sottise, Auger Lucien
Séparation du couple, La, Weiss Robert S.
Sexualité au bureau, La, Horn Patrice
Syndrome prémenstruel, Le, Dr Shreeve Caroline
* **Vaincre ses peurs,** Auger Lucien

Vivre à deux: plaisir ou cauchemar, Duval Jean-Marie
* **Vivre avec sa tête ou avec son coeur,** Auger Lucien
Vivre c'est vendre, Chaput Jean-Marc
* **Vivre jeune,** Waldo Myra
* **Vouloir c'est pouvoir,** Hull Raymond

ROMANS/ESSAIS

Adieu Québec, Bruneau André
Baie d'Hudson, La, Newman Peter C.
Bien-pensants, Les, Berton Pierre
Bousille et les justes, Gélinas Gratien
Coffret Joey
C.P., Susan Goldenberg
Commettants de Caridad, Les, Thériault Yves
Deux Innocents en Chine Rouge, Hébert Jacques
Dome, Jim Lyon
Emprise, L', Brulotte Gaétan
IBM, Sobel Robert
Insolences du Frère Untel, Les, Untel Frère
ITT, Sobel Robert

J'parle tout seul, Coderre Emile
Lamia, Thyraud de Vosjoli P.L.
Mensonge amoureux, Le, Blondin Robert
Nadia, Aubin Benoît
Oui, Lévesque René
Premiers sur la Lune, Armstrong Neil
* **Sur les ailes du temps (Air Canada),** Smith Philip
Telle est ma position, Mulroney Brian
Terrorisme québécois, Le, Morf Gustave
* **Trois semaines dans le hall du Sénat,** Hébert Jacques
Un doux équilibre, King Annabelle
Vrai visage de Duplessis, Le, Laporte Pierre

SANTÉ ET ESTHÉTIQUE

Allergies, Les, Delorme Dr Pierre
Art de se maquiller, L', Moizé Alain
* **Bien vivre sa ménopause,** Gendron Dr Lionel
Cellulite, La, Ostiguy Dr Jean-Paul
Cellulite, La, Léonard Dr Gérard J.
Exercices pour les aînés, Godfrey Dr Charles, Feldman Michael
Face lifting par l'exercice, Le, Runge Senta Maria
Grandir en 100 exercices, Berthelet Pierre
Hystérectomie, L', Alix Suzanne
Médecine esthétique, La, Lanctot Guylaine
Obésité et cellulite, enfin la solution, Léonard Dr Gérard J.
Santé, un capital à préserver, Peeters E.G.
Travailler devant un écran, Feeley, Dr Helen
Coffret 30 jours
30 jours pour avoir de beaux cheveux, Davis Julie

30 jours pour avoir de beaux ongles, Bozic Patricia
30 jours pour avoir de beaux seins, Larkin Régina
30 jours pour avoir un beau teint Zizmor Dr Jonathan
30 jours pour cesser de fumer, Holland Gary, Weiss Herman
30 jours pour mieux organiser, Holland Gary
30 jours pour perdre son ventre (homme), Matthews Roy, Burnstein Nancy
30 jours pour redevenir un couple amoureux, Nida Patricia K., Cooney Kevin
30 jours pour un plus grand épanouissement sexuel, Schneider Alan, Laiken Deidre
* **Vos yeux,** Chartrand Marie et Lepage-Durand Micheline

SEXOLOGIE

Adolescente veut savoir, L', Gendron Lionel
Fais voir, Fleischhaner H.
Guide illustré du plaisir sexuel, Corey Dr Robert E.
Helga, Bender Erich F.
* **Ma sexualité de 0 à 6 ans,** Robert Jocelyne
* **Ma sexualité de 6 à 9 ans,** Robert Jocelyne
* **Ma sexualité de 9 à 12 ans,** Robert Jocelyne

Plaisir partagé, Le, Gary-Bishop Hélène
* **Première expérience sexuelle, La,** Gendron Lionel
* **Sexe au féminin, Le,** Kerr Carmen
* **Sexualité du jeune adolescent,** Gendron Lionel
* **Sexualité dynamique, La,** Lefort Dr Paul
* **Shiatsu et sensualité,** Rioux Yuki

SPORTS

100 trucs de billard, Morin Pierre
Le programme pour être en forme
Apprenez à patiner, Marcotte Gaston
Arc et la Chasse, L', Guardon Greg
* **Armes de chasse, Les,** Petit Martinon Charles
* **Badminton, Le,** Corbeil Jean
* **Carte et boussole,** Kjellstrom Bjorn
* **Chasse au petit gibier, La,** Paquet Yvon-Louis
Chasse et gibier du Québec, Bergeron
  Raymond
Chasseurs sachez chasser, Lapierre Lucie
* **Comment se sortir du trou au golf,** Brien Luc
* **Comment vivre dans la nature,** Rivière Bill
* **Corrigez vos défauts au golf,** Bergeron Yves
Curling, Le, Lukowich Ed.
Devenir gardien de but au hockey, Allaire
  François
Encyclopédie de la chasse au Québec, Leiffet
  Bernard
Entraînement, poids-haltères, L', Ryan Frank
Exercices à deux, Gregor Carol
Golf au féminin, Le, Bergeron Yves
Grand livre des sports, Le, Le groupe Diagram
Guide complet du judo, Arpin Louis
* **Guide complet du self-defense,** Arpin Louis
Guide d'achat de l'équipement de tennis,
  Chevalier Richard, Gilbert Yvon
Guide de l'alpinisme, Le, Cappon Massimo
Guide de survie de l'armée américaine
Guide des jeux scouts, Association des scouts
Guide du judo au sol, Arpin Louis
Guide du self-defense, Arpin Louis
Guide du trappeur, Le, Provencher Paul
Hatha yoga, Piuze Suzanne
* **J'apprends à nager,** Lacoursière Réjean
* **Jogging, Le,** Chevalier Richard
Jouez gagnant au golf, Brien Luc
Larry Robinson, le jeu défensif, Robinson
  Larry
Lutte olympique, La, Sauvé Marcel
* **Manuel de pilotage,** Transports Canada
* **Marathon pour tous,** Anctil Pierre

* **Médecine sportive,** Mirkin Dr Gabe
Mon coup de patin, Wild John
Musculation pour tous, Laferrière Serge
Natation de compétition, La, Lacoursière
  Réjean
Partons en camping, Satterfield Archie, Bauer
  Eddie
Partons sac au dos, Satterfield Archie, Bauer
  Eddie
Passes au hockey, Champleau Claude
Pêche à la mouche, La, Marleau Serge
Pêche à la mouche, Vincent Serge-J.
Pêche au Québec, La, Chamberland Michel
* **Planche à voile, La,** Maillefer Gérald
* **Programme XBX,** Aviation Royale du Canada
Provencher, le dernier coureur des bois,
  Provencher Paul
Racquetball, Corbeil Jean
Racquetball plus, Corbeil Jean
Raquette, La, Osgoode William
* **Rivières et lacs canotables,** Fédération
  québécoise du canot-camping
* **S'améliorer au tennis,** Chevalier Richard
Secrets du baseball, Les, Raymond Claude
Ski de fond, Le, Roy Benoît
* **Ski de randonnée, Le,** Corbeil Jean
Soccer, Le, Schwartz Georges
Stratégie au hockey, Meagher John W.
Surhommes du sport, Les, Desjardins Maurice
* **Taxidermie, La,** Labrie Jean
Techniques du billard, Morin Pierre
* **Technique du golf,** Brien Luc
Techniques du hockey en URSS, Dyotte Guy
* **Techniques du tennis,** Ellwanger
* **Tennis, Le,** Roch Denis
Tous les secrets de la chasse, Chamberland
  Michel
Vivre en forêt, Provencher Paul
Voie du guerrier, La, Di Villadorata
Volley-ball, Le, Fédération de volley-ball
Yoga des sphères, Le, Leclerq Bruno

le jour,
éditeur

ANIMAUX

Guide du chat et de son maître, Laliberté
  Robert
Guide du chien et de son maître, Laliberté
  Robert

Poissons de nos eaux, Melançon Claude

ART CULINAIRE ET DIÉTÉTIQUE

Armoire aux herbes, L', Mary Jean
Breuvages pour diabétiques, Binet Suzanne
Cuisine du jour, La, Pauly Robert
Cuisine sans cholestérol, Boudreau-Pagé
Desserts pour diabétiques, Binet Suzanne
Jus de santé, Les, Brunet Jean-Marc
Mangez ce qui vous chante, Pearson Dr Leo

Mangez, réfléchissez et devenez svelte, Kothkin Leonid
Nutrition de l'athlète, Brunet Jean-Marc
Recettes Soeur Berthe — été, Sansregret soeur Berthe
Recettes Soeur Berthe — printemps, Sansregret soeur Berthe

ARTISANAT/ARTS MÉNAGERS

Diagrammes de courtepointes, Faucher Lucille
Douze cents nouveaux trucs, Grisé-Allard Jeanne

Encore des trucs, Grisé-Allard Jeanne
Mille trucs madame, Grisé-Allard Jeanne
Toujours des trucs, Grisé-Allard Jeanne

DIVERS

Administrateur de la prise de décision, Filiatreault P., Perreault, Y. G.
Administration, développement, Laflamme Marcel
Assemblées délibérantes, Béland Claude
Assoiffés du crédit, Les, Féd. des A.C.E.F.
Baie James, La, Bourassa Robert
Bien s'assurer, Boudreault Carole
Cent ans d'injustice, Hertel François
Ces mains qui vous racontent, Boucher André-Pierre
550 métiers et professions, Charneux Helmy
Coopératives d'habitation, Les, Leduc Murielle
Dangers de l'énergie nucléaire, Les, Brunet Jean-Marc
Dis papa c'est encore loin, Corpatnauy Francis
Dossier pollution, Chaput Marcel
Énergie aujourd'hui et demain, De Martigny François
Entreprise et le marketing, L', Brousseau
Forts de l'Outaouais, Les, Dunn Guillaume

Grève de l'amiante, La, Trudeau Pierre
Hiérarchie ethnique dans la grande entreprise, Rainville Jean
Impossible Québec, Brillant Jacques
Initiation au coopératisme, Béland Claude
Julius Caesar, Roux Jean-Louis
Lapokalipso, Duguay Raoul
Lune de trop, Une, Gagnon Alphonse
Manifeste de l'infonie, Duguay Raoul
Mouvement coopératif québécois, Deschêne Gaston
Obscénité et liberté, Hébert Jacques
Philosophie du pouvoir, Blais Martin
Pourquoi le bill 60, Gérin-Lajoie P.
Stratégie et organisation, Desforges Jean, Vianney C.
Trois jours en prison, Hébert Jacques
Vers un monde coopératif, Davidovic Georges
Vivre sur la terre, St-Pierre Hélène
Voyage à Terre-Neuve, De Gébineau comte

ENFANCE

Aidez votre enfant à choisir, Simon Dr Sydney B.
Deux caresses par jour, Minden Harold
Être mère, Bombeck Erma
Parents efficaces, Gordon Thomas

Parents gagnants, Nicholson Luree
Psychologie de l'adolescent, Pérusse-Cholette Françoise
1500 prénoms et significations, Grisé Allard J.

ÉSOTÉRISME

* Astrologie et la sexualité, L', Justason Barbara
Astrologie et vous, L', Boucher André-Pierre
* Astrologie pratique, L', Reinicke Wolfgang
Faire sa carte du ciel, Filbey John
Grand livre de la cartomancie, Le, Von Lentner G.
* Grand livre des horoscopes chinois, Le, Lau Theodora

Graphologie, La, Cobbert Anne
* Horoscope et énergie psychique, Hamaker-Zondag
Horoscope chinois, Del Sol Paula
Lu dans les cartes, Jones Marthy
* Pendule et baguette, Kirchner Georg
* Pratique du tarot, La, Thierens E.
Preuves de l'astrologie, Comiré André

ROMANS/ESSAIS

SANTÉ

Alcool et la nutrition, L', Brunet Jean-Marc
Bruit et la santé, Le, Brunet Jean-Marc
Chaleur peut vous guérir, La, Brunet Jean-Marc
Échec au vieillissement prématuré, Blais J.
Greffe des cheveux vivants, Guy Dr
Guérir votre foie, Jean-Marc Brunet
Information santé, Brunet Jean-Marc
Magie en médecine, Sylva Raymond
Maigrir naturellement, Lauzon Jean-Luc

Mort lente par le sucre, Duruisseau Jean-Paul
40 ans, âge d'or, Taylor Eric
Recettes naturistes pour arthritiques et rhumatisants, Cuillerier Luc
Santé de l'arthritique et du rhumatisants, Labelle Yvan
* Tao de longue dvie, Le, Soo Chee
Vaincre l'insomnie, Filion Michel, Boisvert Jean-Marie, Melanson Danielle
Vos aliments sont empoisonnés, Leduc Paul

SEXOLOGIE

* Aimer les hommes pour toutes sortes de bonnes raisons, Nir Dr Yehuda
* Apprentissage sexuel au féminin, L', Kassoria Irene
* Comment faire l'amour à un homme, Penney Alexandra
* Comment faire l'amour ensemble, Penney Alexandra
* Comment séduire les filles, Weber Éric
Dépression nerveuse et le corps, La, Lowen Dr Alexander
Drogues, Les, Boutot Bruno
* Femme célibataire et la sexualité, La, Robert M.

* Jeux de nuit, Bruchez Chantal
Magie du sexe, La, Penney Alexandra
* Massage en profondeur, Le, Bélair Michel
Massage pour tous, Le, Morand Gilles
Première fois, La, L'Heureux Christine
Rapport sur l'amour et la sexualité, Brecher Edward
Sexualité expliquée aux adolescents, La, Boudreau Yves
Sexualité expliquée aux enfants, La, Cholette Pérusse F.

SPORTS

Baseball-Montréal, Leblanc Bertrand
Chasse au Québec, Deyglun Serge
Chasse et gibier du Québec, Guardon Greg
Exercice physique pour tous, Bohemier Guy
Grande forme, Baer Brigitte
Guide des pistes cyclables, Guy Côté
Guide des rivières du Québec, Fédération canot-kayac
Lecture des cartes, Godin Serge
Offensive rouge, L', Boulonne Gérard

Pêche et coopération au Québec, Larocque Paul
Pêche sportive au Québec, Deyglun Serge
Raquette, La, Lortie Gérard
Santé par le yoga, Piuze Suzanne
Saumon, Le, Dubé Jean-Paul
Ski nordique de randonnée, Brady Michael
Technique canadienne de ski, O'Connor Lorne
Truite et la pêche à la mouche, La, Ruel Jeannot
Voile, un jeu d'enfants, La, Brunet Mario

Quinze

ROMANS/ESSAIS/THÉÂTRE

Andersen Marguerite,
De mémoire de femme
Aquin Hubert,
Blocs erratiques
Archambault Gilles,
La fleur aux dents
Les pins parasols
Plaisirs de la mélancolie
Atwood Margaret,
Les danseuses et autres nouvelles
La femme comestible
Marquée au corps
Audet Noël,
Ah, l'amour l'amour
Baillie Robert,
La couvade
Des filles de beauté
Barcelo François,
Agénor, Agénor, Agénor et Agénor
Beaudin Beaupré Aline,
L'aventure de Blanche Morti
Beaudry Marguerite,
Tout un été l'hiver
Beaulieu Germaine,
Sortie d'elle(s) mutante
Beaulieu Michel,
Je tourne en rond mais c'est autour de toi
La représentation
Sylvie Stone
Bilodeau Camille,
Une ombre derrière le coeur
Blais Marie-Claire,
L'océan suivi de Murmures
Une liaison parisienne
Bosco Monique,
Charles Lévy M.S.
Schabbat
Bouchard Claude,
La mort après la mort
Brodeur Hélène,
Entre l'aube et le jour
Brossard Nicole,
Amantes
French Kiss
Sold Out
Un livre
Brouillet Chrystine,
Chère voisine
Coup de foudre
Callaghan Barry,
Les livres de Hogg
Cayla Henri,
Le pan-cul
Dahan Andrée,
Le printemps peut attendre
De Lamirande Claire,
Le grand élixir

Dubé Danielle,
Les olives noires
Dessureault Guy,
La maîtresse d'école
Dropaôtt Papartchou,
Salut bonhomme
Doerkson Margaret,
Jazzy
Dubé Marcel,
Un simple soldat
Dussault Jean,
Le corps vêtu de mots
Essai sur l'hindouisme
L'orbe du désir
Pour une civilisation du plaisir
Engel Marian,
L'ours
Fontaine Rachel,
Black Magic
Forest Jean,
L'aube de Suse
Le mur de Berlin P.Q.
Nourrice!... Nourrice!...
Garneau Jacques,
Difficiles lettres d'amour
Gélinas Gratien,
Bousille et les justes
Fridolinades, T.1 (1945-1946)
Fridolinades, T.2 (1943-1944)
Fridolinades, T.3 (1941-1942)
Ti-Coq
Gendron Marc,
Jérémie ou le Bal des pupilles
Gevry Gérard,
L'homme sous vos pieds
L'été sans retour
Godbout Jacques,
Le réformiste
Harel Jean-Pierre,
Silences à voix haute
Hébert François,
Holyoke
Le rendez-vous
Hébert Louis-Philippe,
La manufacture de machines
Manuscrit trouvé dans une valise
Hogue Jacqueline,
Aube
Huot Cécile,
Entretiens avec Omer Létourneau
Jasmin Claude,
Et puis tout est silence
Laberge Albert,
La scouine
Lafrenière Joseph,
Carolie printemps
L'après-guerre de l'amour

Lalonde Robert,
   La belle épouvante
Lamarche Claude,
   Confessions d'un enfant d'un demi-siècle
   Je me veux
Lapierre René,
   Hubert Aquin
Larche Marcel,
   So Uk
Larose Jean,
   Le mythe de Nelligan
Latour Chrystine,
   La dernière chaîne
   Le mauvais frère
   Le triangle brisé
   Tout le portrait de sa mère
Lavigne Nicole,
   Le grand rêve de madame Wagner
Lavoie Gaëtan,
   Le mensonge de Maillard
Leblanc Louise,
   Pop Corn
   37 1/2AA
Marchessault Jovette,
   La mère des herbes
Marcotte Gilles,
   La littérature et le reste
Marteau Robert,
   Entre temps
Martel Émile,
   Les gants jetés
Monette Madeleine,
   Le double suspect
   Petites violences
Monfils Nadine,
   Laura Colombe, contes
   La velue
Ouellette Fernand,
   La mort vive
   Tu regardais intensément Geneviève
Paquin Carole,
   Une esclave bien payée

Paré Paul,
   L'improbable autopsie
Pavel Thomas,
   Le miroir persan
Poupart Jean-Marie,
   Bourru mouillé
Robert Suzanne,
   Les trois soeurs de personne
   Vulpera
Robertson Heat,
   Beauté tragique
Ross Rolande,
   Le long des paupières brunes
Roy Gabrielle,
   Fragiles lumières de la terre
Saint-Georges Gérard,
   1, place du Québec Parix VIe
Sansfaçon Jean-Robert,
   Loft Story
Saurel Pierre,
   IXE-13
Savoie Roger,
   Le philosophe chat
Svirsky Grigori,
   Tragédie polaire, nouvelles
Szucsany Désirée,
   La passe
Thériault Yves,
   Aaron
   Agaguk
   Le dompteur d'ours
   La fille laide
   Les vendeurs du temple
Turgeon Pierre,
   Faire sa mort comme faire l'amour
   La première personne
   Prochainement sur cet écran
   Un, deux, trois
Trudel Sylvain,
   Le souffle de l'Harmattan
Vigneault Réjean,
   Baby-boomers

COLLECTIFS DE NOUVELLES

Fuites et poursuites
Dix contes et nouvelles fantastiques
Dix nouvelles humoristiques

Dix nouvelles de science-fiction québécoise
Aimer
Crever l'écran

LIVRES DE POCHE 10/10

Aquin Hubert,
Blocs erratiques
Brouillet Chrystine,
Chère voisine
Dubé Marcel,
Un simple soldat
Gélinas Gratien,
Bousille et les justes
Ti-Coq
Harvey Jean-Charles,
Les demi-civilisés
Laberge Albert,
La scouine

Thériault Yves,
Aaron
Agaguk
Cul-de-sac
La fille laide
Le dernier havre
Le temps du carcajou
Tayaout
Turgeon Pierre,
Faire sa mort comme faire l'amour
La première personne

NOTRE TRADITION

Aucoin Gérard,
L'oiseau de la vérité
Bergeron Bertrand,
Les barbes-bleues
Deschênes Donald,
C'était la plus jolie des filles
Desjardins Philémon et Gilles Lamontagne,
Le corbeau du mont de la Jeunesse
Dupont Jean-Claude,
Contes de bûcherons

Gauthier Chassé Hélène,
À diable-vent
Laforte Conrad,
Menteries drôles et merveilleuses
Légaré Clément,
La bête à sept têtes
Pierre La Fève

DIVERS

A.S.D.E.Q.,
Québec et ses partenaires
Qui décide au Québec?
Bailey Arthur,
Pour une économie du bon sens
Bergeron Gérard,
Indépendance oui mais
Bowering George,
En eaux troubles
Boissonnault Pierre,
L'hybride abattu
Collectif Clio,
L'histoire des femmes au Québec
Clavel Maurice,
Dieu est Dieu nom de Dieu
Centre des dirigeants d'entreprise,
Relations du travail
Creighton Donald,
Canada — Les débuts héroïques
De Lamirande Claire,
Papineau

Dupont Pierre,
15 novembre 76
Dupont Pierre et Gisèle Tremblay,
Les syndicats en crise
Fontaine Mario
Tout sur les p'tits journaux z'artistiques
Gagnon G., A. Sicotte et G. Bourrassa,
Tant que le monde s'ouvrira
Gamma groupe,
La société de conservation
Garfinkel Bernie,
Liv Ullmann Ingmar Bergman
Genuist Paul,
La faillite du Canada anglais
Haley Louise,
Le ciel de mon pays, T.1
Le ciel de mon pays, T.2
Harbron John D.,
Le Québec sans le Canada
Hébert Jacques et Maurice F. Strong,
Le grand branle-bas

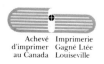

Achevé   Imprimerie
d'imprimer Gagné Ltée
au Canada Louiseville